# 사회복지시설운영론

우혜숙 · 박주월 · 구재관

KNOWLEDGE COMMUNITY 공동체

# 머리말

우리나라의 사회복지시설은 사적 전달체계로서 비영리를 목적으로 설치한 사회복지법인이나 사단법인들이 설립 주체의 대부분이었고, 최근에 민간 사회복지시설 설립이 활발한 것은 노인장기요양보험 제도의 시행으로 인한 장기요양기관들의 증가와 관련이 있다.

법인과 민간을 불문하고 사회복지시설의 증가는 수명의 연장으로 인한 고령화에 따른 돌봄 체제의 필요성을 들 수 있는데, 전통적 가족부양보다 사회적 부양에의 당위성 인식 증가에 따른 결과이기도 하다.

그러다 보니 사회복지시설의 설립은 물론이고 운영에 대한 관심도 동반하여 증가하고 있다. 자연스럽게 대학교에서 복지경영학과의 설립이 활발해지고 있고, 석사나 박사과정에서도 복지경영 전공 개설이 활발해지는 것이 이런 추세를 반영하고 있는 것이다.

한편 전 국민 사회복지사화라는 말을 할 정도로 양적 증가와 질적 담보의 관계는 의문시되는 현실이다. 그로 인한 결과는 사회복지의 전문성 인식의 약화와 함께 사회복지시설은 누구나 설립할 수 있다는 인식의 확대이다. 이는 노인장기요양보험제도의 확산과 더불어 다양한 계층이 사회복지현장에 유입되면서 영리와 비영리 경계가 모호해지는 과도기적 상황에서 이에 대한 연구나 방향 제시의 부족함에서 연유한 것이기도 하다.

학문 영역과 실천현장의 책무 중에 어떤 것이 우선일지를 생각해 보자면 학교 현장에 있는 자로서의 책임성은 잘 가르쳐야 하는 것이 우선이라고 생각하는 것이 발전을 위한 자세라고 생각한다. 그런 측면에서 사회복지시설운영을 위한 지침서를 고민하던 중 이 책을 집필하게 되었다. 이 책에서는 법인 및 시설의 전반적인 운영과 관리에 대한 법적·이론적·실천적 내용을 토대로 사회복지시설이 보다 원활하고 효율적이며 효과적으로 운영될 수 있도록 그 기틀을 마련하는 데 초점을 두었다.

그런 관점을 가지고 총 14장으로 구성하였다. 제1장과 제2장에서는 사회복지사업을 이해하기 위해서 사회복지시설의 이해 및 사회복지법인의 이해를 다루었고, 제3장에서는 사회복지시설의 설치 및 운영을, 제4장에서는 고령사회에서의 핵심제도인 노인장기요양보험제도의 이해를 다루었다.

제5장부터 제10장까지는 사회복지시설 운영의 실제 부분으로 제5장은 사회복지시설의 인적관리, 제6장은 재정관리, 제7장은 마케팅과 홍보, 제8장은 자원봉사, 제9장은 프로그램 기획, 제10장은 사회복지시설의 평가를 다루었다.

제11장부터 제14장까지는 사회복지시설 각종 분야론으로, 아동복지시설, 장애인복지시설, 노인복지시설, 정신보건시설을 다루었다. 특별히 이번 개정판에서는 노인장기요양기관의 평가에 관한 내용과 치매전담기관의 내용을 추가하였다.

현재 사회복지사업을 행할 목적으로 사회복지시설을 운영해 보기를 소망하거나 시도하고 있는 사람들에게, 그리고 사회복지실천현장에서 실무자와 운영자뿐만 아니라 예비 사회복지사들에게 많은 도움이 되기를 바라는 마음으로 누구나 쉽게 접근할 수 있도록 하기 위해 애를 썼다. 그럼에도 불구하고 막상 출판을 하려고 하니 미흡하고 미진한 부분이 더 많은 것 같다. 좀 더 좋은 책을 만들어 가기 위한 노력은 앞으로도 계속되겠지만, 이 책을 통해 누락되었거나 보충을 요하는 것들에 대해서는 여러분의 관심 어린 지적과 조언을 부탁드린다.

끝으로 이 책을 출판할 기회를 주신 도서출판 공동체 가족 여러분들에게 감사의 인사를 드린다.

2020년 12월

집필자 일동

차 례

CONTENTS

## CHAPTER 13 노인복지시설



## CHAPTER 14 정신보건시설

CHAPTER 01

# 사회복지시설의 이해

CHAPTER

# 01 사회복지시설의 이해

## | 제1절 | 사회복지시설의 정의

우리나라의 사회복지사업법 제2조에서는 "사회복지시설이라 함은 사회복지사업을 할 목적으로 설치된 시설을 말한다"고 규정하고 있다. 이것은 사회복지사업을 행할 목적을 위해 설치된 시설을 의미한다는 것이다. 여기서 사회복지사업이란 매우 다양하게 정의할 수 있는데 점점 그 범위가 협의에서 광의로 넓어지고 있다. 즉, 사회복지사업은 이전에는 극빈층의 보호만을 위한 복지제공 차원의 사업을 의미하였으나 현대에 와서는 모든 국민들의 복지욕구 충족을 위한 노력으로 확대되고 있다.

사회복지시설에 대한 정의는 학자들에 따라 조금씩 견해가 다르다. 미국 사회복지협의회(NASW : National Association of Social Workers, 1987)는 사회복지시설을 특별한 사회문제를 가지고 있거나 그러한 사회문제를 갖게 될 위험이 있는 사람들에게 일정한 범위 내의 사회복지서비스를 제공하기 위해 사회복지사와 사무직원, 기타 직원들로 구성된 조직이나 시설로 규정하고 있다.

또한 일반적으로 정신이나 신체에 장애를 가진 열악한 환경에 있는 사람들을 생활(수용), 통원, 기타의 방법으로 자활, 재활, 보호, 사회복귀를 목적으로 사회복지서비스를 도모하는 장이라고 하였고(이종복 외, 2010), 사회·경제적으로 생활현장에서 어려움을 겪고 있는 사람들과 심신의 장애로 인하여 자립생활이 어려운 사람들에게 생활의 장면을 갖추고 그들 스스로가 자립생활을 할 수 있도록 그들에게 합당한 원조를 하는 곳으로 복지증진을 돕고 사회복지를 실천하고자 하는 이념과 목적을 실현하는 장(류종훈, 2004)으로 정의하기도 하였다.

그리고 박용순 등(2012)은 사회복지시설이란 생활거점 공간이며 인격형성의 장으로 사회생활 준비의 터라고 이해하면서 지역사회에서의 클라이언트의 어려움에 도움을 제공하기도 하며, 그들에게 보호·치료·자립 등의 서비스를 제공할 목적으로 통원·수용 등의 방법으로 편익을 제공하기 위한 장소·설비·건축물 등의 외형적인 것과 이용자에게 제공되는 서비스 등을 포함한다고 정의하였다.

이를 통해 사회복지시설이란 "사회복지서비스의 일부분으로 심신의 미발달이나 미성숙, 장애 혹은 노화 등으로 정상적인 활동이 불가능하거나 자립이 곤란한 사람들의 생존권을 보장하기 위해 가족부양 기능을 대신하는 서비스를 제공하는 시설이나 설비 및 직원 운영조직"이라고 정의할 수 있다.

## | 제2절 | 사회복지시설의 특성

### 1. 사회복지시설의 특성

#### 1) 생활거점의 시설

사회복지시설은 입소자에게는 가정의 기능을 하는 곳이자 삶이 영위되는 생활현장이다. 생활이라고 하는 것은 의식주를 기본으로 한 거주의 장소일 뿐만 아니라 사회생활의 욕구까지도 실현되는 장소이어야 한다. 그렇기 때문에 식사는 물론이고 휴식과 친교와 인간관계까지 이루어져야 한다. 이는 시설이 사회의 기능을 유지할 수 있는 공간이어야 함을 의미한다. 이뿐 아니라 재활 및 치료가 필요한 이들에게는 이러한 충족을 보장해 주어야 한다.

이러한 생활거점의 시설로서의 특성에 대해 전광현(2000)은 다음과 같은 기능이 필요하다고 하였다. 첫째, 사회복지에 관한 모든 제도, 시책의 개성화를 추구할 것, 즉 개인이나 가족의 복지를 높이는 기능이며, 둘째, 처우, 상담, 지도, 육성 등 구체적 대응을 추구할 것, 이때에는 어디까지나 이용자 개개인의 주체성, 자립을 전제로 한 보호가 필요하다. 셋째, 사회·경제적으로 저해되고 있는 모든 욕구를 현재화하며 필요에 따라서 유연성 있게 적절하게 대응해야 한다고 하였다.

사회복지시설이 생활의 거점이라는 것은 "일반인들은 가정, 사회, 공동체 등을 통해 생활이 유지된다면, 시설입소자들은 시설 내에 가정의 기능, 사회적 기능, 공동체적 기능을 최대한 조성하여 '살아감'의 의미를 느낄 수 있어야 한다"는 것을 의미한다. 즉, 시설입소자가 단순히 돌봄을 받는 존재로서만 존재하는 것이 아니라 유기체적인 구조를 조성하여 서로 돕고 도움을 받는 과정을 통해 자신의 존재 의미성을 발견하도록 하여 '살아있음'에 대한 긍정심을 고양을 할 수 있어야 하고, 이는 생활의 의미를 증가시키는 요인으로 작용할 것이다.

그러나 시설의 특성상 함께 더불어 생활하는 공간으로서의 기능은 간혹 개인의 자유를 침해할 수 있다. 따라서 시설의 종사자들이 최대한의 주의를 기울여 개인의 프라이버시를 지켜주도록 신경을 써야 하고, 만약 여의치 못한 상황일 때는 동의를 구하거나 협조를 구하여 개인이 무시되고 있다는 인상을 주어서는 안 된다. 즉, 시설공간은 입소자들에게 생활의 터전인 까닭에 세심한 배려가 없으면 떠나고 싶은 공간이거나 피하고 싶은 공간이 될 수도 있다. 그렇게 되면 생활공간이 더 이상 위안을 주거나 정서적 지지를 받을 수 없는 삭막한 공간이 될 수도 있다.

### 2) 인격형성의 장으로서의 시설

사회복지시설이 생활의 거점에서 정서적 안정이 이루어지게 한다면 저절로 인격형성의 효과적인 장이 될 수 있을 것이다. 그러나 정서적 불안정의 상태에서는 바른 인격의 성장을 기대할 수가 없다. 정서적 불안정에 매몰되어 정서적 발달이나 자주성 등의 발달에 문제가 생기기 때문이다. 이러한 정서적 불안정은 공동체 안에서 갈등구조를 야기하게 되고 비합리적 행동을 유발시키므로 본인과 공동체 전체에 부정적 영향을 미친다.

가정이 아동의 인격 형성의 장으로 기능을 하는 것과 같이 시설 역시 생활의 거점으로 가정의 역할을 하고 있는 공간으로 인격형성에 지대한 영향을 미친다. 따라서 정서적 안정을 위한 세심한 주의가 필요하다. 한 인간의 삶이 시설이라는 좁은 공간 안에서 이루어지는 것이므로 격리와 분리가 인간의 정서에 미치는 영향에 대한 이해와 개인의 성향과 구성원들 간의 조화관계를 파악하여 최적의 정서적인 환경을 조성해 줄 수 있어야 한다. 정서적 안정은 입소자의 정서적 안정에 기여하는 것이고 이는 곧 입소자의 삶의 질을 높일 수 있을 뿐만 아니라 신체적·정서적인 질병을 예방하는 데도 기여한다.

### 3) 사회생활의 준비의 장으로서 시설

사회복지시설에서의 생활은 가정의 대체적 기능을 갖고 있으면서 동시에 사회생활의 장이기도 하다. 복지를 전제로 하는 한편 가정의 기능을 수행해야 하는 위치에 있다. 자칫하면 시설보호라 하여 지역사회로부터 격리될지도 모르지만 시설보호의 기본으로 그 지역주민의 한 사람으로서의 의식을 심어 넣을 필요가 있으며 주민의식에 의해 지지되고 있는 시설에서 생활이 전개되어야 할 것이다(전광현, 2000).

이렇게 함으로써 입소자에게 사회적응 능력을 몸에 익힐 수 있게 하는 것이다. 그러므로 시설에서 생활하고 있으나 지역사회 속의 일원임을 인식할 수 있는 기회를 제공하여야 한다. 지역사회의 행사 참여나 일상생활 체험 등을 통해 사회생활의 감각을 익히도록 하고, 한편으로 지역주민들을 시설의 행사에 참여하게 하거나 시설을 개방하여 교류를 촉진한다. 즉, 시설이용자에 대한 지역주민의 이해와 그 이해에 의한 시설과의 교류관계가 필요한데 이는 시설이용자와 주민과의 심적 거리감이 없는 관계가 창출될 필요가 있음을 의미한다. 이를 위한 구체적인 전개를 하나하나 해 나가는 과정이 이용자의 사회생활을 준비하는 면에서 중요하다. 따라서 사회복지시설의 서비스는 지역사회 생활과 관계를 주고받는 과정을 포함하여 진행시키는 것이 바람직하다.

## 2. 사회복지시설의 기능

사회복지시설에서의 중요한 기능은 입소자들을 위한 보호기능이며, 다음으로는 파악된 욕구나 수요를 기반으로 하여 해결을 위한 개입을 하되 지역사회 자원과의 연계나 조정, 개발 등의 기능 또한 포함한다.

사회복지시설은 설치, 운영 및 관리가 지방자치단체의 고유사무로 규정되어 있고, 사회복지서비스의 큰 부분을 차지하고 있다. 사회복지시설은 아동, 노인, 장애인 등 스스로 정상적인 사회생활을 하기 어려운 사람들에 대해 통원, 수용, 기타의 방법을 통해 보호, 치료, 자립 등의 서비스를 제공할 목적으로 하는 장소, 건조, 설비 등의 물리적 시설과 기관을 총칭한다. 이처럼 사회복지시설은 클라이언트의 인간다운 삶과 사회적 자립능력을 강화시키는 장이며, 지역사회에 위치한 복지시설 자원으로 지역사회에 시설을 개방하여 다양한 복지욕구에 대응하는 지역사회 주민의 종합적인 복지서비스 제공의 중심이라고 할 수 있다.

사회복지시설의 보편적인 기능은 시대에 따라 단계적으로 그 중심 사상이 변화되어 왔다. 단계별로 클라이언트의 측면에서 살펴보면, 사회방위적 단계에서는 시설에서 생활하는 클라이언트는 생활을 보호받으려는 자기 의지에 의한 생활보호가 아니고 사회로부터 격리·소외당하는 피동적 대상에 불과했으며, 사회보장적 단계에서도 시설에서 생활하는 클라이언트는 의식주 생활을 은혜적으로 보장받는 수혜자의 지위로 변화된 것에 불과했다. 사회복지적 단계에 이르러서 비로소 인간으로서 클라이언트의 활동 그 자체가 보호의 중심이 되었다. 이렇게 사회복지시설의 보편적 기능은 수용보호 기능, 전문적 원조 기능, 지역사회 이용 기능을 모두 가지고 있을 수밖에 없고 이를 구체적으로 살펴보면 다음과 같다.

첫째, 수용보호 기능이다. 고아, 노약자, 부랑인, 정신장애인 등과 같이 혼자서는 독립적인 생활이 불가능한 사람들 중에는 보호 또는 부양할 가족이 없거나 있어도 보호·부양 능력이 없는 경우라면 가족을 대신하여 보호·부양해 주는 가족의 대체기능이 필요하다. 사회복지시설에서 수용보호 기능을 수행하지 않는다면 요보호 대상자의 인간적 존엄성이 파괴될 뿐 아니라 인간 존엄의 정의마저 흔들려 복지사회 실현이 어렵기 때문이다.

둘째, 전문적 원조 기능이다. 가족을 대신하여 보호하는 기능 이외에 이들이 정상적으로 생활하며 삶의 현상에서 부딪히는 생활상의 여러 문제들을 적절히 처리할 수 있도록 시설에서는 사회복귀나 재활치료의 전문적인 원조기능이 필요하다. 가정의 기능에 문제가 있거나 가정의 기능을 넘는 특수하고 전문적인 보호를 필요로 하는 경우에도 그 생활은 보호되어야 하기 때문에 이들의 일상생활이 유지되어야 하고 치료, 재활, 훈련 등의 전문적인 프로그램 서비스는 사회복지시설에서 제공되어야 한다.

셋째, 지역사회 이용 기능이다. 사회복지시설은 치료, 재활, 훈련 등의 특수설비, 전문적인 서비스 프로그램과 프로그램을 운영하는 인적 능력을 갖추어야 한다. 가족의 기능은 있으나 치료, 재활, 훈련 등의 특수 설비와 전문적인 서비스 프로그램과 운영 능력은 가정에서 갖추기 어렵고, 행여 가정마다 갖추고 있다 하더라도 이것은 사회적 낭비라고 할 수 있다.

한편 이창희 등(2009)은 공통적으로 적용되는 기능을 세 가지로 구분하였다.

첫째, 기초적 기능으로 생명보존에 필요한 의식주 서비스를 지속적으로 제공하는 보호적 기능, 입소자 개인의 발달과정을 잘 달성하도록 돕는 교육적·지도적 기능, 입소자들의 해결과제를 설정하고 이를 수행하기 위한 전문적이거나 지속적인 원조 기능인 처우적 기능을 말한다.

둘째, 고유적 기능으로 문화적 기능과 대변적 기능이다. 문화적 기능이란 시설 내에 문화적인 생활기반 확충뿐만 아니라 지역사회와의 상호 교류를 통한 문화적 소통을 말하며, 대변적 기능이란 입소자들의 권리 옹호를 위한 변호적 역할의 수행을 말한다.

셋째, 파생적 기능이다. 이는 기초적 기능과 고유 기능의 조화를 통하여 점차 확충해야 할 기능을 말한다. 먼저 조정·연계·개발 기능으로 사회복지시설 내의 자원으로 해결하기 어려운 문제들에 대하여 지역사회의 자원을 활용하는 것이다. 다음은 연구·조사의 기능으로 입소자 및 지역사회의 욕구를 조사하여 이에 대응하는 서비스를 연구하는 등의 기능이다. 또한 정보제공·홍보·계발 기능이 있는데 이는 사회복지시설 간의 정보교환, 지역사회에 시설의 정보제공 및 홍보와 지역사회와 시설 간의 교류의 방법 등을 계발하는 기능을 말한다. 파생적 기능의 마지막 기능으로는 조직화 기능을 들 수 있다. 사회복지시설의 지역사회 내에서의 역할 또한 매우 중요한 기능으로 사회복지시설이 주민생활의 거점 역할을 수행해야 한다. 정보를 조직화하고 연계할 수 있으며 지역사회의 다양한 사회문제에 대응할 수 있는 종합 서비스망을 조직화하는 기능이다.

이렇듯 사회복지시설은 단순히 시설입소자만을 위한 기능을 수행하는 것이 아니라 지역사회 내에서의 사회복지 기능의 향상을 위한 거점으로서의 기능이 필요하다. 그리고 이러한 지역사회와의 연계 기능은 점차 중요성을 더해가는 추세이다.

## 3. 사회복지시설의 역할

사회복지시설은 사회복지의 출발점이자 주요한 복지자원이다. 사회복지시설의 주요한 역할은 경제·사회·신체·정신상의 결여나 장애 때문에 자택에서 일상적으로 일상생활을 영위하기 어려운 사람들을 보호하며 이들에게 의식주를 비롯한 각종 생활서비스와 복지서비스를 제공하는 것이다.

사회복지시설의 개념과 운영상의 원리를 토대로 한 사회복지시설의 역할은 다음과 같이 제시할 수 있을 것이다(박태영, 2004).

첫째, 시설 생활자의 생활 유지와 지원이다. 사회적 자립이 곤란한 요보호자가 자신의 가정에서 보호를 받기 어려울 경우에 사회복지시설에 입소하여 생활 전반에 필요한 서비스를 제공받는다. 시설 생활자는 시설보호서비스를 받아서 자신의 문제와 장애를 치료·훈련·회복하게 된다.

둘째, 가정생활에 대한 지원이다. 요보호자가 시설보호서비스를 이용하여 그 가족의 생활을 직간접적으로 지원하고 가족관계를 조정하며, 가족의 부양기능을 안정시킨다. 이를 위하여 가족상담, 가족상황에 적합한 지원체계의 구축 등 가족관계를 강화하기 위한 조치를 통하여 가정생활을 지원한다.

셋째, 지역사회복지의 증진이다. 최근까지 사회복지시설은 주로 시설 생활자에 대한 서비스만을 제공해 왔다. 그러나 시설은 지역사회와의 긴밀한 연계가 이루어지지 않고서는 그 역할을 충분히 수행한다고 볼 수 없다. 따라서 사회복지시설은 시설보호에 충실하면서 지역사회와의 관계를 면밀히 하기 위해 지역사회의 요구를 충족시키는 복지서비스도 제공해야 한다.

넷째, 지역주민에 대한 복지교육이다. 사회복지시설은 복지교육을 체험할 수 있는 교육의 장이다. 그리고 사회복지시설이 속해있는 지역의 주민들이 복지문제를 제대로 인식하지 않고서는 적절한 복지재원의 확보나 시설에 대한 편견의 극복은 기대하기 어렵다. 사회복지시설은 이러한 지역주민의 복지교육의 장을 제공하는 기능을 담당해야 한다.

결국 사회복지시설은 요보호자에 대한 생활서비스 제공의 기관으로서, 전문적인 사회복지서비스 제공의 기관으로서 지역사회의 전반적인 복지 수준을 향상시키는 기관으로서의 매우 중요한 위치와 의미를 가지고 있다고 할 수 있다.

## | 제3절 | 사회복지시설 보호의 운영원리

### 1. 이념적 원리

사회복지가 가진 기본적 이념과 가치는 모든 사람은 인간으로서의 존엄한 가치를 지닌 존재라는 것이다. 따라서 사회복지시설 내의 모든 사람은 인간으로서의 가치를 존중받을 권리를 보장받아야 한다. 사회복지시설에서의 인권 존중은 더욱더 중요한 과제이다. 그것은 입소자의 행동과 자유가 제한적일 수밖에 없는 환경이고 자칫하면 개인적 욕구가 발현될 수 있는 기회가 박탈될 가능성이 있기 때문이다.

사회복지시설은 입소자의 의식주를 비롯한 삶의 전반적인 생활의 터전이다. 시설의 성격에 따라 약간의 차이는 있으나 대부분의 입소자들은 보호를 필요로 하는 까닭에 도움을 받는 자로서의 지위로 고정되어 서비스제공자의 결정에 의존하는 사안이 많을 수밖에 없다. 그렇기 때문에 입소자의 선택이 보장되어야 하고 결정이 존중되어야 할 필요성이 있다.

이러한 인권 존중의 원리 외에 전문적 보호실천의 원리 또한 매우 중요하다. 입소자는 사회복지 전문 지식과 기술을 익힌 전문 인력에 의해 보호를 받을 수 있어야 한다. 욕구의 실현이나 교육적이면서 치료적인 가치를 실현하도록 노력해야 하고 지지하고 격려적인 보호뿐만 아니라 지역사회와의 연계를 활용한 통합복지의 실현에 대한 고민 역시 필요하다.

시설운영에 있어서 장인협(2006)은 다음과 같은 네 가지 이념적 원리를 제시하였다.

첫째, 권리성으로 시설 생활자 개인이 한 사람의 주민으로서 기본적인 제 권리를 가진다. 그리고 핵심적인 제 권리는 생존권이라 불리는 생존권적 기본권으로 생존권을 기본으로 하여 자유권이나 참정권 등의 제 권리들을 확보하고 보장하는 것이 중요한 과제이다.

둘째, 보편성으로 서비스를 이용함에 있어서 누구나 필요할 때 서비스를 이용할 수 있다는 일반적이고 보편적 시각으로 대상이나 서비스를 결정해야 한다.

셋째, 공평성으로 제공되는 서비스의 내용이 균일해야 한다는 차원이 아니고 욕구에 대한 적정의 서비스가 제공되어야 한다는 의미로, 그러기 위해서 정보의 공개나 내용에 대한 명확하고 이해 가능한 설명이 제공되어야 하며 적절한 기준과 절차의 확립이 필요하다.

넷째, 통합성으로 제공되는 서비스 간의 연계와 조정이 필요하다. 인간이 가진 욕구는 매우 복잡하고 종합적인 성격을 가지고 있다. 따라서 서비스들이 분리되어 운영되는 것은 당연하지만 최종적으로는 통합성을 필요로 한다.

## 2. 실천 방법의 원리

사회복지의 실천방법은 매우 다양할 수밖에 없다. 기존의 실천방법만을 고수할 것이 아니라 과학과 학문의 발전에 따라 수용과 개선을 거듭하면서 실천방법은 발전하고 있다.

먼저 클라이언트에 대한 서비스 개입에 있어서 개별화의 원리를 꼽을 수가 있는데 한 개인의 특성은 유전적인 요소와 환경적인 요소의 통합에 의해 형성되었다. 상황이 다양하고 살아오는 동안에 그런 상황들에 대응하는 개별적인 방법이 형성되어 있을 뿐만 아니라 욕구의 성격이나 질 또한 매우 개별적인 특성을 띠고 있다. 이렇게 각양각색의 다양한 생활환경을 가지고 있는 이들이 같은 공간에서 생활을 함에 따라서 획일적 접근에 노출되었을 때 욕구와 무관한 개입의 발생뿐만 아니라 개인적 삶의 질에 부정적인 영향을 미칠 수가 있다. 그러므로 개인의 개성을 존중하고 개별적 욕구 파악에 따른 서비스 제공이 이루어져야 한다. 즉, 개인이 가지고 있는 독특한 개성을 수용하고 공감하며 최대한 개인의 욕구가 충족될 수 있도록 다양한 방법들을 수행할 수 있어야 한다. 이것이 곧 인간은 개별적인 존재이며 개별적으로 존중되어야 한다는 원리이다.

다음은 가정생활 조정의 원리이다. 입소자들이 가족들과의 관계를 유지하고 증진할 수 있도록 도와야 한다. 인간에게 있어 가족이란 본인의 정체성 유지에 도움이 될 뿐만 아니라 정서적 지지의 근원이기도 하다. 한편 점차적으로 혈연에 의한 가족의 개념을 넘어서서 사회적 가족이라는 새로운 개념이 형성되어 가고 있다. 따라서 시설 내에서 이러한 사회적 가족의 개념을 강화시켜 주어 소외나 버려짐의 절망감이 들지 않고 가정생활의 장으로서의 시설생활이 가능하도록 돕는 것이 필요하다.

한편 공동생활의 원리 또한 필요한데 각 개인의 개별성을 존중하되 또한 집단생활에서 오는 조정이 필요하다. 갈등상황 발생 시의 조정과 때론 타인을 위해 양보하거나 역동을 저해하는 행동의 수정 등이 요청된다. 이를 위해 적절한 오리엔테이션과 교육 및 상담 등을 실시할 수 있다. 최대한으로 개인의 권리를 인정하되 공동생활을 파괴하는 행위 등에 대해서는 일관적인 원칙 등이 또한 필요하며 그 적용에 대해서 신중한 판단이 요청된다.

## | 제4절 | 사회복지시설의 유형

사회복지시설은 분류 기준에 따라서 몇 가지 형태로 나누어진다. 우선 사회복지시설은 국가, 지방자치단체, 사회복지법인, 개인 등 누구나 시·군·구청장에게 신고 후 설치, 운영할 수 있는데, 이러한 설립 및 운영 주체, 이용방법, 비용의 수납 여부, 규모에 따라서 다음과 같이 분류할 수 있다.

첫째, 공공시설은 국가 또는 지방자치단체가 설립하고 운영(위탁운영 포함)하는 시설이며 법인시설은 사회복지법인 또는 비영리법인 등이 설립·운영하는 시설이다. 그리고 개인시설은 단체 또는 개인 등이 설립·운영하는 시설이다.

둘째, 시설의 이용방법에 따라 생활시설과 이용시설로 분류된다. 생활시설은 요보호 대상자들을 24시간 보호하는 시설을 말한다. 이용시설이란 재가복지, 시설생활자 등을 기관에서 교통수단을 제공하여 모시고 와서 서비스를 제공하는 시설을 말한다.

셋째, 시설이용자의 비용(요금, 이용료)에 따라서 유료시설, 무료시설, 실비시설로 구분된다. 유료시설은 이용자 또는 그 부양자로부터 모든 비용을 수납하여 운영하는 시설을 말한다. 수납액은 시설을 유지하기 위한 관리비와 인건비 등이 포함된다. 무료시설은 이용자로부터 요금을 수납하지 않고 전액 무료로 서비스를 제공하는 시설을 말하는데, 대부분 우리나라의 시설이 여기에 해당한다. 마지막으로 실비시설이란 유료와 무료의 중간단계로 말 그대로 실비만 받고 시설을 이용하도록 하는 것을 말한다.

넷째, 시설규모에 따라서도 사회복지시설을 구분할 수 있다. 소규모 시설, 중간규모 시설, 대규모 시설 등이 있는데 소규모 시설은 입소인원 50인 이하의 시설을 말하며 중간규모 시설은 100인 전후의 시설을, 대규모 시설은 150인 이상의 시설을 말한다.

이렇게 다양하게 사회복지시설의 유형을 분류할 수 있지만 대부분 사회복지서비스의 관련 법에서 규정하고 있는 기준, 즉 입소자의 특성과 그 기능에 따라서 사회복지시설의 유형을 분류하는 방법을 선호하고 있다.

또한 사회의 변동과 대상자의 욕구 변화에 따라 그 체계가 점차 변화되고 있다. 6·25 전쟁 이후 1970년대 후반까지 우리나라의 아동 및 여성, 장애인, 노인 분야의 사회복지사업은 생활시설의 사회복지서비스 사업이 그 중심을 이루어 왔다. 그러나 1980년대에 들어오면서 지역을 중심으로 한 재가복지서비스 또는 이용시설의 프로그램이 시작되면서 그 활성화 방안을 위한 논의가 제기되기 시작하였다.

우리나라의 복지서비스는 과거 일부 시민에 대하여 시설에 수용하는 시설서비스 제공방식이 주류를 이루다가 최근에 서비스 제공의 주체가 시설에서 가정으로 변화하고 있다. 즉, 시설에서 재가복지서비스의 형태로 변화되고 그동안 사회변화에 따라 가족의 기능 약화 등으로 시설보호를 절대적으로 필요한 대상들이 지속적으로 발생하고 있다. 사회복지시설은 고유의 기능을 유지하면서 점차 지역사회 주민의 욕구를 충족시켜 주는 역할로 변화하고 있으며, 이용방법에 따라 생활시설, 중간시설, 이용시설로 분류되고 있다.

일반적으로 생활시설이란 서비스가 필요한 사람을 입소시켜 필요한 서비스를 제공해 주는 시설을 말하고 이용시설은 지역사회 내의 가정에서 통원을 중심으로 활용이 가능한 시설이라 말할 수 있다(김유경 외, 2012). 중간시설은 생활시설과 가정의 중간에 위치한 시설의 총칭이라 할 수 있다.

첫째, 생활시설이란 시설서비스를 필요로 하는 사람을 수용시켜 일상생활의 보호를 하면서 필요한 원조서비스를 행하는 시설을 말한다. 일반적으로 심신의 미발달, 노화 또는 장애 등으로 타인에의 의존 없이는 자립생활이 곤란한 조건에 있는 사람으로서 이들을 보호·양육해야 할 가족이 현재 없다거나 있다 하더라도 가족의 부양기능이 결여되어 가족 내에서의 생활이 곤란하거나 부적당한 경우 각종 장애 등의 치료보호를 해야 하지만 가정 또는 가족으로서는 대처할 수 없는 경우, 경제적 어려움으로 자립생활이 곤란한 경우 등에 있는 사람들에게 그의 생활, 치료, 재활상의 여러 가지 장애에 대응한 모든 서비스를 제공하여 그들의 생존권을 보장하려는 시설을 말한다.

둘째, 중간시설로 시설과 가정과의 중간에 위치한 시설의 총칭이라고 볼 수 있다. 이러한 중간시설에서 사용하고 있는 중간의 의미를 생활시설에서 가정에 복귀하기 전까지의 중간이라는 시간적 개념과 지역사회 내에서 가정과 병원, 생활시설의 중간에 위치해 이용할 수 있는 공간적인 개념으로서의 분류도 가능하다고 본다. 중간시설이란 수용보호의 역할이 끝났지만 재가만으로는 아직 완전히 자립할 수 없는 환자와 가족을 지원하는 시설이라고 할 수 있다. 결국 수용과 재가의 중간에 위치해서 재가보호에 어느 정도 한계가 있고 생활시실에 오랫동안 의존할 수 없는 환자와 가족의 원조가 중간시설의 기능에 포함된다고 할 수 있으며, 사회복지 분야의 중간시설에는 단기보호시설과 주간보호시설 등이 있다.

셋째, 이용시설이다. 이용시설이란 지역사회 내의 가정에서 통원을 중심으로 활용이 가능한 시설을 말하며 보편적으로 생활시설의 상반된 개념으로 사용되고 있다. 우리나라에서는 그동안 사회복지시설을 생활시설과 이용시설 두 영역으로만 분류해 왔으나 최근 들어서 중간시설을 도입하여 사회복지시설을 다양화하고 있다.

일본의 경우는 이용시설을 두 가지 의미로 나누어 이해하고 있다. 첫째, 시설의 이용형태에 따라 생활시설에 대비되는 통원시설이다. 통원시설에서는 전문적인 프로그램을 가지고 재가의 수급자를 치료, 교육, 훈련, 갱생시킨다. 이러한 통원시설에는 지역주민이 선택적 혹은 주관적으로 매일 이용하는 시설과 제한적으로 이용하는 시설이 있으며, 노인이나 장애인복지센터, 노인휴양시설, 아동과, 사회복지협의회, 인보관, 커뮤니케이션센터 등이 있다. 둘째,

주간보호시설로서 본인의 자유의지에 따라 시설장과 계약하여 시설을 이용하는 것을 말하며, 유료노인시설과 적은 돈으로 입소가 가능한 노인시설 등을 들 수 있다.

## | 제5절 | 사회복지시설의 역사

사회복지는 역사적으로 사회적 약자들을 위한 원조와 보호라는 측면에서 이루어져 왔다. 제도적인 접근보다는 종교적인 박애정신을 기초로 한 나눔과 돌봄의 형태로 시작이 되었다. 그러나 현대에 와서 사회복지시설은 보호의 관점이 아닌 하나의 생활복지로 전환되면서 지역사회보호, 정상화, 사회정의, 사회통합 등을 강조하고 있다. 앞으로의 사회복지시설은 단순 보호·생활하는 공간을 뛰어넘어 수준 높은 질적인 생활공간으로서의 기능이 요청되고 있으며 이는 관리에서의 전문화를 의미하기도 한다.

### 1. 서구 사회복지시설의 역사

#### 1) 사회복지시설의 기원

사회복지사업의 시작과 발전은 인류가 존재하면서 이웃을 향한 사랑을 실천한 자선활동 및 구제활동에서부터 찾을 수 있다. 개인적 차원을 뛰어넘어 이런 자선활동들이 조금 더 조직적으로 수행되기 시작한 것은 기독교 박애정신과 구체적인 활동에서 나타난다.

기독교의 경전인 성경은 고아, 과부, 노약자들에게 재산상의 도움을 주어야 하고 신분상의 차등한 대우를 하지 말아야 하며, 정신적으로 위안을 주어야 한다고 강조하였다. 따라서 초대 기독교회 신자들은 형제와 같이 사랑하여 가진 바 모든 재산을 함께 내놓고 모두가 평등한 생활을 하며 7인의 실행 위원을 통해 빈자, 병자, 고독자 등을 보호하는 직책을 맡겼다. 그 최초의 기록은 기원 초 이집트 수도자들이 어려운 사람, 병약자, 의지할 곳 없는 사람들에게 자선을 베푼 구빈원(diaconia) 활동에서 찾아볼 수 있다(류상열, 2004).

### 2) 교회 구빈원의 등장

구빈원(poorhouse)은 스스로 자립생활이 곤란한 생활능력이 없는 자 또는 극빈자들을 수용하여 구호하는 공적이거나 사적인 시설을 말한다. 처음 구빈원을 시작할 때의 교회 구빈원은 기독교적 사랑과 신앙을 기반으로 하여 병자, 노인, 고아, 과부 등을 대상으로 하여 구빈을 시행하였다.

기독교적 사랑으로 시작하게 된 구빈원은 종교적 정신을 중심으로 운영이 되었지만 규모가 확장되면서 운영 주체가 교회에서 국왕으로, 또 귀족에게로, 그 다음은 종교단체나 길드(guild)나 신흥 도시 등으로 점점 확대되어 갔다. 구빈원의 운영은 기부금, 유증, 바자, 입원비, 의연금, 순례자 기부금, 왕령수익, 지대 등에 의존하였다(감정기 외, 2005; 류상열, 2004 재구성).

구빈원의 운영방식을 정리하면 다음과 같다(류상열, 2004).

첫째, 입원은 보호자의 의사를 전제로 하고, 비용부담은 없는 것이 원칙이지만, '자발적'이라는 편법으로 비용부담을 시키는 경우가 있었다. 둘째, 수용은 남녀를 따로 했으며, 미사와 기도 생활이 중심이 되도록 운영하였다. 셋째, 식사는 일시 체류자, 수용자, 축일용의 3종이 있었고, 침대는 12세기부터 사용되었다. 넷째, 의복은 나환자용만 구별하였고, 다섯째, 세탁·목욕·이발도 시켰지만 충분하지는 못하였다. 마지막으로 직원은 통상 성직자를 중심으로 요리, 재봉, 세탁 등의 유급직원을 두었고, 원장, 유지관리자 또는 교구장이 임명하였다.

이러한 구빈원은 처음에 종교기관에서 발달되었지만, 봉건체제에서 소단위 사회공동체의 상호부조 활동으로 기능이 대체되었다. 그러나 토지의 인구부양력 약화, 토지경제의 침체 등으로 봉건조직사회는 보다 광범위한 생활자원이 필요하게 되었고, 그 돌파구로 성지회복을 위한 십자군운동(1095)과 13세기 초기에 시작된 장미전쟁(1455~1485) 등이 일어났다. 이를 계기로 중세사회는 사라지고 봉건사회는 문호를 개방하여 새로운 도시를 발전시켰고, 상인들을 부흥시켰으며, 길드를 발전시켰다(박광준, 2005).

길드는 동일한 도시 내 동일한 산업에 종사하는 직공들이 공동의 목적을 달성하기 위하여 조직된 결사였다. 14세기 피혁직 길드는 빈궁자·과부들에게 생활자금, 장제비 등을 지급하는 등의 구빈원과 양로원을 설립하였다. 이렇게 시작한 구빈원은 교회의 숙박소보다 많이 달라진 모습을 가진 구제시설이 되었지만 길드의 조합원이 점점 증가하면서 부패현상이 나타나게 되었다.

14~15세기에는 더욱 부패하여 시설의 후원자 및 관계자들의 사물화가 되었고, 빈민들에게 줄 물건들이 사취되었고 직원들은 문란해졌다. 결국 시설은 관리자의 사유화로 변해갔으며 교회와 수도원의 구빈원 순례는 걸식을 장려하는 결과를 가져와 그 폐해는 말할 수 없이 커져 결국 쇠퇴의 길을 걷게 되었다(류상렬, 2004).

### 3) 구빈법 시대의 사회복지시설

영국에서 교구단위의 빈곤구제가 시작된 것은 15세기까지 거슬러 올라간다. 수도원이 해체되고 중세적 사회구조가 붕괴되면서, 빈곤구제가 전통적인 자발적 자선으로부터 교구단위의 강제 조세에 기반한 구빈 행정으로 전환되어 갔다.

빈민 구제를 위한 초기의 입법들은 주로 걸인들과 부랑인들을 단속하기 위한 것이었다. 1348년에서 2년에 걸친 흑사병의 후유증으로 노동력의 급감과 임금의 급증 현상이 초래되었고, 이런 문제를 해결하기 위해 노동능력이 있는 사람들의 노동을 강제하고 임금을 종전 수준으로 되돌리기 위한 법률들이 제정되었다. 노동자들이 보다 급료가 높고 노동 강제를 덜 엄격하게 하는 지역을 찾아서 떠돌아다니게 된 것은 이러한 제도들 때문이었다.

노동능력이 있는 걸인들에게 개인적 자선을 하지 못하게 한 1349년의 '노동자칙령(Ordinance of Labourers)'이나 모든 노동자와 걸인들의 이동을 금한 1388년의 '케임브리지법(Statute of Cambridge)'은 이러한 노동자들의 반응에 대한 또 다른 규제법이었다(감정기 외, 2005).

영국에 있어서 근대적 빈곤은 인클로저(eclosure) 운동, 가내공업으로부터의 생산수단의 탈취, 봉건제도의 붕괴로 인한 가신단체의 해체 등으로 인하여 직업을 빼앗긴 부랑·걸식의 군중이 증가하면서 시작되었다.

영국교회는 로마 교황으로부터 분리되어 국왕의 권력하에 있었고, 헨리 8세 시대(1491~1547)에 성 토마스 빈민원(1522), 성 바르톨로메오 구빈원(1544) 등이 있었지만 수도원이나 교구의 구제 기능은 붕괴되어 갔으며, 실업자, 부랑자 등이 증대되어 빈민법(1601)의 입법이 불가피하게 되었다(권오구, 2000).

1601년의 엘리자베스 구빈법은 종래의 구빈 관련 법령들을 집대성하여 체계화한 것이다. 이 구빈법은 빈곤자에 대한 일차적인 부양의무와 책임을 가족에 두었다. 그리고 교구는 이차적인 책임을 지게 하였다. 친족에 의한 부양이 불가능한 자, 교구에서 태어나 최근 3년간 교구에 거주한 자에게만 도움을 준다는 이른바 '영주권'의 개념을 두었다. 빈민을 세 유형으로 구분하였고, 유형별로 각기 다른 구제방식을 적용하였다.

먼저 신체가 건강한 빈민은 작업장이나 교정원으로 보내고 이들에 대한 일반인의 구호를 금지하였고, 노동이 불가능한 빈민은 원내구호, 즉 시설수용과 원외구호를 제공하였으며, 의존 아동은 일차적으로는 위탁가정에 보내고 나머지는 경매에 붙였다.

구빈법 행정의 재원은 '구빈세'에서 마련하였다. 구빈세는 주로 재산세나 주민세 등의 방식으로 염출되었으며, 사적 기부금 등으로 보충되기도 하였다.

구빈법을 집행하는 사람을 빈민감독관이라고 하였는데 빈민을 선별하고 구빈세를 징집하는 역할을 수행하였다. 1601년에 엘리자베스 구빈법으로 집대성된 영국의 구빈제도는 이후 다양한 변천과정을 거치지만 그럼에도 향후 약 300년간 영국에서 국가의 책임하에 이루어지는 사회복지제도의 기본 골격으로 유지되었다. 이것은 당시 영국의 식민지였던 미국에도 계승되었으며, 현재까지도 다른 많은 나라들의 공공부조 행정에 상당한 준거가 되고 있다(김영종, 2010).

1696년에는 작업장법(Workhouse Act)이 제정되었다. 당시 네덜란드 방식의 구호소를 본떠서 빈민 구제와 노동력 활용의 목적을 묶기 위한 것이었다. 이후 작업장법은 1722년 작업장심사법(Workhouse Test Act)으로 개정되는데, 구제할 가치가 없는 게으른 빈민들에게는 자유를 박탈하고, 고통과 공포를 주어 구제남용을 방지하기 위한 목적으로 구제억제와 노동의욕의 심사가 행해졌다. 만약 이를 거부하면 등록을 말소하고 체벌, 감금, 감식 등의 처벌이 가해져 작업장은 공포의 집으로 변해버렸다. 또한 수용도 노인과 어린이, 백치, 매춘부 등을 혼합 수용하여 극히 비인도적인 처우가 행해졌다.

이와 같은 경과를 겪은 후 빈민들의 비참한 생활과 착취를 개선할 목적으로 나타난 길버트법(1782년)에 의해 입찰제도는 폐지되었고, 작업장은 노동불능자만의 시설로 되었으며 노동능력이 있는 빈민은 거택구호로 바뀌었다. 거택구호는 일종의 최저임금 보장의 형태로 이루어졌지만, 결과적으로 임금의 고정을 초래하게 되었다. 그러한 당시의 주위 경제사정을 볼 때 사회불안의 해결과 구제비의 절감이라는 필요에 의해서 신구빈법(1834)의 제정이 불가피하게 되었다(류상렬, 2004).

## 2. 우리나라 사회복지시설의 역사

우리나라에서 이루어진 개념적 의미의 사회복지사업은 1854년 프랑스 선교사 마이스터(Maister) 신부에 의한 영아회(Saint-Enfance) 사업이 사회사업의 시작이라고 할 수 있다. 따라서 1885년에 이르러 우리나라 최초의 사회복지시설로서 '천주교 고아원'이 설립되었으며 이후 개인과 종교단체 등 민간에 의한 사회복지시설이 활발하게 진행되었다. 그리고 1945년 해방과 6·25전쟁을 겪으면서 수많은 피난민과 전쟁고아들이 발생하여 이들에 대한 구제사업과 시설보호사업 등이 필요하게 되고, 자연발생적으로 사회사업이 민간에 의해 주도되었다.

이러한 사회복지시설은 1961년 생활보호법과 1970년 사회복지사업법의 제정으로 법령 절차와 규정에 따라 법인화되었는데 그 변천은 민간 개인시설에서 사회복지법인과 재단법인으로 또는 재단법인이 사회복지법인으로 전환되어 공익 법인체로서 정부의 사업을 공공의 복지목적에 따라 위임받아 운영하게 되면서 정부의 지원금에 의해 운영되는 초석을 마련하였다.

그동안 우리나라는 경제성장과 가족구조가 대가족 형태에서 핵가족 형태로 변화되었고, 도시화 및 산업화의 과정에서 사회구조의 변화에 따라 사회복지의 실천의지와 개념이 달라지면서 복지서비스 역시 다양화되었다. 이와 같이 가치관 및 국민의 복지욕구 등이 변화됨에 따라 새로운 사회문제가 발생하게 되고 이러한 사회문제를 해결하기 위해 사회복지 측면에서 다양한 서비스가 요구되고 있지만, 이러한 욕구를 충족시킬 재정적인 문제와 여러 가지 사정으로 인해 사회복지시설이 수용자들을 격리 수용하는 보호수준에서의 시설이 운영되었으나 점차 통합적인 차원에서의 접근을 하고 있다.

우리나라의 사회복지시설의 역사를 보면 1945년부터 1961년까지는 절대빈곤과 외원단계로 전쟁으로 인한 전통적인 상부상조의 체계가 무너지고 피난민과 전쟁고아가 급증하였는 바 해방 전 96개소였던 아동보육시설은 1959년에는 645개소가 되었다. 이 645개소의 시설은 598개소가 민간이 운영하였는데 대부분 재단법인이었고 65개소는 종교단체, 42개소는 국·공립으로 운영되었다.

1960년대에서 1980년대 초까지는 경제성장과 외원의 철수단계이다. 고도성장을 이룩한 개발시대로 절대빈곤의 극복이 국가 최우선의 목표이면서 정치적 정당성 확보를 위한 선언적인 복지국가정책을 제시하고 시설구호 중심의 사회복지서비스를 위해 사회복지법인제도를 도입하였다. 1976년 이후 외원단체들이 철수하면서 정부의 대응책은 아동보호 분야에서 탈시설화 정책을 추진하는 것과 시설에 대한 생계보호 수준을 현실화하는 것이었다. 외원기관의 철수는 종래의 시설 중심의 한국 사회복지서비스를 탈시설화하고 서비스를 다원화하는 계기가 되었다.

1980년대 초부터 1980년대 말까지는 사회개발과 사회복지제도의 정비단계로 민간복지 부문의 확대와 다원화의 단계이다. 절대빈곤의 문제는 해결되었으나 성장 중심 정책이 낳은 다양한 사회적 문제들이 표출되기 시작하였다. 사회복지관이 확대되고 재가복지봉사센터를 통해 지역복지를 강화하는 한편 생활보호법이 개정되어 자활보호가 대폭 강화되었다. 운영주체도 국가나 지방자치단체, 사회복지법인 외에 비영리법인들로 확대되면서 국가주의적 특성이 약화되고 시민사회 부분이 성장하였다.

1980년대 말부터 현재까지 민주화의 진전, 경제와 사회의 균형 발전을 추구하면서 재가복지를 중시하여 재가복지봉사센터를 지역복지로 강화하였고, 탈시설화 경향으로 이용시설인 사회복지시설사업이 확대되고 있다.

한편 2000년대 이후 진행되고 있는 고령사회는 이용시설인 재가복지의 확대는 물론이지만 생활시설인 요양원 또한 확대되는 추세를 나타내고 있다.

CHAPTER 02

# 사회복지법인의 이해

CHAPTER

# 02 사회복지법인의 이해

## | 제1절 | 사회복지법인 설립의 전제

사회복지법인은 사회복지를 수행하기 위해서 사회복지사업법에 의해 만들어진 법인이다. 법적으로 인격을 갖춘 법인은 크게 사람의 모임에 법인격을 부여한, 즉 일정한 목적을 위하여 조직을 구성한 하나의 집합체로 구성원의 변경과는 상관없이 존속하는 하나의 단위체로 성립된 법인을 사단법인이라 하며, 재산의 모임에 법인격을 부여한, 즉 일정한 목적을 가지고 형성된 재산의 집합체로 일정한 규칙에 따라 관리되고 사회의 일원으로 권리의무의 독립된 주체로 인정된 법인을 재단법인이라 한다. 사회복지법인은 재단법인의 성격에 가깝고 비영리법인이다.

이렇게 사회복지법인은 사회복지를 수행하기 위해서 만들어진 사람들과 재산의 모임인 사단법인, 비영리를 추구하는 비영리 특수 재단법인으로 개념화할 수 있으며, 사회복지법인은 그 정관에 규정된 목적사업을 수행해야 하는 한계를 지니고 있다. 목적사업을 변경하지 아니하고는 공적 사업을 수행할 수 없다. 예를 들면, 아동복지사업을 위하여 설립된 사회복지법인은 정관상 노인복지에 관한 사업목적을 가지고 있지 아니하다면 노인 관련 사회복지사업을 할 수 없다. 이것은 엄격히 업무의 영역을 구분하여 사회복지 전문적인 실천을 하고자 하는 데에 있다. 대체로 아동복지, 노인복지, 장애인복지, 여성복지 등의 업무를 생활시설의 운영이나 재가복지사업 및 그룹 홈을 통해서 실천하고 있다. 그런데 한국의 사회복지법인은 1970년 제정된 사회복지사업법에 따라 당초 사회복지에 뜻을 둔 개인이나 임의단체가 사회복지법인으로 인가나 승인을 받는 경우가 많았고, 이사장이 사적으로 친밀한 사람들이나 친족을 중심으로 하여 이사진을 구성한 경우가 있었기 때문에 법인이 이사장의 뜻에 따라 운영되는 경우가 많았음을 문제점으로 인식하기도 한다. 그러나 개정된 법률에서는 사회복지법인에 대한 법적 지위를 분명히 하고 있으며, 여러 가지 사회에 필요한 복지법인 설립을 완화하여 요건만 갖추고 있으면 사회복지법인을 설립할 수 있도록 하고 있다.

## | 제2절 | 사회복지법인의 설립

사회복지법인의 설립과 소멸에 관하여는 사회복지사업법[법률 제13999호] 제16조 내지 제32조에서 규정하고 있다. 사회복지사업법에 규정된 사항 이외에는 민법과 「공익법인의 설립·운영에 관한 법률」을 준용한다. 사회복지법인의 설립을 위해서는 설립자가 기본재산 등을 출연하는 재산의 출연과 설립자의 법인 설립의도를 정관에 기재하는 정관의 작성, 설립허가, 설립등기 등 크게 네 가지의 수속과 절차가 필요하다.

첫째, 재산의 출연의 경우 법인의 설립자는 목적사업에 필요한 재산을 출연하여야 한다. 재산의 종류는 동산, 부동산 등 다양한 형태가 가능하며 확실한 것이면 채권도 가능하다. 출연하고자 하는 재산에 제한물권(지상권, 근저당권, 가등기)이 설정되어 있거나, 가압류 가처분 등이 되어있어 법인이 채무를 부담하거나 재산권 행사가 제한되어서는 안 된다. 이러한 출연재산은 생전 처분으로 법인을 설립하는 때에는 법인이 성립된 때로부터 법인의 재산이 되는데 만일 유언(遺言)으로 법인을 설립하는 때에는 유언의 효력이 발생한 때로부터 법인에 귀속한 것으로 본다.

둘째, 정관 작성의 경우 정관은 사회복지사업법이 정한 사항을 모두 기재하고 있는 때에만 유효하며 그 가운데 하나라도 빠지면 정관으로서의 효력이 생기지 않는다. 주의할 점은 임원의 임면에 관한 규정을 정관에 둘 수 있지만 사회복지사업법은 공익법인으로서의 공공성을 유지하기 위하여 임원의 결격사유 등에 대하여 강행 규정으로서의 제한 규정을 두고 있다. 이를 위반한 정관에서의 임원의 임면사유 규정은 허가 거부의 사유가 되며, 만일 허가가 이루어진다 하더라도 이는 강행법규 위반으로 무효가 된다고 보아야 한다.

셋째, 허가의 경우는 사회복지사업법상 법인의 설립허가는 보건복지부장관의 위임을 받아 시·도지사가 허가권을 가진다. 허가권자인 시·도지사가 목적사업이 구체적이며 실현 가능하다고 인정되는 경우, 출연재산의 수입으로 목적사업을 원활히 달성할 수 있다고 인정되는 경우, 목적사업이 적극적으로 사회복지를 유지·증진하는 것이라고 인정되는 경우 등을 기준으로 설정하고 재량에 따라 법인 설립 허가 여부를 결정한다.

넷째, 설립등기의 경우 시·도지사의 허가를 받은 법인은 주된 사무소 소재지(등기소)에서 설립등기를 함으로써 성립한다.

## 1. 사회복지법인 설립허가의 의미

사회복지사업법상 법인 설립허가는 보건복지부장관의 위임을 받아 시·도지사가 허가권을 가진다. 여기서 허가의 의미가 문제된다. 민법학자들은 법인의 설립에 관하여 자유설립주의, 준칙주의, 허가주의, 인가주의, 특허주의, 강제주의가 있다고 하면서, 허가주의에 관하여는 법인의 설립에 관하여 행정관청의 자유재량에 의한 허가를 필요로 하는 것이라 설명한다. 따라서 허가주의 하에서 법인설립의 자유는 크게 제한된다고 한다. 인가주의에 관하여는 법률이 정한 요건을 갖추고, 주무관청 기타의 관할 행정관청의 인가를 얻음으로써 법인으로서 성립할 수 있게 하는 주의라 설명하며, 인가주의에 있어서는 허가

주의와는 달리 법률이 정하고 있는 요건을 갖추고 있으면 인가권자는 반드시 이를 인가하여 주어야 한다고 설명한다.

비영리법인의 설립에 관하여 우리 법은 '허가주의'를 채용하고 있다고 설명하는 것이 민법학자들의 통설이다. 이러한 민법학자들의 이론 구성은 행정법학자들이 사용하는 "허가", "인가"라는 용어의 용례와는 다르다. 즉, 민법학자들이 사용하는 "허가"나 "인가"는 행정법학상의 허가, 즉 상대적 금지를 해제함으로써 자연적 자유 회복을 목적으로 하는 행정행위로서의 허가나 행정법학상의 인가, 즉 법적 행위의 효력 완성을 목적으로 하는 보충적 행위이자 형성적 행위로서의 인가를 의미하는 것이다.

재량이 아니라 법인의 설립에 관하여 행정관청의 자유재량이 인정되느냐(허가주의), 아니면 법정요건을 갖추면 당연히 행정청으로서는 법인설립을 거부할 수 없느냐(인가주의)에 따른 구분에 불과한 것으로 보인다. 그러므로 민법학자들이 비영리법인의 설립에 관하여 우리 민법이 허가주의를 택하고 있다고 설명하는 것은 행정관청이 법인설립 여부에 관하여 자유재량이 인정된다는 의미이지, 그 허가의 성질이 행정법학상의 허가를 의미하는 것은 아니다.

사회복지법인의 설립에 관하여는 과거 법률이 정하는 요건을 갖추고 있으면 인가권자는 반드시 인가를 해주는 형식을 취하다가 1992년 개정으로 허가로 바뀌게 된다. 당시의 입법 자료에는 왜 인가라는 표현을 허가로 바꾸었는지 그 취지에 대한 설명은 나오지 않고 단지 「공익법인의 설립·운영에 관한 법률[법률 제2814호]」과의 형평성을 고려하여 조문을 수정한다고 되어 있는 바, 「공익법인의 설립·운영에 관한 법률」이 재량으로 법인설립을 인정하는 것과 균형을 맞추려는 입법의 의도가 있었던 것으로 해석되고, 또한 행정주체의 지휘, 감독을 강화하려는 조치였을 것으로 보인다.

## 2. 인가로서의 사회복지법인 설립허가

그렇다면 사회복지법인 설립허가의 법적 성질을 공법적으로 어떻게 파악할지 문제가 된다. 일반적으로 공법상 허가(erlaubnis)는 법령에 의해 개인의 자연적 자유가 제한되고 있는 경우에 그 제한을 해제하여 자연적 자유를 적법하게 행사할 수 있도록 회복하여 주는 행정행위를 말한다. 이에 반하여 인가는 행정청이 타자의 법률행위를 동의로서 보충하여 그 행위의 효력을 완성시켜 주는 행위이다. 인가는 공익과 관련된 행위에 공익의 실현자로서 행정주체의 간섭을 허용함으로써 그 행위의 효력 발생을 행정주체의 의사에 종속시키는 제도이다.

인가제도는 사법상의 후견제도에 비유될 수 있다. 이러한 인가는 효력의 요건이라는 점에서 허가가 주로 무허가 행위에 대한 처벌요건이라는 점에 차이를 가진다. 이러한 관점에서 사회복지법인 설립허가의 경우, 그 설립허가로써 새로이 법인격을 부여받는 것이기에 공익의 실현자로서 행정주체가 법률상의 자격 또는 능력을 새로이 부여하는 형성적 행위인 인가라고 보는 것이 타당할 것이다. 판례는 민법 소정의 재단법인의 정관변경 허가의 법적 성질을 인가라고 판시한 바 있으며, 법인설립 행위의 핵심이 정관작성에 있다는 점 등을 감안하면 법인설립 허가나 정관변경 허가 사이에 본질적인 차이가 있다고는 할 수 없기에 이러한 판례의 태도는 법인설립 허가에도 적용될 수 있는 것으로 보인다.

또한 여기서 사회복지법인 설립인가는 재량행위이다. 판례도 "사회복지사업에 관한 기본적 사항을 규정하여 그 운영의 공정·적절을 기함으로써 사회복지의 증진에 이바지함을 목적으로 하는 사회복지사업법(법률 제5133호)의 입법 취지와 같은 법의 입법취지와 같은 법 제12조, 제25조 등의 규정에 사회복지법인의 설립이나 설립 후의 정관변경의 허가에 관한 구체적인 기준이 정하여져 있지 아니한 점 등에 비추어 보면, 사회복지법인의 정관변경을 허가할 것인지의 여부는 주무관청의 정책적 판단에 따른 재량에 맡겨져 있다고 할 것이고, 주무관청이 정관변경 허가를 함에 있어서는 비례의 원칙 및 평등의 원칙에 적합하고 행정처분의 본질적 효력을 해하지 않는 한도 내에서 부관을 붙일 수 있다"고 하여 사회복지법인 설립허가가 정책적 판단에 따른 재량행위임을 분명히 하고 있다.

행정 실무에서는 인가권자인 시·도지사가 목적사업이 구체적이며 실현 가능하다고 인정되는 경우, 출연재산의 수입으로 목적사업을 원활히 달성할 수 있다고 인정되는 경우, 목적사업이 적극적으로 사회복지를 유지·증진하는 것이라고 인정되는 경우 등을 기준으로 설정하고 재량에 따라 법인설립 인가 여부를 결정한다. 그리고 목적사업의 무상성과 기타 목적사업의 운영에 관한 사항, 기타 목적사업의 원활한 달성을 위하여 필요한 사항을 부관으로 부가할 수 있도록 하고 있다. 특이한 점은 '수혜자의 출생지·출신학교·직업·근무처, 기타 사회적 지위나 당해 법인과의 특수관계 등에 의하여 수혜자의 범위를 제한할 수 없다는 뜻'의 경우 「공익법인의 설립·운영에 관한 법률 시행령」[대통령령 제20674호, 2008. 2. 29., 타법개정] 제6조 제1항 제2호에 따르면 부관으로 이를 붙일 수 있는지 여부를 재량으로 설정해 놓았으나, 사회복지법인 설립허가 실무에서는 이를 반드시 붙이도록 한다는 점이다. 사회복지사업의 경우 그 대상이 전 국민으로서 누구나 설립된 사회복지법인에 의해 수혜를 볼 수 있도록 하여야 한다는 점이 강조된 업무방침으로 보인다.

## 3. 사회복지법인이 수행할 수 있는 사회복지사업

사회복지 관련 법률에 의한 보호나 선도 또는 복지에 관한 사업, 사회복지상담, 부랑인 보호, 직업보도, 무료숙박, 지역사회복지, 의료복지, 재가복지, 사회복지관 운영, 정신질환자, 한센 병력자, 사회복지에 관한 사업 등 각종 복지사업이다.

또 이와 관련된 자원봉사활동 및 복지시설의 운영 또는 지원을 목적으로 하는 사업이다. 따라서 복지시설의 운영 또는 지원을 목적으로 하는 선한 목적을 가지고 있다 할지라도 사회복지사업을 정의함에 있어 개념을 명확히 하는 방법을 채택하지 않고 구체적 명시에 따라 어떤 사업 등 한정적 열거주의를 따르고 있기에 여기에 해당되지 아니한 사업은 통념상 사회복지사업으로서의 요건을 갖추고 있다 할지라도 법률상으로는 사회복지사업으로 인정하지 아니한다.

## 4. 사회복지법인의 업무소관

사회복지법인의 업무소관은 중앙정부(보건복지부)와 지방정부로 이원화되어 있다. 보건복지부장관의 소관업무는 법인의 목적사업의 범위가 2개 이상의 시·도에 걸치는 경우에의 법인 설립허가 업무, 법인의 합병업무, 법인의 설립목적 및 주요 목적사업을 변경하는 정관변경 등이다.

또한 모든 법인(보건복지부장관 및 시·도지사 허가)의 임원의 해임명령이나 설립허가의 취소도 중앙부처의 업무이다.

지방정부인 시·도지사의 업무소관 역시 법인 설립허가로 이때 목적사업의 범위가 2 이상의 시·도에 걸치는 법인의 설립허가는 제외한다.

또한 정관변경 인가(목적사업의 범위가 2 이상의 시·도에 걸치는 법인의 설립목적 및 주요 사업의 변경에 관한 사항 제외), 임원임면보고의 접수, 감사의 추천, 임시이사의 선임, 재산취득 보고의 접수, 법인합병의 허가(목적사업의 범위가 2 이상의 시·도에 걸치는 법인은 제외) 등을 관장한다.

## 5. 설립 전 고려사항

### 1) 방향 선택

사회복지법인은 모든 영역에서 복지사업을 운영·관리할 수 있다. 하지만 우선 수행하고자 하는 복지사업의 특성과 그간의 경험 그리고 노하우를 고려하여 노인, 장애인, 아동, 청소년, 여성 복지 중 하나의 전문분야를 선택할 필요가 있다. 사업목적과 종류를 많이 나열하면 서류 제출 시 정확한 복지마인드를 인정받을 수 없고, 무엇을 하고자 하는지의 정체성 내용을 명확히 제시할 수 없어 관할 행정관서나 공무원이 혼동할 수 있으므로 설득력이 없다. 이는 설립을 지연시키는 요인이 될 수 있으며 설립취지를 부각시킬 수 없기에 시간만 낭비할 수 있다.

### 2) 법인의 종류(법인격 부여)

법인이란 개인, 즉 자연인이 아니고 법인격을 가지게 되므로 공익법인이란 의미를 부여받음으로써 법인격의 실무담당자는 통괄적 개념으로 사단법인 또는 재단법인이라고 할 수 있다. 따라서 법인의 분류는 공공법인(비영리법인), 영리법인으로 분류하고, 세밀한 분류에서는 공공법인을 분리하기도 한다. 이때 사단법인은 일정한 목적을 위하여 결합한 사람, 즉 회원들에게 법인격을 부여하여 단체에게 자율적으로 활동을 하도록 하며, 재단법인은 일정한 목적을 가진 재산에 법인격을 부여하여 재산을 기초로 한 설립자의 의사에 따라 비교적 타율적으로 활동을 하게 된다.

공익법인은 민법 기타의 특별법에 의해 설립된 법인으로 민법법인, 학교법인, 종교법인, 사회복지법인이며, 공공법인은 노동조합, 협동조합, 의료법인, 기타 등이고, 영리법인은 주식회사, 자회사, 합명회사, 유한회사, 영농조합법인 등이 있다. 그리고 크게는 법인을 내국법인과 외국법인으로 구분하기도 한다.

### 3) 사회복지법인의 명칭

명칭을 정할 때는 기존의 사회복지법인의 명칭을 열람해서 중복되지 않도록 해야 한다. 그리고 기억하기 쉽고 부르기 좋은 명칭이어야 할 것이다. 또 사회복지사업법에 의한 사회복지법인이 아닌 자는 사회복지법인이라는 명칭을 사용하지 못한다(사회복지사업법 제31조).

### 4) 재산출연

법인설립을 하려고 하면 기본적으로 자산이 있어야 하는데, 준비되고 출연 가능한 재산을 놓고 검토해야 한다. 이때 필요한 서류는 감정원 감정서(부동산 : 판매 가능한 것), 등기부등본, 동산(현금, 유가증권, 주식 등), 은행잔고증명(기본재산과 보통재산) 등이다.

사회복지법인은 사회복지사업의 운영에 필요한 재산을 소유하여야 한다. 법인의 재산은 보건복지부령에 의하여 기본재산과 보통재산으로 구분하며 기본재산은 그 목록과 가액을 정관에 기재하여야 한다.

그러나 역사적으로 볼 때 사회복지시설은 민간에 의하여 설치·운영되었기에 처음부터 충분한 재정적 뒷받침으로 사회복지사업을 했다기보다 설립자의 순수한 선의에 따라 시작한 경우가 많았다. 그러나 이제는 사회복지법인을 설립하기 위해서 재정자립도가 매우 중요하며, 엄격히 사회복지사업을 수행할 재정적 능력이 있는지를 객관적 척도로 가름하기에 적당히 하려고 하여서는 아니 된다.

### 5) 임 원

이사 7명 이상(대표이사 포함), 감사 2명 이상으로 한다(법적 요건으로 사회복지사업법 제18조)

① 이사(3년)

② 감사(2년)

감사와 이사는 사회복지사업법 제18조 제7항의 규정에 의한 특별한 관계에 있는 자가 아니어야 하며, 감사 2인 중 1인은 법률 또는 회계에 관한 지식이 있는 자 중에서 선임하여야 한다.

### 6) 사업 계획

설립 후 1년간 예산서 및 사업 계획서를 실현 가능하도록 현실적으로 작성하면 된다. 이때 육하원칙에 의거 구체적으로 기재하고 예산서는 세입·세출 항목을 구분하여 작성하고 항목별 산출근거를 명시하면 된다.

### 7) 정관 만드는 요령

정관은 법인운영의 근본 원칙을 정한 것으로서 서면으로 작성해야 한다. 정관의 기재사항에는 목적, 명칭, 주된 사무소의 소재지, 사업의 종류, 자산 및 회계에 관한 사항, 임원에 관한 사항, 수익사업에 관한 사항, 잔여재산의 처리방법, 공고 및 그 방법에 관한 사항 등 필요 기재사항과 기타 임의적 기재사항이 있다.

### 8) 사무실

사회복지사업의 주된 목적사업을 수행할 사무실은 서울에 두고 운영시설은 지방에 있는 경우와 소재지와 목적용 기본재산 등의 위치가 동일한 경우에 따라서 허가 주무부처가 다르게 결정되며, 2개 이상의 주무관청 소관 시에는 보건복지부 허가나 주된 사업을 주관하는 주무관청에 신청하여야 한다.

# | 제3절 | 사회복지법인의 설립절차

## 1. 허가 및 신청사항

### 1) 허가신청

법인 목적사업의 범위가 2개 이상의 시·도에 걸치는 법인은 관할 시·군·구 및 시·도지사를 경유하여 보건복지부장관에게 신청해야 한다. 한편 법인 목적사업의 범위가 1개 시·도에 한정된 법인은 시·군·구를 경유하여 시·도지사에게 신청하면 된다.

### 2) 처리절차

처리절차는 신청인이 시·군·구에 제출하면 시·군·구에서는 이를 검토하여 10일 이내로 시·도에 제출하게 되어있다. 시·군·구로부터 제출받은 신청서를 시·도에서는 17일 이내로 설립 또는 반송 여부를 결정하여 통보하여야 한다.

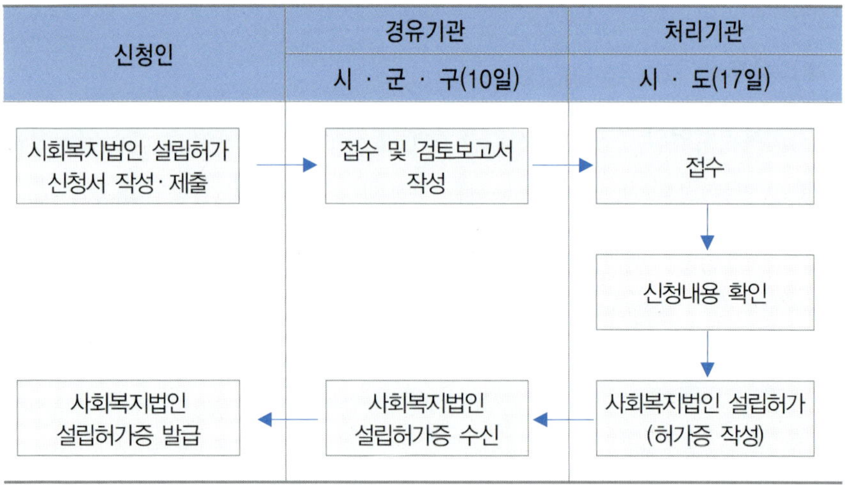


|그림 2-1| 법인 설립허가 신청서의 처리절차

## 2. 기본재산의 출연기준

### 1) 법인재산의 구분

법인의 재산은 기본재산과 보통재산으로 구분한다. 기본재산이라 함은 부동산, 정관에서 기본재산으로 정한 재산으로서 이사회의 결의에 의하여 기본재산으로 편입된 재산을 말한다. 기본재산은 다시 목적사업용 기본재산과 수익사업용 기본재산으로 구분하게 되는데 목적사업용 기본재산은 법인이 사회복지시설 등을 설치하는 데 직접 사용되는 재산을 말하고, 수익사업용 기본재산이란 법인이 그 수익으로 목적사업의 수행에 필요한 경비를 충당하기 위한 재산을 말한다.

보통재산은 기본재산 이외의 재산을 말한다.

**<목적사업용 기본재산 규모 산출방법>**

- 시설(건물) : 총 소요 면적 * 정부건축공사비 기준단가
- 부지 : 총 소요 면적 * 시가 등 매매 적정가

* 부지가 확보되어 있는 경우는 시설(건물)비만 확보

### 2) 시설 설치기준

사회복지법인의 정관에 의한 목적사업에 맞는 시설을 갖추어야 한다. 이는 시설의 종류에 따라 각 설치 기준이 상이하므로 하고자 하는 사업에 맞는 시설 설치기준을 파악해야 한다.

한편 부지로 제시할 경우에는 시설 설치가 가능한 부지임을 증명해야 한다.

## 3. 설립허가 신청서류

사회복지법인은 사회복지사업법의 적용을 받는 동시에 목적사업에 따른 관련 법의 적용을 받게 된다. 예를 들면, 사회복지사업법과 아동복지법, 국민기초생활보장법 등의 관련 사항을 모두 충족할 수 있어야 한다. 그리고 사회복지법인에 관하여 관련 법률에 정하여 있지 아니한 사항은 민법규정에 따라 적용을 받는데, 민법 제31~97조와 법인의 설립운영에 관한 민법 규정을 보완하는 「공익법인의 설립·운영에 관한 법률」을 준용하게 된다.

### 1) 구비서류

① 사회복지법인 설립허가 신청서 1부(사회복지사업법 시행규칙 제7호 서식)
② 설립취지서 1부
③ 정관 1부
④ 재산출연증서(재산출연자의 인감증명 첨부) 공증 1부
⑤ 재산의 소유를 증명할 수 있는 서류 1부(부동산의 경우 등기부등본)
⑥ 재산의 평가조서 1부(부동산 가격공시에 관한 법률에 의한 감정평가사업자의 감정평가서 첨부)
⑦ 재산의 수익조서 1부(수익용 기본재산을 갖춘 경우에 한하며, 공인된 감정평가기관의 수익증명 또는 수익을 증명할 수 있는 기관의 증빙서류 첨부)
⑧ 임원의 취임승낙서, 이력서 각 1부
⑨ 임원 상호 간의 관계에 있어 사회복지사업법 제18조 3항의 규정에 저촉되지 아니함을 입증하는 각서 1부
⑩ 설립 당해 연도 및 다음 연도의 사업계획서 및 예산서 각 1부

## 2) 구비서류 작성요령

### (1) 설립취지서

① 법인설립 취지를 육하원칙에 의해 기재하여야 한다.

② 발기인 회의록을 첨부하되 회의록에는 재산출연 사항, 임원선출, 정관의 심의의결, 사업계획 및 수지예산 등에 관한 의결사항을 포함해야 하며, 회의록은 발언(동의)하고 의결되기까지의 과정을 기록해야 한다. 또한 발기인 전원이 기명날인해야 하고, 쪽마다 간인을 해야 한다.

- 발기인 전원 기명날인해야 한다.

③ 설립 발기인 명단 첨부

직위, 성명, 주민등록번호, 주소 및 약력 등을 간략하게 기재한다.

### (2) 정관

① 정관은 관계 법규에 어긋남이 없도록 하고 발기인 전원 기명날인하도록 한다.

② 법인의 정관에는 목적, 명칭, 사무소의 소재지, 사업의 종류, 자산 및 회계에 관한 사항, 임원에 관한 사항, 회의에 관한 사항, 수익을 목적으로 하는 사업에 관한 사항, 정관의 변경에 관한 사항과 존립시기나 해산사유를 정하는 때에는 그 시기와 사유 및 잔여재산의 처리방법 등을 기재하여야 한다.

③ 법인 설립 당시의 기본재산 목록, 임원명단, 법인이 사용할 인장을 첨부해야 한다.

### (3) 재산출연증서

① 출연재산의 구체적 내용 기재(소재지, 지목, 지적, 평가가액 등)

② 출연인의 인적사항, 출연일자 기재 후 인감 날인

③ 주식, 예금 등의 출연행위에 대하여는 공증인의 공증을 받도록 함

④ 출연자의 인감증명을 첨부하며 인감증명의 용도는 사회복지법인에 대한 재산출연용으로 함

### (4) 재산의 소유를 증명할 수 있는 서류

부동산 등기부등본, 주식의 주주명부 사본, 현금의 경우 예금잔고 증명, 유가증권의 사본, 각종 무체재산권의 등록필증 사본 등을 첨부해야 한다.

### (5) 재산의 평가조서

① 기본재산, 보통재산으로 구분하고 기본재산은 목적사업용과 수익사업용으로 구분하여 평가가액을 일목요연하게 파악할 수 있도록 작성한다.

- 지원법인의 경우는 목적용과 수익용을 구분하지 아니할 수 있다(5억 원 이상, 연 5천만 원 이상 지원 가능). 지원법인은 법인설립 당시의 재산평가가액이 특별하게 정하여 있지 아니하다. 다만, 그 목적사업을 수행할 수 있는 재정적 능력 여부가 중요하다. 물론 운영법인도 재산평가가액이 종전 법에는 5억 원 이상의 재정보유 능력을 설립조건으로 하였으나 이 규정은 현행 사회복지사업법에서도 역시 목적사업을 수행할 수 있는 재정적 능력을 전제조건으로 하고 있음을 알아야 한다. 따라서 지원법인인 경우 현행법에 따라 8천만 원의 기본재산으로 법인을 설립한 경우가 있었다.

② 부동산은 「부동산 가격공시에 관한 법률」에 의한 감정평가 법인의 감정평가서 또는 시장·군수·구청장이 동법 제10조 제1항의 규정에 의한 공시지가를 기준으로 산정한 지가확인서를 첨부한다.

③ 예금 등은 그 현재액을 증명할 수 있는 은행 잔고증명서, 기타 각종 재산을 평가할 수 있는 증빙서류를 첨부한다.

### (6) 재산의 수익조서

① 수익용 기본재산의 수익을 파악할 수 있도록 작성하고 수익 산출 근거를 명시한다.

예 월세 * 12월 = 연간수익

② 수익을 증명할 수 있는 기관 발행 증빙서류를 첨부(수익확인서, 배당이익 증명서, 이자수익확인서, 납세필증 등)한다.

### (7) 임원에 관한 사항

① 법인에는 이사 7인 이상(대표이사를 포함)과 2인 이상의 감사를 두어야 한다.

② 임원의 취임승낙서

- 임원 취임자의 취임승낙 의사 표시와 인적사항(주소, 성명, 주민등록번호, 주요 경력) 기재

③ 임원의 이력서

④ 특수관계 부존재 각서

임원 상호 간의 관계에 있어서 상속세 및 증여세법 시행령 제2조의2 제1항 규정에 의한 "특별한 관계에 있는 자"가 이사 현원의 5분의 1을 초과하지 아니함을 입증하는 각서를 첨부한다.

"특별한 관계에 있는 자"라 함은 다음 각 호의 1에 해당하는 자를 말하는 자로 출연자(당해 법인을 출자에 의하여 사실상 지배하고 있는 자를 포함한다)와, 출연자 또는 이사와 국세기본법 시행령 제1조의2에서 규정한 자(친족관계)이다. 친족관계의 범위는 아래와 같다.

㉮ 6촌 이내의 혈족

㉯ 4촌 이내의 인척

㉰ 배우자(사실상 혼인관계에 있는 자 포함)

㉱ 친생자로서 다른 사람에게 입양된 자 및 그 배우자 직계비속

⑤ 사용인(출자에 의하여 지배하고 있는 법인의 임원을 포함한다. 이하 상속세 및 증여세법 시행령 제2조의2 제1항 제2호에서와 같다)이나 사용인 외의 자로서 상속인의 재산으로 생계를 유지하는 자
⑥ 상속세 및 증여세법 시행령 제2조의2 제1항 제3호에 해당하는 자
⑦ 당해 출연자가 재산을 출연한 다른 공익사업을 영위하는 법인의 이사

#### (8) 사업계획서 및 예산서

사업계획서는 설립 당해 연도 및 다음 연도의 예산서 및 사업계획서를 작성해야 하는데 이때는 사업개시일을 명기해야 한다.

- 사업계획서는 육하원칙에 의하여 사업의 구체적 내용을 기재한다.
- 예산서는 세입·세출 항목을 구분하여 작성하고 항목별 산출근거를 명시해야 한다.

## 4. 법인의 설립허가

### 1) 경유기관의 검토의견서

목적사업의 범위가 2개 이상의 시·도에 걸치는 경우 설립허가 신청서는 주된 사무소 소재지의 시·군·구청장 및 시·도지사를 거쳐 보건복지부장관에게 제출한다.

경유기관은 자산에 관한 실지조사와 법인설립의 필요성 등에 관한 검토의견을 첨부해야 한다.

#### (1) 사업에 관한 사항

사업계획서 및 수지예산서의 적정 여부

① 예산서에 따른 재원확보 가능성 여부
② 시설 설치 시 입지적 여건, 건축 가능 여부

③ 시설 설치 예정자가 타 시·도인 경우 소재지 관할 시·도지사 의견 청취 반영 여부

#### (2) 자산에 관한 사항

① 출연 자산의 소유권 및 사용권(사용제한 여부 : 용도지역 구분)이 확실한지의 여부
② 출연 재산의 제한물권(지상권, 가등기 등) 설정 여부

### 2) 법인의 설립허가

주무관청은 관련 법령 규정의 적법성 검토와 목적사업의 실현능력 및 재정적 기초가 확립되어 있는지 여부 등을 심사한 후 허가 여부를 판단하고 허가관청은 법인의 설립허가를 함에 있어 필요한 조건을 붙일 수 있다.

# | 제4절 | 사회복지법인의 운영

## 1. 법인설립 허가 후 조치사항

### 1) 설립등기한 사항 보고

설립허가를 받은 지 3주 이내에 주된 사무소 소재지에서 다음의 사항에 대하여 설립등기를 해야 하며 등기를 완료한 날로부터 7일 이내에 등기부 등본 2부를 첨부하여 주무관청에 보고한다. 그 내용은 목적, 명칭, 사무소, 설립허가 연월일, 존립시기나 해산 사유를 정한 때는 그 시기 또는 사유, 자산의 총액, 출자의 방법을 정한 때는 그 방법, 이사의 성명과 주소, 대표이사의 대표권 유무 표시 등이다.

상기 등기사항에 변동이 있을 때에는 민법 규정에 의거 변경 등기하고 분사무소 설치 및 사무소 이전 시에도 이를 등기하여야 하며 등기 완료일로부터

7일 이내 등기부등본 2부를 첨부하여 당해 주무관청에 보고하여야 한다.

또한 재산을 이전하고자 할때는 보고해야 하는데 출연한 기본재산은 설립허가 후 사무소 소재지에서 3주 내 법인 소유등기를 필하고 이를 증명하는 서류를 주무관청에 보고한다. 특히 기본재산으로 출연된 유동성이 심한 예금 등에 대하여는 법인재산의 손실 또는 유출되는 경우가 없도록 수시로 재산 변동사항을 파악하도록 한다.

### 2) 정관변경 인가에 관한 사항

#### (1) 법인의 정관변경 인가신청(사회복지사업법 시행규칙 제8조)

제출 서식에 다음 서류를 첨부하여야 한다.

① 정관변경인가 신청서 1부

② 정관의 변경을 결의한 이사회 회의록 사본 1부

③ 정관변경안(신/ 구 정관의 조문 대비표 첨부) 1부

④ 사업변경계획서, 예산서 및 재산의 소유를 증명할 수 있는 서류 각 1부(사업의 변동이 있을 때)

⑤ 재산의 평가조서 및 재산의 수익조서(사업의 변동이 있는 경우) 1부

#### (2) 정관변경 인가 업무처리 검토사항

① 정관변경의 적법성과 타당성 여부를 검토해야 한다. 즉, 정관변경 절차 및 의결기관의 적법성 여부를 확인한 후 관계 법령이나 정부의 방침에 적합한지 여부 등을 검토하고, 이사회 회의록에 정관변경의 구체적 내용이 포함되어야 하며 참석자 전원의 날인 여부를 확인해야 한다. 또한 정관의 변경으로 사업의 변경이 있을 때에는 변경 전 사업계획서, 수지예산서 및 재산증빙서류와 타당성을 검토해야 한다.

② 정관변경에 따른 재원확보 여부

정관의 변경으로 사업의 변경이 있을 때에는 이사회 회의록에 반드시 재원조달 계획(재산기부 승낙사실 등) 및 수지예산 등에 관한 심의 및 의결사

항이 포함되어야 하며, 변경된 사업계획서, 수지예산서 및 재산증빙서류의 타당성을 검토해야 한다.

③ 특히 기본재산으로 출연된 재산 중 유동성이 심한 예금 등에 대하여는 법인재산이 손실 또는 유출되는 경우가 없도록 수시로 재산 변동상황을 파악하도록 한다.

### 3) 기본재산 처분허가에 관한 사항

#### (1) 기본재산 처분허가의 범위

기본재산의 매도, 증여, 임대, 교환(대체) 또는 담보제공과 기본재산에 관한 의무의 부담 및 권리의 포기 시에는 반드시 주무관청의 처분허가를 받아야 한다.

#### (2) 기본재산 처분허가의 신청(사회복지사업법 시행규칙 제14조)

첨부서류로는 다음과 같다.

- 기본재산의 처분을 결의한 이사회 회의록 사본 1부
- 처분 기본재산의 명세서 1부
- 처분하는 기본재산의 감정평가서 1부(교환의 경우에는 취득하는 재산의 감정평가서 포함)

#### (3) 기본재산 처분허가 시 검토사항

① 이사회 결의의 적법성 확인

이사회 소집의 적법성 확인과 이사회 회의록에 처분의 구체적 내용이 포함되는지와 참석이사 전원의 기명날인 등 결의의 성립 등에 흠이 없는지 확인하여야 한다.

② 신청서의 타당성 검토

신청서의 내용을 면밀히 검토하고 법인의 재산이 손실 또는 유출되는 경우가 없는지 확인한다.

③ 처분대상 재산의 구체적인 내용 확인

처분재산 목록은 2월 이내 발행된 등기부등본 등 관련 증빙철로 확인하고 처분재산의 소유권 등을 확인해야 한다.

* 등기부등본의 경우 표제부(재산의 표시), 갑구(소유권, 가압류, 가처분 등 사항 기재), 을구(저당권, 지상권, 전세권 등의 제한물권 설정사항)를 정밀 확인한다.

④ 처분재산 목록에 대한 감정평가서는 공인감정평가법인이 작성한 것이어야 한다.

#### (4) 재산의 증가 및 정관변경에 관한 사항

① 매수, 기부채납, 기타 방법으로 재산을 취득할 때에는 지체 없이 이를 법인의 재산에 편입조치하고, 재산증가보고서에 다음의 서류를 첨부하여 주무관청에 제출(사회복지사업법 제24조와 동법 시행규칙 제16조)한다.

- 취득사유서 1부
- 취득한 재산의 종류, 수량 및 금액을 기재한 서류 1부
- 취득한 재산의 등기부등본 또는 금융기관의 증명서 1부

② 법인이 기본재산을 늘리거나 줄일 때에는 지체 없이 정관변경 절차를 이행하여야 한다.

### 4) 임원의 임면보고에 관한 사항

#### (1) 임원의 임면보고(사회복지사업법 시행규칙 제10조)

첨부서류로는 다음과 같다.

- 당해 임원의 선임 또는 해임을 결의한 이사회 회의록 사본 1부
- 임원의 취임승낙서(인감증명서 첨부), 이력서 각 1부
- 사회복지위원회 또는 지역사회복지협의체로부터 받은 이사추천서 1부, 임원 상호 간의 관계에 있어 법 제18조 제3항에 저촉되지 아니함을 입증하는 각서 1부

### (2) 임원의 보충(사회복지사업법 제20조)

이사 또는 감사 중에 결원이 생긴 때에는 2개월 이내에 이를 보충하여야 한다.

### (3) 임원의 해임명령(사회복지사업법 제22조)

주무관청은 다음의 사유가 있는 때에는 법인에 대하여 그 임원의 해임을 명할 수 있다.

① 시·도지사의 명령을 정당한 이유 없이 이행하지 아니할 때
② 회계부정이나 인권침해 등 현저한 불법행위 또는 그 밖의 부당행위 등이 발견되었을 때
③ 법인의 업무에 관하여 시·도지사에게 보고할 사항에 대하여 고의로 보고를 지연하거나, 거짓으로 보고를 하였을 때
④ 그 밖에 법에 따른 명령을 위반하였을 때

CHAPTER 03

# 사회복지시설의 설치 및 운영

CHAPTER

# 03 사회복지시설의 설치 및 운영

## | 제1절 | 사회복지시설 설치

### 1. 사회복지시설의 신고제도

국가 또는 지방자치단체 외의 자가 시설을 설치·운영하고자 하는 때에는 시장·군수·구청장에게 신고하여야 한다. 시·군·구 담당자는 각 개별 법령의 신고기준을 참고하여 신고 가능 여부를 확인하되 중증장애인시설, 치매노인시설 등의 경우 시설설비 및 종사자 요건을 엄격하게 적용하여 시설생활자의 인권 및 안전에 만전을 기해야 한다.

또한 개별 법령에 허가 및 지정 등을 요구하는 경우 개별 법령을 우선 적용하며, 신고하지 않고 사회복지시설을 설치·운영할 경우, 시설장에게는 1년 이하 징역 또는 300만 원 이하의 벌금에 처하는 조항을 엄격하게 적용하고 해당 시설은 폐쇄조치하여 미신고 사회복지시설이 발생하지 않도록 해야 한다.

#### 1) 사회복지사업법상 신고제도

##### (1) 행정절차법 제40조의 신고

행정절차법 제40조에서 규정하고 있는 신고는 "개별 법령에서 규정한 형식상의 신고요건을 갖추어 행정청에 일정한 사항을 통지"함으로써 의무가 끝나는 강학상 의미의 신고이다. 판례에 의하면 행정절차법상 신고의 경우 민원인이 신고서를 행정청에 접수함으로써 법적 효과가 발생하며 행정청은 신고수리를 거부할 수 없다.

#### (2) 사회복지사업법 제6조의 신고

1997년 개정을 통해(법률 제5358호) 허가제에서 신고제로 전환되었다. 사회복지사업법 제6조(시설 설치의 방해 금지)에서는 시·군·구청장은 "정당한 이유" 없이 사회복지시설의 설치를 지연시키거나 제한하는 조치를 하여서는 아니 된다고 규정하고 있다.

이러한 사회복지사업법상 신고제도는 자족적 공법행위인 행정절차법 제40조의 신고보다는 정당한 이유가 있을 경우 사회복지시설의 설치를 지연 또는 제한할 수 있는 완화된 허가제에 가깝다고 할 수 있다. 단, 정당한 이유 없이 신고접수를 거부할 경우 사회복지사업법 제6조에 위배되며, 신고거부 자체가 행정소송의 대상이 되므로 신중을 기해야 한다.

### 2) 사회복지시설 설치 가능자

국가 또는 지방자치단체, 사회복지법인 또는 비영리법인, 개인 등은 결격사유가 없는 한 누구나 사회복지시설을 설치·운영할 수 있다. 결격사유는 사회복지사업법 제34조의 규정에 의해 폐쇄명령을 받고 3년이 경과되지 아니한 자는 시설의 설치·운영할 수 없다.

## 2. 사회복지시설의 설치기준

### 1) 입지조건

시설은 적정한 수준의 보건, 위생, 급수, 안전, 환경, 교통편의 등을 고려한 입지조건이 필요하다.

### 2) 규 모

시설종류별로 적정한 규모를 규정하고 있다. 설치하고자 하는 시설의 종류를 정하고 그에 따른 규정을 확인해야 한다.

### 3) 구조 및 설비

시설의 구조와 설비는 시설이용자, 성별, 연령별 특성에 맞도록 해야 한다. 시설의 입구부터 통로나 화장실, 거실 등 생활에 필요한 모든 시설에는 통행에 불편이 없어야 한다.

또한 거실, 사무실, 의무실, 상담실, 도서실 또는 오락실, 조리실, 목욕탕, 세탁장, 건조장, 화장실, 급수시설, 소방재해 대비시설 등의 기준이 정해져 있으므로 시설의 종류에 따른 기본 설비를 갖추어야 한다.

## 3. 사회복지시설의 민간위탁

국가 또는 지방자치단체가 설치한 시설은 필요시 사회복지법인 또는 비영리법인에게 위탁운영이 가능하다. 사회복지시설의 민간위탁은 공개모집을 통해 수탁자를 모집하고 수탁자선정심의위원회(위원회 구성은 사회복지사업법 시행규칙 제21조 제4항 참조)를 통해 수탁자를 선정하되, 수탁자의 재정능력 등을 종합적으로 고려하여 선정해야 한다.

영유아보육법 등 개별 법령에 법인 이외 개인도 위탁이 가능한 경우 등 시설별 특성이 있으므로 위탁 시 해당 개별 법령을 반드시 숙지하여야 한다.

### 1) 위탁대상 시설

국가 또는 지방자치단체가 설립한 시설이다.

### 2) 수탁자의 자격

국가 또는 지방자치단체가 설치한 시설의 수탁 자격은 사회복지법인이나 비영리법인으로 제한하고 있다. 그것은 시설운영의 안정성, 영속성, 공공성 등을 확보하는 차원으로 취한 조치이지만 개별 법령에 기타 단체 및 개인에게 위탁할 수 있는 근거규정이 있을 경우에는 그에 따른다.

### 3) 위탁방법 및 선정기준

위탁방법은 반드시 공개모집에 의해 공모과정을 거치고 공모한 단체를 대상으로 하여 수탁자를 선정하여야 한다. 선정기준 설정의 주체는 위탁기관의 장이 되고, 선정 기준은 가능한 한 수탁자선정심의위원회의 의결을 받아야 한다. 선정기준에 포함되어야 하는 사항은 필수사항과 임의사항으로 구분할 수 있는데 필수사항은 수탁자의 재정능력, 공신력, 사업수행 능력, 지역 간 균형분포, 시설에 대한 평가결과 등이고, 임의사항은 그 외 위탁기관의 장이 필요하다고 인정하는 사항이다.

### 4) 수탁자선정심의위원회의 구성

공개모집을 통해 공모한 단체를 대상으로 수탁자를 선정함에 있어서는 반드시 심의위원회를 구성하여 선정해야 한다. 이때 위원은 위탁기관의 장이 임명 또는 위촉한 9인의 위원으로 구성하되 위원은 위탁기관의 장이 위원 중 1인을 지명한다. 위원은 가능한 한 민간위원을 과반수로 구성해야 한다.

### 5) 위탁계약 체결 및 갱신 등

수탁기관이 선정되면 계약기간을 5년 이내로 하고, 사회복지사업법 시행규칙 제21조의2 제1항에 관한 사항을 포함한 계약을 체결해야 한다. 위탁기간의 종료 시에는 선정위원회의 심의를 거쳐 계약기간을 갱신할 수 있다. 계약의 갱신은 계약내용의 갱신이 아닌 계약기간의 갱신이므로 중대한 계약내용의 변경이 있을 경우에는 상기 위탁과정을 거쳐 재위탁을 해야 한다.

# | 제2절 | 사회복지시설 운영

## 1. 사회복지시설의 장 및 운영위원회

### 1) 사회복지시설장의 자격

사회복지시설의 장은 사회복지사업법 및 개별 법령 등에 명시된 결격사유에 해당되지 않아야 하고, 각 시설유형이 요구하는 자격기준을 갖춘 자여야 한다.

**< 사회복지시설의 장이 될 수 없는 자 >**

[근거 : 사회복지사업법 제35조 제2항, 동법 제19조 제1항]

1. 미성년자
2. 금치산자 또는 한정치산자
3. 파산선고를 받은 자로서 복권되지 아니한 자
4. 법원의 판결에 따라 자격이 상실 또는 정지된 자
5. 금고 이상의 실형을 선고받고 그 집행이 끝나거나 면제된 날로부터 3년이 지나지 아니한 자
6. 금고 이상의 형의 집행유예를 선고받고 그 유예기간 중에 있는 자
7. 제5호 및 제6호에도 불구하고 사회복지사업 또는 그 직무와 관련하여 아동복지법 제71조, 「보조금 관리에 관한 법률」 제40조부터 제42조까지 또는 형법 제28장·제40장(제360조는 제외한다)의 죄를 범하거나 이 법을 위반하여 다음 각 목의 어느 하나에 해당하는 자
   가. 100만 원 이상의 벌금형의 선고를 받고 그 형이 확정된 후 5년이 지나지 아니한 자
   나. 형의 집행유예의 선고를 받고 그 형이 확정된 후 7년이 지나지 아니한 자
   다. 징역형을 선고받고 그 집행이 끝나(집행이 끝난 것으로 보는 경우 포함)거나 집행이 면제된 날로부터 7년이 지나지 아니한 자
8. 제5호부터 제7호까지의 규정에도 불구하고 「성폭력 범죄의 처벌 등에 관한 특례법」 제2조의 성폭력 범죄(「성폭력 범죄의 처벌 등에 관한 특례법」 제2조 제1항 제1호는 제외한다) 또는 「아동·청소년의 성보호에 관한 법률」 제2호 제2호의 아동·청소년 대상 성범죄를 저지른 사람으로서 형 또는 치료감호를 선고받고

확정된 후 그 형 또는 치료감호의 전부 또는 일부의 집행이 끝나거나(집행이 끝난 것으로 보는 경우를 포함한다) 집행이 유예·면제된 날부터 10년이 지나지 아니한 자

### 2) 사회복지시설 운영위원회

#### (1) 시설운영위원회 설치목적

사회복지시설 운영의 민주성·투명성 제고 및 생활자 권익 향상 등을 위해 사회복지시설 운영위원회(이하 운영위원회)를 설치·운영해야 한다(의무사항).

#### (2) 시설운영위원회 설치 대상시설

원칙적으로 모든 사회복지시설을 대상으로 한다.

① 사회복지생활시설

생활자 수가 10인 미만 시설의 경우는 3개소당 1개 운영위원회를 원칙으로 하되 해당 시·군·구에 3개소 미만일 경우에는 10~20인 미만 1개소와 공동으로 운영할 수 있다. 또한 5개소, 11개소 등 3개소로 분류하기 곤란한 경우 해당 시장·군수·구청장이 생활자 수를 고려하여 자체적으로 운영위원회 수 및 위원 수를 결정할 수 있다.

생활자 수가 10~20인 미만 시설은 2개소당 1개 운영위원회를 원칙으로 하되, 해당 시·군·구에 1개소만 있을 경우 해당 시설에 운영위원회 1개를 운영할 수 있다.

생활자 수가 20인 이상 시설은 1개소당 1개 운영위원회를 운영하되, 위원 수는 생활자 수를 고려하여 시장·군수·구청장이 결정할 수 있다.

생활자 수가 100인 이상의 대형시설, 정신요양시설, 중증장애인시설 등 문제 발생 우려 시설은 반드시 관계 공무원이 운영위원회 위원으로 참여해야 한다.

② 사회복지이용시설

종합복지관 등 사회복지이용시설의 경우 원칙적으로 모든 시설에 운영위원회를 설치하도록 하되 시설 특성, 이용자 수, 시설규모 등을 고려하여 시장·군수·구청장이 자율적으로 결정할 수 있다.

### (3) 시설운영위원회의 구성

① 위원회는 위원장 및 시설의 장 각 1인을 포함하여 5인 이상 10인 이하 위원으로 구성한다.

② 위원회의 위원은 아래에 해당하는 자 중에서 시설의 장을 추천을 받아 관할 시장·군수·구청장이 임명 또는 위촉한다(공무원은 시설장 추천 필요 없음).

- 시설생활자(이용자) 또는 시설생활자(이용자)의 보호자 대표
- 지역주민
- 후원자 대표
- 관계 공무원
- 시설종사자
- 기타 시설운영에 관하여 전문적인 지식과 경험이 풍부한 자

③ 위원장은 호선하며 위원의 임기는 3년으로 하되 연임할 수 있고 보궐위원의 임기는 전임자의 잔여기간으로 한다.

### (4) 시설운영위원회의 논의사항

① 시설운영계획의 수립·평가에 관한 사항

② 사회복지 프로그램의 개발·평가에 관한 사항

③ 시설종사자의 근무환경 개선에 관한 사항

④ 시설거주자의 생활환경 개선 및 고충처리 등에 관한 사항

⑤ 시설과 지역사회와의 협력에 관한 사항(지역사회보장협의체 등과 네트워크 구축)

⑥ 그 밖에 시설의 장이 부의하는 사항

시설운영위원회에서 논의된 사항 중 합리적인 사항은 시·군·구 복지정책에 반영될 수 있도록 하고, 필요할 경우 시·도, 보건복지부 등에 정책을 건의할 수 있다.

## 2. 시설운영의 투명성 강화

### 1) 사회복지시설 종사자 정년제 권고

① 시설정년제

시설정년제는 시설 사유화 의식을 탈피하고 조직의 쇄신을 위해 실시하도록 권고하고 있다.

- 사회복지시설의 근로계약, 취업규칙 등에 시설장 및 시설종사자의 정년에 대해 규정될 수 있도록 권고하고 있다.

② 정부의 인건비 지급 상한기준

정부(지방자치단체)에서 시설장 및 종사자의 인건비를 지원하는 시설에 대해서는 아래의 정년까지 인건비를 지원하고, 정년을 초과하여 계속 근무할 경우에는 인건비 지원을 중단하고 시설 자체적으로 지급하도록 한다.

- 지급 상한 : 시설장 65세(단, 2002년 1월 1일 기준 재직 중인 설립자 및 설립자의 직계가족 1세대에 한해 70세), 종사자 60세
- 경과조치 : 2001년 12월 31일 이전 종사자(시설장 포함)는 10년간 유예기간 부여. 위 지급 상한기준은 종사자의 신분을 보장하기 위한 제도가 아니라 정부예산의 지급기준이므로 업무수행 능력이 없거나 종사자가 비리를 자행할 경우 등 근로기준법상 해고사유가 발생할 경우 시설에서 근로계약, 취업규칙 등에 의거 적절한 조치를 취할 수 있다.

### 2) 시설운영비 지출 원칙

① 지출은 지출사무를 관리하는 자(대표이사, 시설장) 및 그 위임을 받아 지출명령이 있는 것에 한하여 지출원이 행한다.

② 지출은 예금통장에 의하거나 전자거래기본법에 의한 전자거래로 행한다.

③ 상용경비 또는 소액의 경비 지출이라도 1만 원 이상 지출 시 카드를 사용하거나 현금영수증을 발급받아 지출하도록 한다.

- 국세청에서 변경된 현금영수증 발급제도에 따라 2008년 7월 1일 이후부터 현금영수증 발급이 가능한 곳(가맹점)에서는 1원 이상 집행 시 현금영수증 발급이 가능하다.
- 농어촌 지역이나 카드 미가맹점에 대해서는 5만 원 이상 집행 시 온라인(on-line) 입금을 활용한다.
- 다만, 지역 특성상 신용카드 사용이나 현금영수증 발급 등이 현실적으로 어렵다고 시·군·구청장이 인정하는 경우 간이영수증 또는 현금지출이 가능하다.

④ 사회복지시설 "보조금 전용카드제" 전면 시행(2011년 7월)

- 각 시·도 단위별로 "보조금 전용카드" 도입
- 관련 근거 : 보건복지부 사회서비스자원과-3563(2011. 11. 30)
- 지방자치단체 평가 및 사회복지시설 평가 지표 반영

## 3. 사회복지시설의 인권

### 1) 인권침해 등 문제 시설에 대한 관리 강화

인권침해 등으로 정상적 운영이 불가능한 시설은 시·군·구청장이 1회 적발만으로 시설폐쇄를 명하도록 한다. 인권침해로 인한 생활자 사망, 붕괴위험의 절박성 등 시설의 정상적 운영이 불가능함이 중대하고도 명백해야 하며,

시설폐쇄가 청문 등의 사유로 지연될 경우 먼저 생활자를 전원조치한 후 시설폐쇄를 추진한다.

시·군·구는 시설운영위원회를 활성화하고 시설과 지역사회가 상호 협력체계를 구축하는 등 민주적이고 투명한 시설운영을 통해 인권유린 문제가 발생되지 않도록 지속적인 지도·감독을 실시한다.

### 2) 시설 생활자에 대한 인권보호 강화

시설 생활자의 인권보호를 위한 시설 조치 여부 시·군·구 점검사항은 다음과 같다.

① 생활자에게 인권침해 사실 진정권에 대한 고지 여부

② 시설 내에 진정함 설치 유무

③ 시설 생활자가 작성한 진정서의 인권위원회 송부 여부

④ 방문조사 시 협조상태 등

### 3) 사회복지시설의 인권침해 발생 원인

최근 한국인권위원회에서는 사회복지시설의 인권에 대한 접근취지가 인권침해 상황에 대한 대응책을 중심으로 구성되어 있어 인권침해의 발생 원인과 그 개선방안은 다양하게 존재할 수 있겠지만 다음과 같이 정리해 볼 수 있다(강현석, 2009).

#### (1) 대규모 수용시설 중심의 사회복지정책

우리나라는 현재까지 대규모 수용시설정책 기조를 유지시켜 왔다. 대규모 시설은 시설이용자의 선택권이나 자기결정권이 없을 뿐만 아니라, 시설로 하여금 관리의 대상일 뿐 이용자로서 정당한 대우를 받도록 하는 시스템은 작동하기 어려운 구조적 한계를 가질 수밖에 없다. 게다가 시설기능 보강을 위해 막대한 예산이 지속적으로 지원되어야 하는 낭비적 요소를 기본적으로 가지

고 있어서 매우 비효율적이며, 각종 비리의 온상이 되어있다. 따라서 이를 개선하기 위해서는 대형시설을 탈피하여 지역사회와 함께하는 다양한 주거서비스로 대체되어야 한다.

#### (2) 사회복지시설에 대한 허술한 관리와 감독체계

신고시설의 경우 사회복지사업법에 의하여 매 3년에 1회 이상 시설평가를 의무화하였다. 또한 매년 관할 시·군·구에서 지도·감독을 실시하는 것을 원칙으로 하고 있으나 아직은 미흡한 수준이다. 이미 인권문제가 제기된 시설에 대해서도 차후 지원대상에서 제외하는 등의 불이익 조치를 아직은 강력하게 집행하지 않고 있다. 이러한 부분들이 개선되기 위하여 시설에 대한 정부의 관리·감독이 보다 철저해질 수 있어야 하며 관계 공무원뿐만 아니라 시설이용자나 시민 등이 모두 관리·감독할 수 있는 체계가 필요하다.

#### (3) 시설운영자의 비도덕성과 비전문성

인권침해의 중심에는 대부분 시설장이나 관리운영자가 자리하고 있다. 이들은 사회복지를 단순히 자선이나 희생, 봉사자로 인식하고 있으며, 그만큼 전문성이나 자질이 떨어지는 경우들도 종종 발견된다. 또한 사회복지시설을 개인의 사유물로 인식하는 경우도 있다. 그러다 보니 개인의 영리활동의 수단으로 이용하는 까닭에 이용자에게 제공되어야 하는 서비스가 적절히 제공되지 못하는 상황들이 나타나곤 한다.

그러므로 사회복지시설장에 대한 기준을 강화함은 물론이고 교육을 통해서 선진적인 사회복지시설이 경영될 수 있는 방안을 강구해야 한다.

#### (4) 사회복지시설의 폐쇄성과 비민주적 운영

사회복지시설이 각종 인권침해와 운영상의 부조리가 가능했던 구조적 원인 중의 하나는 시설의 폐쇄성과 관계가 있다. 시설이 지역사회나 일반 시민들의 접근성이 용이하지 않아 개방적 문화가 형성되기가 어렵다.

따라서 시설을 민주적이며 개방적으로 운영할 필요성이 있고 이를 위해서 지역사회와 소통하여 협력하는 체계를 구축해야 한다. 시설운영위원회를 중심으로 하여 시설의 운영이 투명하게 보일 수 있도록 해야 하고, 실질적인 지역인사나 전문가들로 구성된 운영위원회를 통해 이런 문제들이 개선되도록 해야 한다.

#### (5) 형식적 법 집행과 시설평가

인권침해에 대해 사법부의 법 집행이 엄격해야 한다. 또한 시설평가가 행정위주의 형식적 평가가 아닌 실질적인 평가가 되도록 해야 한다.

#### (6) 권리의식의 부재

대부분의 시설 생활자들의 권리의식은 약하다. 이것은 권리의식의 출발점인 권리관념의 결여에서 비롯된다. 따라서 인권이 무엇인지를 체계적으로 가르치고 배우는 것은 인권을 생활 속에서 보장하기 위해 매우 중요한 일이라 할 수 있다. 인권교육은 아동이나 노인, 장애인 등과 같은 시설 생활자들은 물론이고 이들에게 서비스를 제공하는 사회복지사나 종사자들에 대한 인권교육도 필수로 행해져야 한다.

## 4. 사회복지시설의 안전관리

### 1) 안전관리의 의의

안전관리란 생산성의 향상과 손실을 최소화하기 위하여 비능률적인 요소인 사고가 발생하지 않는 상태를 유지하기 위한 활동으로서 계획적이고 체계적인 제반활동을 말한다. 즉, 안전관리는 발생할 가능성이 있는 사고의 원인을 제고함으로써 근로자에게 안전하고 쾌적하게 작업할 수 있게 하여 근로자의 자아실현을 가능하게 한다. 안전관리는 인사 및 노무 관리의 일환으로 인간존중의 정신을 바탕으로 현장의 재해요인을 파악하여 배제함으로써 재해를 방지하고 사고 없이 일할 수 있는 보람 있고 쾌적한 환경을 조성할 수 있는 조직적이고 합리적인 방법을 찾는 것이라 할 수 있다(이재림, 2005).

따라서 사회복지시설의 안전관리는 생리적인 기능의 저하, 노화로 인한 신체능력의 약화, 낮은 방위능력과 적응력, 시각, 청각, 촉각 등의 낮은 감각기능 및 지각기능으로 인하여 안전사고의 위험성이 현저히 높은 노인, 장애인, 아동들이 거주 또는 이용하는 복지시설에서 위생적이면서 쾌적한 환경으로 안전사고 없이 생활 및 보호하기 위한 제반활동이라 할 수 있다(현외성 외, 2013).

### 2) 시설안전점검 실시(사회복지사업법 제34조의4)

시·군·구 담당자는 시설장으로 하여금 매 반기에 시설에 대한 정기 안전점검을 실시하도록 하고 안전에 문제가 있을 시 수시 안전점검을 실시한 후 그 결과를 시장·군수·구청장에게 보고하도록 한다.

시장·군수·구청장은 안전에 필요한 경우 시설의 운영자로 하여금 시설의 보완 또는 개보수를 요구할 수 있으며, 시설장은 이에 응해야 한다.

국가 또는 지방자치단체는 예산의 범위 내에서 안전점검, 시설의 보완 및 시설의 개보수에 소요되는 비용의 전부 또는 일부를 보조 가능하며, 시설안전점검을 수행하지 않을 경우 과태료가 부과된다.

### 3) 보험가입 여부 확인(사회복지사업법 제34조의3)

시설의 운영자는 화재 및 시설이용과 관련한 사고 등으로 인한 손해배상책임의 이행을 위해 책임보험에 가입하거나 「사회복지사 등의 처우 및 지위향상을 위한 법률」 제4조에 따른 한국사회복지공제회의 책임공제에 가입하여야 한다.

국가나 지방자치단체는 예산의 범위에서 책임보험 또는 책임공제 가입에 드는 비용을 일부를 보조할 수 있다.

보험에 미가입하고 시설을 운영할 시에는 과태료가 부과된다.

## 5. 사회복지시설과 근로기준법

### 1) 목 적

헌법 및 근로기준법에 의한 근로조건의 기준을 사회복지시설에 적용함으로써 시설종사자의 기본적 생활을 보장, 향상시키며 사회복지시설 관리의 효율성·민주성을 기하고자 하는 것이다.

### 2) 적용범위

근로자 수를 산정할 때에는 개별 시설이 인사, 노무관리와 예산, 회계에 있어서 법인으로부터 독립적인 경우 시설 단위로 산정하나 그렇지 않은 경우에는 법인 전체를 단위로 하여 산정한다.

### 3) 용어의 정의

① (시설)종사자라 함은 근로기준법 제2조의 근로자로서 시설의 종류를 불문하고 "임금을 목적으로 근로를 제공하는 자"를 말한다.

② 시설장(법인대표)이라 함은 사회복지시설의 종사자를 사용하는 자로서 근로기준법 제2조의 사업주(시설이 법인이 아닌 경우) 또는 사업경영담당자(시설이 법인인 경우)를 말한다.

③ 법인에 고용된 시설장이 시설의 인사권, 예산집행권 등을 갖고 있지 못하거나 제한적으로만 행사하는 경우 사용자가 아닌 근로자로 인정될 수 있다.

④ 임금이라 함은 종사자가 근로의 대가로 지급받는 일체의 금품으로 국고보조금, 지방비, 법인전입금, 후원금 등을 그 재원으로 한다.

⑤ 소정근로시간이라 함은 주 40시간(일 8시간) 범위 안에서 종사자와 시설장이 정한 근로시간을 말한다.

⑥ 근로계약이란 종사자가 시설장에게 근로를 제공하고 시설장은 이에 대하여 임금을 지급함을 목적으로 체결된 계약을 말한다.

### 4) 종사자 및 시설장(법인대표)의 의무

① 종사자와 시설장은 단체협약, 취업규칙, 근로계약을 준수하며 각자가 성실하게 이행해야 할 의무가 있다.

② 근로기준법에서 정하는 근로조건은 최저기준이므로 근로 관계 당사자는 이 기준을 이유로 근로조건을 저하시킬 수 없다.

③ 시설장은 취업규칙과 기숙사에 관한 사항 등 필요한 사항을 상시 시설에 게시 또는 비치하여 종사자에게 주지시켜야 한다.

### 5) 근로계약

#### (1) 적용한계

① 근로기준법에 정한 기준에 미치지 못하는 근로조건을 정한 근로계약은 그 부분에 한해 무효이며 무효인 부분에 대해서는 근로기준법을 적용한다.

② 근로계약 체결 시 근로계약 기간을 정할 것인지 여부는 근로자와 사용자가 자율적으로 정할 수 있으나 근로계약 기간을 정하여 기간제 근로자로 근무하는 경우 총 기간은 2년을 초과할 수 없으며, 2년 초과 시 기간의 정함이 없는 계약으로 간주된다. 단, 「기간제 및 단시간근로자 보호 등에 관한 법률」에 의거 2년을 초과하여 기간제 근로자로 사용할 수 있는 경우는 제외한다.

### (2) 근로계약 체결 시 명시사항

① 임금 및 근로시간은 임금의 구성항목, 계산방법 및 지급방법, 소정근로시간, 유급 주휴일 및 연차 유급휴가에 관한 사항은 서면으로 명시하고 근로자의 요구가 있으면 그 근로자에게 교부하여야 한다.

② 취업의 장소와 종사하여야 할 업무에 관한 사항

③ 해당 시설의 취업규칙 내용(근로기준법 제93조 참조)

④ 기숙사에 종사자를 기숙하게 하는 경우에 기숙사 규칙에 정한 사항

⑤ 명시된 근로조건이 사실과 다를 경우에 종사자는 근로조건 위반을 이유로 손해의 배상을 노동위원회에 신청할 수 있으며 또는 즉시 근로계약이 해제 가능하다.

### (3) 종사자 해고의 제한

① 해고의 제한

종사자에 대해 정당한 이유 없는 해고, 휴직, 정직, 전직, 감봉, 기타 징벌을 금지한다. 종사자가 업무상 부상 또는 질병의 요양을 위해 휴직한 기간과 그 후 30일간 또는 산전산후의 여성이 근로기준법에 의해 휴직한 기간과 그 후 30일간은 해고를 금지한다. 부득이하게 종사자를 해고하려면 반드시 해고사유와 해고일자를 서면으로 통지해야 한다.

② 경영상 이유에 의한 해고의 제한

해고의 해당 사유는 사업의 양도, 인도, 합병 등 긴박한 경영상의 필요에 한한다. 시설장의 의무는 해고를 피하기 위한 노력을 다하는 것이다. 해고가 불가피할 경우에는 합리적이고 공정한 해고의 기준을 정하고, 그에 따라 대상자를 선정하되 남녀의 성을 이유로 차별을 금지한다.

### (4) 해고의 예고 및 구제절차

① 해고의 예고

종사자 해고 시 적어도 30일 전에 그 예고를 하여야 하며 30일 전에 예고를 하지 아니한 때에는 30일분 이상의 통상임금을 지급한다. 다만, 천재·사변, 기타 부득이한 사유로 사업계속이 불가능한 경우 또는 종사자에게 귀책사유가 있는 경우에는 예고하지 않을 수 있다.

종사자의 귀책사유는 납품업체로부터 금품 또는 향응을 제공받고 불량품을 납품받아 생산에 차질을 가져온 경우나 영업용 차량을 임의로 타인에게 대리 운전하게 하여 교통사고를 일으킨 경우, 사업의 기밀, 기타 정보를 경쟁관계에 있는 다른 사업자 등에 제공하여 사업에 지장을 가져온 경우, 허위사실을 날조·유포하거나 불법 집단행동을 주도하여 사업에 막대한 지장을 가져온 경우, 영업용 차량 운송수입금을 부당하게 착복하는 등 직책을 이용하여 공금을 착복·장기 유용·횡령·배임한 경우, 제품 또는 원료 등을 절취 또는 불법 반출한 경우, 인사·경리·회계담당 직원이 근로자의 근무상황 실적을 조작하거나 허위서류 등을 작성하여 사업에 손해를 끼친 경우, 사업장의 기물을 고의로 파손하여 생산에 막대한 지장을 가져올 경우, 기타 사회통념상 고의로 사업에 막대한 지장을 가져오거나 재산상 손해를 끼쳤다고 인정되는 경우에 해당한다.

② 해고 예고의 적용 예외

해고를 예고하는 것이 원칙이나 일용근로자로서 3월을 계속 근무하지 아니한 자, 2월 이내의 기간을 정하여 사용된 자, 월급근로자로서 6월이 되지 못한 자, 계절적 업무에 6월 이내의 기간을 정하여 사용된 자, 수습사용한 날로부터 3월 이내인 자는 적용이 예외된다.

### (5) 퇴직급여제도

시설장(사용자)은 퇴직하는 근로자에게 퇴직급여를 지급하기 위하여 퇴직급여제도, 즉 퇴직금제도 또는 퇴직연금제도 중 하나 이상의 제도를 설정하여야 한다. 단, 퇴직급여제도는 계속근로 연수가 1년 미만인 종사자, 4주간을 평균하여 1주간의 소정근로시간이 15시간 미만인 근로자는 제외한다.

퇴직금 제도는 계속근로연수 1년에 대하여 30일분 이상의 평균임금을 퇴직금으로서 퇴직하는 근로자에게 지급할 수 있는 제도를 설정한다. 종사자를 피보험자 또는 수익자로 하여 아래의 요건을 갖춘 퇴직보험 또는 퇴직일시금신탁(이하 퇴직보험)에 가입하여 퇴직 시 일시금 또는 연금으로 수령하게 하는 경우도 퇴직금 제도를 설정한 것으로 본다(2010. 12. 31.까지 유효).

퇴직연금제도란 사용자로 하여금 일정한 부담금을 사외에 적립·운용하도록 한 후, 근로자 퇴직 시 연금 또는 일시금으로 수령하도록 하는 제도를 말한다. 퇴직연금제를 선택할 경우에는 퇴적연금제의 형태(확정급여형 또는 확정기여형)도 함께 결정해야 한다.

### (6) 재해보상

업무상 부상 또는 질병의 종류 및 요양의 범위에 대하여는 근로기준법 시행령에 따른다.

① 재해보상 시 평균임금 산정은 재해보상 시 사상의 원인이 되는 사고가 발생한 날 또는 진단에 의하여 질병이 발생되었다고 확정된 날을 평균임금의 산정사유가 발생한 날로 한다.

② 보상의 종류와 보상의 기준 등은 근로기준법 제8장 재해보상의 장을 참조한다.

재해보상 관련 기타 사항으로는

① 보상을 받을 권리는 퇴직으로 인하여 변경되지 아니하며 양도 또는 압류하지 못한다.

② 보상을 받게 될 자가 동일한 사유에 대해 민법, 기타 법령에 의하여 근로기준법의 재해보상에 상당한 금품을 받을 경우 그 가액 한도 내에서 시설장은 보상책임을 면한다.

③ 업무상의 부상, 질병 또는 사망의 인정, 요양의 방법, 보상금액의 결정, 기타 보상의 실시에 관하여 이의가 있는 자는 관할 지방노동관서의 장이나 관할 지방노동위원회에 심사나 사건의 중재를 청구할 수 있다.

④ 재해보상청구권은 3년간 행사하지 아니하는 경우에는 시효로 인해 소멸한다.

#### (7) 취업규칙

① 취업규칙의 작성·보고

상시 10인 이상의 종사자를 사용하는 시설은 다음의 사항에 관한 취업규칙을 작성 또는 내용의 변경 시 관할 지방노동관서의 장에게 신고서 및 관련 서류를 제출해야 한다.

② 취업규칙에 포함되어야 할 사항

취업규칙에 포함되어야 하는 사항으로는 시업, 종업의 시각, 휴식시간, 휴일, 휴가 및 교대근무에 관한 사항, 임금의 결정, 계산, 지급방법, 임금의 산정기간, 지급시기 및 승급에 관한 사항, 가족수당의 계산, 지급방법에 관한 사항, 퇴직에 관한 사항, 퇴직금, 상여 및 최저임금에 관한 사항, 근로자의 식비, 작업용품 등 부담에 관한 사항, 근로자를 위한 교육시설에 관한 사항, 산전후휴가·육아휴직 등 근로자의 모성보호 및 일·가정 양립 지원에 관한 사항, 안전과 보건에 관한 사항, 업무상과 업무 외의 재해부조에 관한 사항, 표창과 제재에 관한 사항, 기타 당해 사업 또는 사업장의 근로자 전체에 적용될 사항 등이다.

CHAPTER 04

# 노인장기요양 보험제도의 이해

CHAPTER

# 04 노인장기요양보험제도의 이해

## | 제1절 | 의의 및 정책목표

### 1. 제도시행의 의의

종전에 저소득층(기초수급자 등)을 대상으로 공급자 중심으로 제한적 서비스를 제공하였던 공적부조사업을 일반국민을 대상으로 수요자 선택권을 보장하면서 다양하고 전문적인 서비스를 제공하는 사회보험체계로 전환하였으며, 지금까지 가족영역에 맡겨져 왔던 고령, 치매, 중풍 등 장기간병, 장기요양 문제를 사회연대 원리에 따라 국가와 사회가 분담하는 것으로 직접 장기요양서비스를 받는 노인뿐만 아니라 장기요양을 직접 담당하던 중장년층과 자녀 등 모든 세대, 모든 가족구성원에게 혜택을 줄 수 있게 되었다.

이로 인해 1세대인 노인들은 더 이상 자식들에게 부담을 주지 않고 계획적·전문적 장기요양서비스를 받을 수 있어 품위 있게 노후를 보낼 수 있고, 2세대인 중장년층은 정신적·육체적·경제적 부담에서 벗어나 경제, 사회활동에 전념할 수 있으며, 3세대인 자녀들도 장기요양 부담이 해소된 가정에서 더 나은 교육과 보살핌을 받을 수 있다는 의의를 가지고 있다.

## 2. 장기요양의 개념

노인장기요양보험제도는 고령이나 노인성 질병 등으로 목욕이나 집안일 등 일상생활을 혼자서 수행하기 어려운 이들에게 신체활동·가사지원 등의 서비스를 제공하여 노후생활의 안정과 그 가족의 부담을 덜어주기 위한 사회보험제도이다.

장기요양의 용어는 'long-term care'를 번역한 것인데, 학자에 따라서 다양한 의미로 사용된다. 이 가운데 케어(care)에 해당하는 용어를 따서 일본에서는 '개호(介護)'라는 명칭을 장기요양보호와 동일어로 사용하고 있다. 치료라는 뜻의 'cure'와 구별된다.

'long-term care'에 대해 우리나라 학계에서는 '장기요양보호', '장기간병', '수발' 등 다양한 명칭으로 사용하고 있었다. 이 가운데 공적노인요양보장제도 실행위원회에서는 "노인요양보험", 국회에 2006년 2월 제출한 정부안에서는 "노인수발보험" 명칭이 사용되었으며, 2007년 4월에 "노인장기요양보험"이라는 명칭이 국회에서 최종 의결되어 2008년 7월부터 시행됨에 따라 제도권에서는 '노인장기요양'이라는 용어가 공식적으로 사용하게 되었다. 노인장기요양보험법에서 정의되는 '노인장기요양'은 고령이나 치매, 중풍 등 노인성 질병으로 인하여 6개월 이상 혼자서 일상생활을 수행하기 어려운 노인 등의 가정을 장기요양요원이 방문하여 식사, 목욕, 가사지원 및 간호서비스 등을 제공하거나 요양시설에 입소하도록 하여 전문서비스를 제공함으로써 노후생활의 안정과 가족의 부담을 덜어 주기 위한 서비스를 의미한다.

## 3. 도입의 필요성

### 1) 인구의 급속한 고령화·장기요양 필요 노인의 증가

통계청의 장래인구추계(2011)에 따르면, 우리나라는 지난 2000년 65세 이상 인구는 기대수명의 연장 및 출산율 감소로 인해 2000년 7.2%로 고령화 사회에 이미 접어들었으며, 2018년에는 14.5%로 고령사회에 진입하였고, 2026년에는 20.8%로 초(超)고령사회에 도달할 전망이다. 또한 2000년에는 생산가능인구 10명, 2008년에는 7명이 노인 1명을 부양하고 있음을 의미하며, 2020년에는 5명, 2040년에는 2명이 노인 1명을 부양하는 셈이 된다.

이러한 현상이 지속되어 2016년부터 유소년인구(0~14세)가 65세 이상 노인인구보다 적어지는 역전현상이 발생하게 되었고, 총인구는 2030년을 정점으로 감소할 것으로 전망하였다.

고령사회가 당면하게 되는 더 큰 문제의 하나는 후기고령노인이 크게 증가하면서 장기요양을 필요로 하는 노인이 늘어난다는 것이다. 우리나라에서도 75세 이상의 고령노인이 급격하게 늘어날 것으로 전망되는데, 2000년은 2.4%, 2008년은 3.6%, 2020년 6.7%, 2050년 22.1%로 2000년부터 2050년 사이에 65세 이상 전체 노인인구는 5.3배 늘어나는 데 비하여 75세 이상의 노인은 9.7배나 증가한다. 총인구 및 인구구조 추이, 저출산·고령화에 따른 인구변화는 <표 4-1>과 같다.

〈표 4-1〉 총인구 · 인구구조 추이

| 연도 \ 구분 | 총인구 (천 명) | 0~14세 (%) (A) | 15~64세(%) (B) | 65세 이상(%) (C) | 노년부양비(C/B ×100) | 노령화지수(C/A ×100) | 기대수명 (세) : 남자 | 기대수명 (세) : 여자 | 합계 출산율 (명) |
|---|---|---|---|---|---|---|---|---|---|
| 1970 | 32,241 | 42.5 | 54.4 | 3.1 | 5.7 | 7.2 | 58.7 | 65.6 | 4.5 |
| 1980 | 38,124 | 34.0 | 62.2 | 3.8 | 6.1 | 11.2 | 61.8 | 70.0 | 2.8 |
| 1990 | 42,869 | 25.6 | 69.3 | 5.1 | 7.4 | 20.0 | 67.3 | 75.5 | 1.6 |
| 2000 | 47,008 | 21.1 | 71.7 | 7.2 | 10.1 | 34.3 | 72.3 | 79.6 | 1.47 |
| 2005 | 48,138 | 19.2 | 71.7 | 9.1 | 12.6 | 47.3 | 75.1 | 81.9 | 1.08 |
| 2008 | 48,949 | 17.3 | 72.3 | 10.3 | 14.3 | 59.5 | 76.5 | 83.3 | 1.19 |
| 2012 | 50,004 | 15.1 | 73.1 | 11.8 | 16.1 | 77.9 | 77.6 | 84.5 | 1.30 |
| 2020 | 51,435 | 13.2 | 71.1 | 15.7 | 22.1 | 119.1 | 79.3 | 85.7 | 1.20 |
| 2030 | 52,160 | 12.6 | 63.1 | 24.3 | 38.6 | 193.0 | 81.4 | 87.0 | 1.28 |
| 2040 | 51,091 | 11.2 | 56.5 | 32.3 | 57.2 | 288.6 | 83.4 | 88.2 | 1.28 |
| 2050 | 48,121 | 9.9 | 52.7 | 37.4 | 71.0 | 376.1 | 85.1 | 89.3 | 1.28 |

주) 1. 노년부양비 : 노인인구에 대한 생산가능인구의 비를 나타냄(65세 이상 인구/15~64세 인구 ×100)
2. 노령화지수(aged-child ratio) : 유소년인구(0~14세) 100명에 대한 고령인구(65세 이상)의 비(65세 이상 인구/0~14세 인구×100)
3. 기대수명(life expectancy at birth) : 출생 당시의 기대여명을 의미한다.
4. 합계출산율(total fertility rate) : 한 여자가 가임기간(15~49세) 동안 낳을 것으로 예상되는 평균 출생아 수를 의미한다.

출처 : 통계청(2011). 「장래인구추계」; 통계청(2013). 2012 한국의 사회지표; 통계청(2013). 2012 인구동태통계연보.

게다가 우리나라 노인인구 비율이 7%(고령화 사회)에서 2배인 14%(고령사회)에 도달하는 데 소요되는 기간은 17년이 걸리며, 14%에서 20%가 되는 기간은 8년에 불과하여 프랑스 115년, 스웨덴 85년, 독일 40년, 일본 24년 등 선진국보다 대단히 빠른 속도로 고령사회로 진입하고 있어 오랜 기간에 걸쳐 인구고령화에 대처해 온 선진국과는 달리 우리나라의 경우 고령사회에 대한 준비가 그만큼 시급함을 의미한다. 고령화 속도의 국제 비교는 <표 4-2>와 같다.

〈표 4-2〉 인구 고령화 속도의 국제 비교

| 구 분 국가별 | 도달연도 | | | 증가 소요 연수(년) | |
|---|---|---|---|---|---|
| | 7% | 14% | 20% | 7% → 14% | 14% → 20% |
| 한 국 | 2000 | 2017 | 2026 | 17 | 9 |
| 일 본 | 1970 | 1994 | 2006 | 24 | 12 |
| 프랑스 | 1864 | 1979 | 2018 | 115 | 39 |
| 독 일 | 1932 | 1972 | 2009 | 40 | 37 |
| 영 국 | 1929 | 1976 | 2026 | 47 | 50 |
| 미 국 | 1942 | 2015 | 2036 | 73 | 21 |
| 스웨덴 | 1887 | 1972 | 2014 | 85 | 42 |

출처 : 통계청(2011). 장래인구추계.

### 2) 가족의 부양의식 변화

인구의 고령화는 젊은 세대의 노인부양의 부담을 크게 증가시키고 있는데, 핵가족화의 진행에 따른 가족규모의 축소, 가족의 부양의식의 변화, 가족케어의 주 담당자였던 여성의 사회진출 증가 등으로 노인에 대한 가족의 부양기능이 약화되거나 변화하고 있다. 계명대학교 산학협력단(2009) 및 한국보건사회연구원(2012)의 전국조사에서 나타난 노인의 가구형태에서는 노인 단독가구 비율이 전체 노인가구의 68.1%를 차지하며, 자녀동거가구는 27.3%로 크게 감소하고 있는 추세이다. 이번 조사에서 동거자녀와 노인의 노후 자녀 동거에 대한 인식을 비교한 결과, 동거자녀(51.9%)가 노인(27.6%)보다 노후에 부모와 자녀가 동거하는 것에 대한 긍정적인 인식이 더 높았고, 노인단독가구(노인독거, 노인부부가구)의 노인은 동거가 필요하다는 인식이 낮은 반면에 자녀와 동거하는 가구형태의 노인들이 자녀 동거가 필요하다는 인식이 높게 나타났다. 희망 동거자녀에 대해서는 동거자녀의 경우 딸·아들 상관없이 형편이 되는 자녀(54.5%)를, 노인은 가능한 한 장남(57.6%)을 선호하였는데, 이는 노년세대에서는 전통적 효 사상에 의해 장남이 노후에 부모와 함께 살아야 한다는 의식이 아직까지 유지되고 있음을 알 수 있다. 반면에 자녀세대에서는 애정과 현실적 조건을 기반으로 한 실용주의적 부모 부양의식을 가지고 있음을 알 수 있다.

### 3) 요양욕구의 증가와 변화

한국보건사회연구원(2012)의 조사에 의하면 우리나라 노인 중 본인이 인지한 만성질환을 한 가지 이상 가지고 있는 노인은 88.5%에 이르고 있고, 주요 만성질환 종류별 유병률을 보면 고혈압(54.8%)이 가장 높으며, 그 다음은 관절염(40.4%), 당뇨병(20.5%), 요통·좌골신경통(19.9%), 골다공증(17.4%) 등이다. 이러한 만성질병으로 인하여 '일상생활의 어려움이 많다'가 33.6%, '약간 있다'가 50.9%로 나타나 2004년도 실태조사에서의 50.8%(통증 제외)와 차이를 보이고 있다.

노인의 기능상태 제한율을 보면 기본적 일상생활수행능력(ADL 7항목)과 수단적 일상생활수행능력(IADL 10항목) 중 한 개 이상의 제한을 경험하고 있는 노인이 14.5%(2008년에는 21.1%), 28.5%가 인지기능(4개 항목)에 문제가 있는 것으로 나타났다.

고령사회에서 노인인구, 특히 후기고령노인이 증가하면 일상생활동작능력(ADL)과 가사생활수행능력(IADL)이 저하되어 자립적인 가정생활을 계속할 수 없어 누군가의 도움을 필요로 하는 노인이 증가하게 되고, 장기요양 수요도 증가하게 될 것이다. 그리고 요양의 수준이 ADL(일상생활동작)에서 QOL(생활의 질)로 변화하고 있다. 복지서비스에 대한 의식구조의 변화, 요양의 필요성에 대한 인식, 생활수준의 변화, 문화의 다양화를 반영한 요양욕구가 크게 증가하고 있다(이해영, 2006).

### 4) 노인의료비 증가로 건강보험 재정의 불안정

노인의 의료비는 비노인층에 비하여 2~3배 이상 더 많이 들고 노인장기요양을 의료적 모델에 입각할수록 의료인력과 병원비용의 증가로 노인의료비는 계속 증가하는 추세를 보이고 있다. 전체 의료비 중 노인의료비의 비중이 크게 증가하고 있으며, 이 같은 추세는 계속될 것으로 예상된다. 특히 노인들이 병원에 조기 입원하거나 장기 입원함으로써 노인요양비용이 크게 증가하는 경향을 보이고 있다. 이와 같이 노인의료비의 증가는 급성기 질병을 위한 국민건강보험 재정을 악화시키는 요인으로 작용하고 있다.

### 5) 복지분야 재정지출 큰 폭 증가

우리나라는 외환위기 이후 사회안전망 구축을 위한 새로운 복지제도의 도입 등으로 사회복지 부문에 대한 투자가 대폭 증가되었는데, 국민연금을 도시지역 자영업자까지 확대하여 전 국민 연금보장(1999. 4), 국민기초생활보장제도 실시(2000. 10), 의약분업제도 실시(2000. 7), 건강보험 및 국민연금의 사업장 가입자 범위의 확대 실시(2003. 7), 노인장기요양보험제도 실시 및 기초노령연금지원(2008. 7), 사회적 일자리 창출 및 민생안정 지원(2009), 18세 이상 저소득 중증장애인을 대상으로 한 장애인연금 지원(2010. 7), 보육지원 확대(2012. 3) 등을 들 수 있다.

2013년도 기준 복지분야 지출 증가율(7.2%)은 정부 총지출 증가율(7.3%)과 비슷하며, 복지분야 총지출은 99.3조 원으로 2012년 대비 6.7조 원이 증가되었다. 그리고 우리나라 사회보장 지출수준은 2009년 기준 OECD 선진국(22.7%)과 비교하여 낮은 수준(10.5%)이며, 저출산·고령화 대책 추진, 국민의료비 지출 확대 및 연금 수령인구의 증가 등으로 사회보장 지출 비중은 지속적으로 늘어날 전망이다.

## 4. 도입에 따른 환경 변화

### 1) 서비스 제공형태의 변화

① 서비스 대상의 확대

국고지원금에 의해 빈곤층에 국한하여 잔여적으로 이루어지던 서비스 제공에서 사회보험을 기반으로 보편적으로 서비스를 제공하게 되었다. 지금까지 노인복지법에 의거하여 빈곤층인 국민기초생활보장 수급권자 중 장기요양이 필요한 노인들에게만 극히 선별적(selective)으로 이루어지던 노인장기요양서비스가 이제는 장기요양이 필요한 노인들이라면 소득계층에 관계없이 보편적(universal)으로 서비스를 제공받을 수 있게 되었음을 의미한다.

② 서비스 구매방식으로의 변화

다수의 서비스 제공자가 공급자로 참여하는 장기요양서비스 시장에서 수급자가 서비스를 선택하여 서비스 제공자로부터 서비스를 구매하는 방식으로 변화하였다.

③ 수급자 선정 절차의 변화

수급자격의 심사 없이 빈곤층 서비스 대상자에 대한 일방적 지원방식으로 이루어졌으나, 제도도입으로 통일적이고 표준화된 욕구평가도구로 수급자격을 심사하여 대상자를 선정하였다.

### 2) 서비스 제공기관에 대한 변화

① 운영비 지원방식의 변화

일반조세에 의한 포괄적 국고보조금 지원방식에서 사회보험에 의한 서비스 실적에 따른 수가지불방식으로 변경하였다. 과거에는 직종별 배치인력에 대한 인건비, 관리운영비, 저소득층 노인생계비가 각각 보조금으로 지불되는 구조로 현원이 정원을 완전히 채우지 않더라도 기관을 안정적으로 운영하는 데 큰 지장이 없는 상황이었다. 이제는 서비스 대상을 얼마나 확보하느냐 하는 소위 '클라이언트 마케팅'이 중요해지면서 서비스 대상자 수와 중증도 분포(care mix)를 어떻게 관리하느냐 하는 것이 기관의 안정적 운영과 직결됨으로써 서비스 제공비용을 최대한 절약하고 클라이언트를 안정적으로 확보하기 위한 경영전략을 수립해야 한다.

② 독점 서비스 공급체계에서 다수의 경쟁적 서비스 공급체계로 변화

과거 독점적 서비스 제공자의 역할 수행을 통한 안정적 운영이 보장되었으나 다수의 경쟁적인 서비스제공 기관이 존재하게 되었다. 기존에 서비스를 제공하던 기관의 기득권이 해체되고, 공적기관과 비영리민간, 영리민간의 구분도 무의미하며 이용자의 비용부담 수준에 따른 무료, 실비, 유료의 노인복지시설 구분도 없어지게 되었다.

### 3) 수급자에 대한 변화

장기요양서비스 이용에 대한 보편성이 확보됨에 따른 서비스 이용에 대한 수월성을 담보하게 되어 보험제도에서는 피보험자 소득에 비례한 보험료 징수와 장기요양서비스 이용에 대한 본인부담금을 일부 지불하는 방식으로 변경되었다. 수급자가 일방적으로 서비스를 받는 형태에서 수급자가 선택권을 갖고 서비스 공급자를 선택할 수 있는 체계로 변화되어 서비스 수요자에 대한 권한부여(empowerment)가 이루어지고 선택(choice) 범위가 제고되는 시스템으로의 변화를 시도하였다.

## | 제2절 | 노인장기요양보험제도의 주요 특징

### 1. 건강보험제도와 별도 운영

장기요양보험제도를 건강보험제도와 분리하여 운영하는 '독립형'의 경우 노인 등에 대한 요양의 필요성을 부각하는 것이 비교적 용이하여 새로운 제도 도입에 유리하고 건강보험과의 급여확대 우선순위에 구애되지 않는 장점이 있다. 우리나라의 경우 이러한 장점이 입법정책적으로 채택되어 장기요양제도를 국민건강보험법과는 별도로 노인장기요양보험법의 제정을 통하여 도입하게 되었다. 따라서 별도의 법률체계와 보험료율의 산정, 그리고 별도의 재정으로 운영하게 되었다.

### 2. 사회보험방식을 기본으로 국고지원 부가방식

우리나라 장기요양보장제도는 사회보험방식을 근간으로 하며 일부는 공적부조방식을 가미하는 형태로 설계·운영되고 있다. 국민건강보험법의 적용을 받는 건강보험가입자는 장기요양보험료의 납부의무자가 되고, 이들로부터 징수되는 보험료 수입이 제도운영의 근간이 되고 있다. 장기요양보험료를 납부하는 건강보험가입자와 그 피부양자 중 장기요양인정을 받은 자에 대하여 소요되는 비용에 대해서는 보험료 예상 수입액의 20%를 국가가 지원하는 체계로 운영하고 있다. 따라서 우리나라의 노인장기요양보험제도는 순수한 사회보험방식이 아니라 건강보험의 예에서와 같이 사회보험방식을 기본으로 국고지원방식이 부가되는 체계로 운영되고 있다.

## 3. 보험자·관리운영기관의 일원화

우리나라의 노인장기요양보험제도는 이를 관리·운영할 기관을 별도로 설치하지 않고 국민건강보험법에 의하여 설립된 기존의 국민건강보험공단을 관리운영기관으로 하고 있다. 따라서 국민건강보험공단은 국민건강보험법상의 건강보험 업무와 노인장기요양보험법상의 장기요양사업을 함께 수행하는 보험자 및 관리운영기관의 지위를 가진다. 이는 노인장기요양보험제도의 도입과 정착을 원활하게 하기 위하여 제도는 건강보험과 독립적인 형태로 설계하되 그 운영에 있어서는 효율성 제고를 위하여 국민건강보험공단이 이를 함께 수행하도록 한 것이다.

## 4. 노인 중심의 급여

우리나라의 노인장기요양보험제도는 65세 이상의 노인 또는 65세 미만의 자로서 치매, 중풍, 파킨슨병 등 노인성 질병으로 6개월 이상의 기간 동안 혼자서 일상생활을 수행하기 어렵다고 인정되는 자를 그 수급 대상으로 하고 있다.

장기요양등급은 1~5등급으로 나누어져 있다. 여기에는 65세 미만의 일반적인 장애인이 제외되고 있어 장기요양이 필요한 모든 대상자를 포괄하고 있지 못한 상태이다.

## | 제3절 | 노인장기요양보험제도의 내용

### 1. 기본 체계

#### 1) 대상자체계

사회복지정책의 내용을 분석하는 데 있어서 가장 논란이 되는 것 중의 하나는 급여를 받을 수 있는 자격의 문제이다. 급여의 자격기준과 관련된 논쟁은 사회의 가치에 관한 우선순위에 따라 다르게 전개된다. 송근원 등(2002)은 어떤 종류의 평등을 어느 정도까지 추구할 것인지, 사회구성원들의 자유를 어느 정도 제한할 것인지, 그리고 욕구를 어느 정도까지 인정할 것인지 등에 따라 급여자격의 형태가 영향을 받는다고 지적하였다. 특히 사회복지에 사용할 재원이 제한되어 있기 때문에 자원의 적정한 배분이 사회적 관심이 되므로 정책이 의도한 사회적 목표를 얼마나 이룰 수 있는지의 측면에서 우선적으로 자격기준이 고려된다.

장기요양 필요의 정도는 개인의 신변 관리와 지역사회 내에서의 독립적 생활을 위해 필요한 일상적 행동을 혼자 수행할 수 있는 정도로 판단되는데, 가장 많이 사용되는 지표가 PADL(Physical Activities of Daily Living, 줄여서 ADL이라고 말함)과 IADL(Instrumental Activities of Daily Living)이라 할 수 있고, 각국에서는 대부분 의존성의 수준에 따라 장기요양 대상자를 선정하고 있다(이광재, 2004).

#### 2) 재정체계

사회복지정책에는 재원이 필요하며 아무리 정책의 내용이 좋아도 재원이 불충분하면 그 정책은 성공하기 어렵다. 사회복지정책을 분석하는 데 있어서 재원의 분석이 중요한 이유는 사회복지정책이 어떤 재원에 의존하느냐에 따라 자격조건, 급여수준, 급여방법 등 그 정책의 내용이나 목표가 달라질 수 있기 때문이다. 주요 사회보장제도의 도입과 관련하여 각 나라마다 사회·경제·문화적 특성과 환경에 따라 각기 다른 형태를 지니며 이에 관한 의견도 다양하게 제시되었다(석재은, 1999).

OECD 국가의 장기요양서비스 비용 조달방식은 대체로 세 가지 방식이 있는데 조세방식, 사회보험방식, 조세와 사회보험의 혼합방식이 있다. 호주, 영국, 스웨덴, 캐나다 등은 조세방식을 취하고 있고 독일, 룩셈부르크, 네덜란드는 순수한 사회보험방식을 취하고 있으며, 일본과 우리나라는 조세와 사회보험방식을 혼합한 방식을 취하고 있다. 현재 조세방식이든 사회보험방식이든 OECD 대부분 국가에서는 노인인구의 증가와 함께 요양대상 노인의 급격한 증가로 노인의료비가 커다란 사회적 부담이 되고 있다(최성재, 2006).

### 3) 서비스체계

노인장기요양의 욕구를 해결하기 위하여 어떠한 요양서비스를 어떻게 제공하느냐 하는 체계를 서비스체계라고 한다.

우리나라의 장기요양급여 종류는 시설급여(노인요양시설, 노인요양공동생활가정), 재가급여(방문요양, 방문목욕, 방문간호, 주야간보호, 단기보호 등), 특별현금급여(가족요양비, 특례요양비, 요양병원간병비)로 구분되며, 지정된 장기요양기관 소속의 장기요양요원이 수급자에게 장기요양급여를 제공한다(노인장기요양보험법 제23조). 이에 반해 일본 개호보험의 급여종류는 개호급부(요개호자에 대한 급부), 예방급부(요지원자에 대한 급부), 시정촌 특별급부로 크게 구분하고 있다. 개호급부는 시설서비스(개호노인복지시설, 개호노인보건시설, 개호요양형 의료시설)와 재가서비스(방문개호, 방문재활, 재가요양관리지도 등 13종)로 나누어진다(일본 개호보험법 제40조, 제52조).

장기요양서비스 전달체계는 조세방식의 경우 지방정부 행정조직의 재정관리하에 공공부문, 비영리부문 및 영리부문 공급자를 통해서 전달되고 있다.

사회보험방식 및 혼합방식은 지방정부조직 또는 정부조직 외의 별도의 관리조직을 두는 경우가 있고, 서비스 공급조직체계는 국가에 따라 차이가 있다(최성재, 2006).

### 4) 관리운영체계

노인장기요양보험제도의 관리운영체계는 크게 재정관리 및 서비스 급여 관리로 구분할 수 있으며, 재정체계와 밀접한 관련이 있다.

향후 고령화의 추세를 고려할 때 권한과 책임을 일치시켜 장기적인 재정안정을 이루고 지속 가능한 제도가 되도록 하는 것이 무엇보다 중요하다. 따라서 사회보험방식으로 노인장기요양보험제도를 도입·시행하는 우리나라의 경우 국민건강보험공단이 보험자로서 관리운영주체가 되어 재정 관리를 확실하게 할 수 있고, 건강보험과의 연계가 용이하며, 보험운영의 경험을 살려 제도의 조기 정착에 유리하다. 기존의 전국 조직 및 인력, 전산업무시스템 등을 활용할 수 있어 관리운영비가 대폭 절감되는 효과도 기대할 수 있으므로 보험재정을 책임지는 보험자의 역할을 국민건강보험공단이 하고 보험자로서의 기본적인 업무인 자격관리, 보험료 부과·징수, 급여비용 심사·지급 업무는 국민건강보험공단이 담당해야 한다는 데 이견이 없이 공감대가 형성되었다. 그러나 요양인정 신청 접수, 요양등급 판정, 요양계획서 작성 등은 지역밀착형 서비스가 이루어져야 하므로 이 업무는 시·군·구가 담당해야 한다는 주장이 제기되어 많은 논란이 있었다.

정책토론회, 국회 법안심사 과정을 통하여 재정책임을 지지 않은 시·군·구에서 담당할 경우 방만하게 운영될 소지가 있으므로 서비스 급여 관리도 국민건강보험공단이 담당하고, 장기요양기관 지정·취소 및 노인성 질환 예방사업 등은 시·군·구에게 역할을 조정하는 것이 타당하다고 결정되었다.

### 5) 등급판정체계

노인장기요양보험제도에서는 장기요양보험가입자나 의료급여수급권자 등 모두가 장기요양급여를 받을 수 있는 것은 아니며, 일정한 절차에 따라 장기요양급여를 받을 수 있는 권리(이하 "수급권"이라 함)가 부여되는데, 이러한 수급권을 부여하는 장기요양인정 절차가 있는 점이 특징이다. 이 절차는 장기요양인정 신청으로부터 출발하여 공단직원의 방문에 의한 인정조사와 신청인의 심신상태 및 장기요양이 필요한 정도에 따라 장기요양등급판정위원회(이하 "등급판정위원회"라 함)에서의 등급판정 그리고 장기요양인정서의 작성 및 송부로 이루어진다. 현재 장기요양등급은 5등급체계로 운용되고 있다.

## 2. 장기요양급여 제공의 기본 원칙

### 1) 적정급여의 원칙

"장기요양급여는 노인 등의 심신상태·생활환경과 노인 등 그 가족의 욕구·선택을 종합적으로 고려하여 필요한 범위 안에서 이를 적정하게 제공하여야 한다"라고 규정하고 있다. 이는 제도를 운영함에 있어 한정된 재원의 효율적 배분원칙을 규정한 것이다.

적정급여의 원칙은 전체적인 제도운영의 측면에서는 수급자의 무분별한 급여 이용이 제어될 필요가 있고, 장기요양기관 등 공급자 측면에서의 급여이용 유인행위 또한 제어될 필요가 있다. 이 법에서의 '적정급여'란 수급자의 욕구와 선택을 존중하되 개별적 신체상태에 알맞은 급여를 이 법이 정하는 절차와 방법에 따라 제공하고 이용하는 것을 말한다.

### 2) 재가급여 우선원칙

"장기요양급여는 노인 등이 가족과 함께 생활하면서 가정에서 장기요양을 받는 재가급여를 우선적으로 제공하여야 한다"라고 규정하고 있다.

사람은 일반적으로 자기가 태어나고 자란 지역에서 가족·이웃 등과 교류하면서 편안하게 살기를 원한다. 장기요양보장제도의 지속 가능성을 고려할 때 국가나 사회가 장기요양시설의 수요 증가에 부응하여 계속적으로 확대해 나갈 수는 없는 일이다. 재가급여 우선원칙이란 이러한 욕구와 장기요양보장제도의 지속 가능성 등을 고려한 것이라 볼 수 있다.

### 3) 의료서비스 연계 제공 원칙

장기요양보장제도가 요양급여(care)를 중심으로 이루어지는 것이기는 하지만 수급자의 심신기능상태 악화방지 및 기능회복을 도모하기 위해서는 일정한 수준의 치료, 재활, 간호 등 적절한 의료서비스가 병행하여 제공되어야 할 필요가 있다. 이를 반영하여 "장기요양급여는 노인 등의 심신상태나 건강 등이 악화되지 아니하도록 의료서비스와 연계하여 이를 제공하여야 한다"는 원칙을 규정하고 있다.

## 3. 장기요양인정

노인장기요양보험 가입자 및 그 피부양자나 의료급여수급권자 누구나 장기요양급여를 받을 수 있는 것은 아니다. 일정한 절차에 따라 장기요양급여를 받을 수 있는 권리(수급권)가 부여되는데 이를 장기요양인정이라 한다. 장기요양인정 절차는 먼저 공단에 대한 장기요양인정 신청으로부터 출발하여 공단 직원의 방문에 의한 인정조사와 등급판정위원회의 등급판정, 그리고 장기요양인정서의 작성 및 송부로 이루어진다.

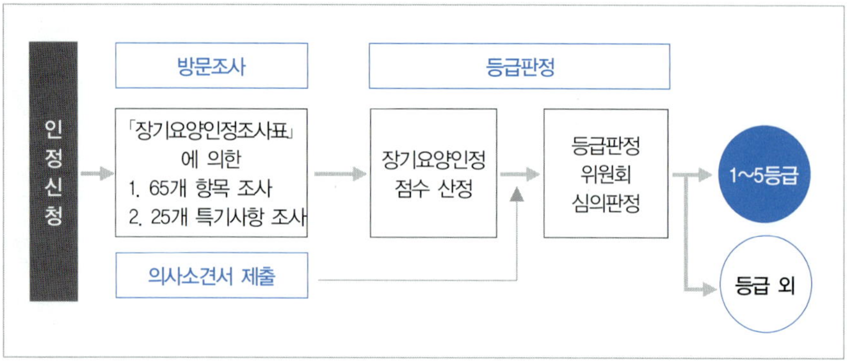


**| 그림 4-1 |** 장기요양인정 절차

장기요양인정 및 장기요양등급 판정 등을 심의하기 위하여 공단에 장기요양등급판정위원회를 둔다. 등급판정위원회는 시·군·구 단위로 설치한다. 등급판정위원회는 등급판정 기준에 따라 장기요양인정신청자의 등급을 결정함으로써 수급자 여부를 판정한다. 이 외에도 장기요양인정서상 위원회의 의견을 첨부할 수 있고, 수급자의 심신상태 등을 고려하여 6개월의 범위 안에서 장기요양인정의 유효기간을 가감할 수 있다. 등급판정위원회가 수급자를 결정함에 있어서는 다음과 같은 등급판정 기준에 따른다.

**〈표 4-3〉 장기요양 등급별 인정 점수 및 기능상태**

| 구 분 | 장기요양인정 점수 | 기능상태 |
|---|---|---|
| 1등급 | 95점 이상 | 심신의 기능상태 장애로 일상생활에서 전적으로 다른 사람의 도움이 필요한 자 |
| 2등급 | 75점 이상 95점 미만 | 심신의 기능상태 장애로 일상생활에서 상당 부분 다른 사람의 도움이 필요한 자 |
| 3등급 | 60점 이상 75점 미만 | 심신의 기능상태 장애로 일상생활에서 부분적으로 다른 사람의 도움이 필요한 자 |
| 4등급 | 51점 이상 60점 미만 | 심신의 기능상태 장애로 일상생활에서 일정 부분 다른 사람의 도움이 필요한 자 |
| 5등급 | 45점 이상 51점 미만 & 치매 | 치매환자(노인장기요양보험법 시행령 제2조에 따른 노인성 질병으로 한정) |

등급판정위원회는 위원장 1인을 포함하여 15인의 위원으로 구성한다. 위원은 ① 의료법에 따른 의료인, ② 사회복지사, ③ 시·군·구 소속 공무원, ④ 그 밖에 법학 또는 장기요양에 관한 학식과 경험이 풍부한 자 중에서 공단 이사장이 위촉한다. 이 중 시장·군수·구청장이 추천한 위원 7인, 의사 또는 한의사가 1인 이상 포함되어야 한다.

## 4. 장기요양급여의 종류 및 내용

"장기요양급여"란 수급자에게 신체활동·가사활동의 지원 또는 간병 등의 서비스나 이에 갈음하여 지급하는 현금 등을 말한다.

이를 구체화하여 장기요양급여의 종류는 크게 재가급여, 시설급여, 특별현금급여로 나누고, 다시 재가급여는 ① 방문요양, ② 방문목욕, ③ 방문간호, ④ 주·야간보호, ⑤ 단기보호 및 ⑥ 기타 재가급여(복지용구 및 방문재활 등으로서 대통령령으로 정하는 것)로 나누어지며, 시설급여는 ① 노인요양시설과 ② 노인요양공동생활가정으로, 특별현금급여는 ① 가족요양비, ② 특례요양비, ③ 요양병원간병비로 나누어진다.

이 법에서 장기요양급여란 ① 장기요양급여를 받을 자로 판정된 자, 즉 수급자에 대한 급여이어야 하고, ② 이 법에 의하여 지정된 장기요양기관에 의하여 제공된 것이어야 하며(특별현금급여는 제외), ③ 급여종류별로 규정되고 있는 장기요양요원에 의하여 제공(특별현금급여 제외)되는 것이어야 한다.

## 5. 장기요양급여의 이용

장기요양급여의 이용은 일반수급권자와 의료급여수급권자 간에 절차상 다소 차이가 있다. 또한 연간 급여한도 내에서 복지용구를 이용하려는 경우에는 별도의 급여확인서를 발급받아야 하며, 가족요양비는 공단에 급여를 신청하여야 한다.

일반수급권자가 장기요양급여를 이용하고자 하는 경우 장기요양기관에 장기요양인정서를 제시하고 계약을 체결한 후 급여를 이용하면 된다. 이에 반해 의료급여수급권자의 경우에는 장기요양기관과 계약을 체결하기 전에 주소지 관할 시·군·구에 급여신청을 하여야 한다. 의료급여수급권자가 이용하는 장기요양급여 비용은 국고와 관할 지방자치단체에서 부담하므로 수급자의 관할 지방자치단체에서 소요되는 비용의 범위를 인지하고 효율적인 관리를 할 수 있도록 하기 위함이다.

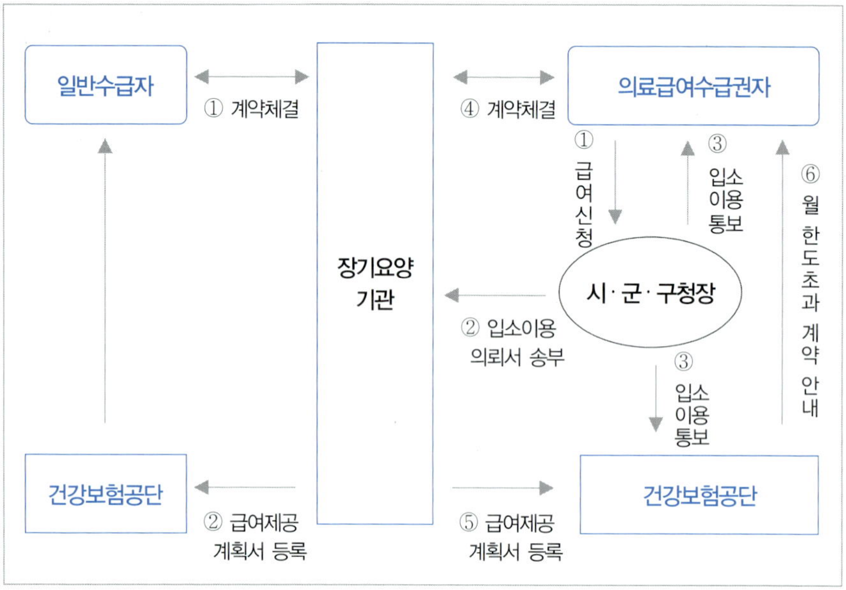


**| 그림 4-2 |** 장기요양급여 이용체계

# | 제4절 | 장기요양기관의 운영

## 1. 급여의 제공절차

### (1) 주요 정보의 게시

장기요양기관은 수급자가 장기요양급여를 쉽게 선택하도록 하고 장기요양기관이 제공하는 급여의 질을 보장하기 위하여 ① 시설의 구조, 설비상태 및 건물전경 등의 사진, ② 장기요양기관의 주소, 약도, 전화번호 및 홈페이지 주소, ③ 장기요양기관에 소속된 인력 종류별 종사자 수 및 입소(이용)정원과 현재 입소(이용)한 인원, ④ 장기요양기관에서 제공하는 급여종류, ⑤ 장기요양급여 이용계약에 관한 사항, ⑥ 비급여대상 항목별 비용을 공단이 운영하는 인터넷 홈페이지에 게시하여야 하고, 이들 내용이 변경된 경우에도 지체 없이 변경된 내용을 반영하여 게시하여야 한다.

또한 장기요양기관은 운영규정의 개요, 종사자 근무체계, 제공하는 장기요양급여의 종류, 비급여대상 및 항목별 비용, 그 밖에 수급자의 급여선택에 도움이 되는 중요 사항을 수급자가 잘 볼 수 있는 곳에 게시하여야 한다.

### (2) 수급자의 본인 여부 등의 확인

장기요양기관은 급여를 받으려는 수급자의 본인 여부, 장기요양등급, 장기요양인정 유효기간, 장기요양급여의 종류 및 내용, 본인일부부담금 감경여부 등을 확인하여야 한다.

### (3) 급여제공 계약서의 작성 및 급여제공 계획서의 통보

장기요양기관은 급여개시 전에 수급자와 장기요양 급여제공 계약을 문서로 체결하여야 하고, 계약서에는 ① 계약당사자, ② 계약기간, ③ 장기요양급여의 종류, 내용 및 비용 등, ④ 비급여대상 및 항목별 비용의 내용을 포함하여야 한다. 계약을 변경하는 경우에도 또한 같다. 장기요양기관이 계약을 체결하는 때에는 수급자 또는 그 가족에게 급여의 제공계획 및 비용(비급여 대상 및 항목별 비용을 포함) 등 장기요양 급여제공과 관련된 사항을 설명한 후 동의서를 받아야 한다. 또한 장기요양기관은 계약을 체결하거나 계약서의 내용을 변경한 경우 지체 없이 장기요양 급여제공 계획서를 팩스나 공단이 운영하는 전자문서 교환방식을 통하여 공단에 통보하여야 한다.

이와 같이 문서에 의한 계약서 작성과 급여제공 계획서의 통보를 의무화하고 있는 것은 급여비용 청구 등 장기요양급여의 수급관리에 있어 가장 기본적 사항에 해당하기 때문이다.

### (4) 장기요양급여의 기록

장기요양기관이 장기요양급여를 실시한 때에는 '장기요양 급여제공 기록지'에 급여내역 등을 기재하고 수급자로부터 요청이 있는 경우 그 정보를 제공하여야 한다. 장기요양 급여제공에 관한 자료를 기록·관리하지 아니한 경우 500만 원 이하의 과태료가 부과된다.

장기요양급여 제공 기록지는 장기요양기관이 급여실시 후 수급자의 신체상태의 변화 등을 확인하고 급여비용을 청구하는 경우 이를 소명하기 위한 근거 자료로서뿐만 아니라, 공단이 급여비용의 청구가 적정한지를 심사함에 있어 수급사실을 확인하는 때에 필요 불가결한 자료이다.

### (5) 장기요양급여 비용명세서의 교부

장기요양기관의 장은 장기요양급여를 제공한 수급자에게 장기요양급여비용에 대한 명세서를 교부하여야 한다. 명세서에 대한 산정내역을 요구하는 경우에도 이를 제공하여야 하며, 수급자가 '소득세법'에 따른 의료비 공제를 받기 위하여 해당 연도의 장기요양급여비 납부내역의 확인을 요청한 경우 납부확인서를 발급하여야 한다.

### (6) 장기요양에 관한 기록의 보존

장기요양기관은 다음과 같은 장기요양에 관한 기록을 해당 서류에 따른 장기요양급여가 종료된 날부터 5년간 보존하여야 한다.

① 장기요양급여 계약에 관한 서류, ② 장기요양 급여비용 청구서 및 장기요양 급여비용 청구명세서, ③ 장기요양 급여제공 기록지 등 장기요양 급여비용의 산정에 필요한 서류 및 이를 증명하는 서류, ④ 방문간호지시서, ⑤ 장기요양 급여비용 명세서 부본(본인부담금 수납대장을 작성하여 보존하는 경우에는 이를 장기요양 급여비용 명세서 부본에 갈음).

## 2. 급여의 제공 기준

### (1) 적정급여의 제공

장기요양기관은 수급자 개인의 장기요양급여의 종류 및 내용에 대한 선택권을 존중하고 자립생활을 할 수 있도록 지원하여야 하며, 수급자의 심신상태에 따라 적정한 급여를 제공하여야 한다. 이는 적정급여의 원칙을 서비스제공자 측면에서 반영한 것이다.

### (2) 급여제공 거부 금지(노인장기요양보험법 제35조)

장기요양기관은 수급자로부터 장기요양급여 신청을 받은 때 장기요양급여의 제공을 거부하여서는 아니 된다. 다만, 입소정원에 여유가 없는 등 정당한 사유가 있는 경우에는 그러하지 아니한다. 급여제공 거부 금지의 예외적 사유가 될 수 있는 또 다른 예로는 전염성 질환을 가진 수급자로서 공동생활을 하기 곤란한 경우 등이 이에 해당하며, 구체적 사례에 따라 판단해야 할 사항이지만 이에 대한 입증책임은 장기요양기관에 있다.

장기요양급여의 제공을 거부한 경우에는 지정취소될 수 있고, 1년 이하의 징역 또는 1천만 원 이하의 벌금을 낼 수 있다.

### (3) 중복수급금지

수급자는 재가급여, 시설급여 및 가족요양비를 중복하여 받을 수 없고(가족요양비의 경우 예외적으로 복지용구를 이용할 수 있다), 동일 시간대에 재가급여를 중복하여 받을 수 없으므로 이러한 급여중복의 경우 장기요양기관의 급여비용 청구에 대해 비용 산정이 부인된다.

### (4) 알선·유인행위의 금지

장기요양기관은 노인장기요양보험법 제40조(본인일부부담금) 제1항 단서에 따라 면제받거나 제3항에 따라 감경받는 금액 외에 영리를 목적으로 본인일부부담금을 면제하거나 감경하는 행위를 하여서는 아니 된다. 또한 누구든지 영리를 목적으로 금전, 물품, 노무, 향응, 그 밖의 이익을 제공하거나 제공할 것을 약속하는 방법으로 수급자를 장기요양기관에 소개, 알선 또는 유인하는 행위 및 이를 조장하는 행위를 하여서는 아니 된다. 그리고 본인 일부부담금을 수급자에게 청구하는 경우 법령에 따라 인정되는 비용 외에 입소보증금 등 다른 명목으로 비용을 청구하여서는 아니 된다.

### (5) 배상책임보험의 가입

장기요양기관의 모든 종사자는 기관의 장(법인의 경우 대표자)과 근로계약이 체결된 자이어야 하고, 방문요양 등 가정방문급여의 경우 급여를 제공하는 요양보호사 등 장기요양요원별로 배상책임보험에 가입하여야 하며, 입소시설(주·야간보호 및 단기보호 포함)의 경우 배상책임보험은 장기요양기관에 입소 또는 이용 중인 수급자 전원(특례입소자 포함)에 대하여 적용되는 것이어야 한다. 이는 장기요양기관 종사자가 급여를 제공하는 과정에서 발생할 수 있는 수급자의 상해 등에 대비하여 법률상 배상하여야 하는 손해를 보상함으로써 수급자를 보호하려는 취지이다.

### (6) 정원 및 인력배치 요건의 준수

입소시설(단기보호기관 포함)의 경우 당초 지정 시 신고한 정원과 인력배치 요건을 준수하여야 한다.

장기요양기관은 장기요양급여의 종류, 장기요양기관의 명칭·소재지, 법인 대표자, 입소(이용)정원, 시설 및 인력 현황 등이 변경된 경우 변경사유가 발생한 날부터 14일 이내에 변경사항을 증명할 수 있는 서류 등을 첨부하여 시장·군수·구청장에게 제출하여야 한다. 특히 인력 현황 변경신고의 경우에는 사회복지사업법 제6조의2에 따른 정보시스템을 이용하여야 한다. 변경신고를 받은 시장·군수·구청장은 동 내용을 확인한 후에 변경된 내용을 기재한 장기요양기관 지정서 또는 재가장기요양기관 설치신고증명서를 신고인에게 다시 발급하여야 한다.

## 3. 장기요양기관의 평가

### 1) 평가의 목적

노인장기요양보험법 제54조 제1항에서 "공단은 장기요양기관이 제공하는 장기요양급여의 내용을 지속적으로 관리·평가하여 장기요양급여의 수준이 향상되도록 노력하여야 한다"라고 규정하여 공단에 장기요양기관에 대한 평가의무를 부여하고 있다.

장기요양기관에 대한 평가는 장기요양급여의 제공 기준, 절차, 방법 등에 따라 적정하게 급여가 제공되고 있는지를 공단이 평가하고, 그 결과를 공개함으로써 장기요양급여의 수준이 향상되도록 하기 위한 것이다. 무엇보다 서비스의 질적 개선을 도모하기 위한 것이며, 그 결과를 공개하는 등의 방법으로 국민의 알 권리 충족과 선택권을 확대해 나가는 데 그 목적이 있다.

### 2) 평가대상 및 평가종류

2009년 입소시설, 2010년 재가기관에 대한 임의평가를 실시한 후 2011년도 입소시설에 대한 평가(관련 고시 2011. 6. 2., 개정)부터는 종전의 신청에 의한 임의평가 방식이 아니라, 신청절차를 폐지하여 평가대상을 전체 장기요양기관으로 확대, 변경하여 시행하게 되었다.

장기요양기관 평가는 평가실시 직전년도 이전에 지정 또는 설치된 장기요양기관을 대상으로 실시하며, 효율적 평가수행을 위하여 가(假)정원으로 설치된 단기보호시설 또는 휴업 중인 장기요양기관 등의 경우 평가대상기관에서 제외할 수 있다.

장기요양기관평가는 정기평가와 수시평가로 구분하여 실시하되, 정기평가는 3년마다 시설급여와 재가급여를 구분하여 평가를 실시하며 정기평가 30일 전까지 평가대상, 평가기간, 평가방법 및 절차 등에 대한 계획을 공고한다. 수시평가는 정기평가 결과 하위 등급의 장기요양기관에 급여제공 수준 정기평가를 실시한 다음 해에 수시평가를 실시한다. 자체평가 운영은 장기요양기관이 자체평가로 서비스 수준을 사전에 확인할 수 있다(노인장기요양보험 홈페이지/ 공인인증서 로그인/ 기관평가/ 자체평가/ 자체평가 등록).

### 3) 평가 지표 및 평가매뉴얼

공단은 장기요양급여의 종류별로 ① 일반사항, ② 기관운영, ③ 환경 및 안전, ④ 권리 및 책임, ⑤ 급여제공 과정, ⑥ 급여제공 결과에 관한 사항에 대하여 평가를 실시하도록 규정하고 있다.

이와 같은 사항을 구체적으로 평가하기 위한 급여종류별 평가 지표와 가중치는 고시로 게시되고, 평가 지표의 적용에 필요한 세부사항은 공단 이사장이 평가매뉴얼로 규정하고 있다.

### 4) 평가결과의 공개 및 활용

#### (1) 평가결과의 공개

평가결과를 공개하는 것은 수급자 등 국민의 알 권리를 충족시킴과 동시에 서비스 제공기관 선택의 근거자료로 활용할 수 있도록 하기 위한 것이다. 또한 공개과정을 통하여 서비스제공 기관 간의 자율경쟁을 촉발함으로써 전반적인 서비스의 수준을 향상시킬 수 있기 때문이다.

결과공개 방법에는 단순점수공개 또는 등급공개 방식이 있으나 현행 제도는 2개 이상 5개 이하의 등급을 정하고 평가위원회의 심의를 거쳐 공단 홈페이지 등에 공개하되 규모별, 지역별 등으로 구분하여 공개할 수 있도록 하고 있다. 또한 장기요양기관이 평가를 거부하거나 평가조사표에 서명을 거부한 경우 평가위원회를 거쳐 평가결과 공표 시 그 명단 등을 공개하고 관할 시·군·구에도 통보할 수 있다. 시·군·구에서는 통보받은 평가결과를 통해 행정지도 및 관리감독에 활용하도록 하고 있다.

#### (2) 장기요양 급여비용의 가산금 지급

장기요양서비스 정기평가 결과 상위 20% 범위에 속한 A등급 기관만 지급(A등급이 20% 미만인 경우에는 해당 기관만 가산금 지급), 정기평가 결과 상위 10% 범위 내 기관은 평가 직전년도에 심사해 지급하기로 결정한 공단부담금의 2%(재가기관 중 복지용구 사업소는 대여품목의 공단부담금의 1%), 상위 10% 초과 20% 범위 내 기관은 공단부담금의 1%(복지용구 사업소는 대여품목의 공단부담금의 0.5%) 지급, 동점기관은 대분류 영역 환산점수(배점비중) 순으로 가산금 지급을 결정한다.

가산금 지급 제외 기준에는 직전 정기평가 결과에 의한 가산지급일부터 당해 정기평가 가산지급일 사이에 평가등급 하향(차하위 또는 최하위)조정사유가 발생한 기관과 가산 지급 전에 휴·폐업 또는 적용 종료된 기관, 노인장기요양보험법 위반으로 시·군·구에 행정처분이 의뢰된 기관, 현지조사 결과

부당청구 또는 노인학대, 형사사건 등으로 수사기관에 수사의뢰된 기관은 행정처분 결과가 나올 때까지 가산지급을 보류하고 추후 행정처분을 받으면 가산지급 대상에서 제외한다. 또한 기타 사유로 가산이 부적절하다고 평가위원회가 심의·의결한 기관은 가산지급대상에서 제외될 수 있다.

## 4. 현지조사

현지조사란 노인장기요양보험법 제61조에 따라 보건복지부장관 또는 특별자치시장·특별자치도지사·시장·군수·구청장이 그 소속공무원으로 하여금 장기요양기관 또는 장기요양급여를 받은 자 등에게 질문하거나, 관계 서류 검사 등의 방법에 의하여 행하는 현장조사를 말한다.

현지조사는 행정기관이 장기요양기관에 대한 우월적 지위에서 일방적으로 행하는 공권력의 작용으로 행하는 행정조사의 하나이다. 현지조사의 목적은 장기요양기관 운영의 적정성 등 장기요양사업 전반을 관리·감독(부적정한 경우 경고·지정취소 등 행정처분으로 감독의 실효성 확보)하고 불법·부당행위를 한 장기요양기관을 적발하여 장기요양보험 부당이득을 환수하는 등 장기요양보험 재정 누수 방지 및 수급질서 확립과 시설운영 및 제공된 급여가 법령 및 각종 고시·기준에 부합되는지 여부를 확인하는 등 수급권자의 수급권을 보호하기 위한 것이다.

CHAPTER 05

# 사회복지시설의 인적관리

CHAPTER

# 05 사회복지시설의 인적관리

오늘날 사회복지시설은 주변의 급격한 변화와 함께 시설에 대한 사회적 관심과 기대감이 높아지고 있다. 사회복지시설의 상황 변화는 시설보호와 질적 수준을 향상시키기 위한 일환으로 볼 수 있다. 즉, 사회복지시설은 시설보호를 필요로 하는 자들에게 일정기간 동안 인간다운 최저생활을 보장하기 위해 운영되는 사회적 제도이다. 이에 사회복지시설이 제 기능을 잘 수행하기 위해서는 인적관리에 대한 효율적인 운영이 요구되고 있다. 인적관리는 직원을 채용하고 능력을 개발하며 근무의욕을 갖고 조직에 헌신할 수 있도록 동기를 부여하는 관리활동을 말한다.

## | 제1절 | 인적관리의 개념

일반적으로 인적관리의 목적은 욕구를 충족시켜 줌으로써 조직에의 협동적 의욕을 높이고자 하는 것이다. 특히 사회복지조직에서의 인적관리의 목적은 효율적이고 적합한 서비스를 필요로 하는 사회적 약자인 클라이언트의 복지를 증진시킬 수 있도록 자질과 능력을 갖춘 직원을 양성하는 것이라고 하였다(권육상 외, 2004). 또한 Ivancevich(2003)에 의하면, 인적관리란 개인과 조직의 목표 달성을 위한 인적자원의 모집, 선발, 유지, 개발, 활용 등과 관련한 관리활동들의 집합으로 정의하고 있다. Noe 등(2007)은 인적관리를 직원의 행동, 태도와 성과에 영향을 미치는 방침, 활동 및 시스템 등으로 정의하였으며,

Casio(2006)는 인적자원관리를 충원, 유지, 개발, 조정, 변화 관리 등과 같이 다양한 관리기법이 결합된 것으로 정의하고 있다.

이상을 통해 인적관리의 개념은 조직이 세운 목표를 달성하기 위해 직원을 채용하고 업무에 배치하고 또 능력을 개발해 나가는 등의 관리활동이라고 할 수 있다.

사회복지시설의 인적관리에 대한 관심은 매우 낮은 것으로 이해되고 있다. 여기에는 여러 가지 원인, 즉 시설보호에 대한 부족한 직원배치, 시설직원의 낮은 보수, 열악한 근무여건, 시설직원에 대한 보상체제의 결여, 교육이나 훈련의 형식화, 시설의 폐쇄적인 속성 등이 복합적으로 작용한 것으로 보인다. 이에 사회복지시설은 일반 기업체와는 달리 독특한 특성을 지니고 있다. 이러한 특성들 때문에 일반 기업의 인적관리 영역을 사회복지시설에 그대로 적용하는 데는 다음과 같이 몇 가지 한계를 제시할 수 있다.

첫째, 사회복지시설의 업무를 가시화하고 표준화하는 데 제약요소가 많이 나타나고 있다. 즉, 시설생활자의 욕구와 상태, 이들이 처한 상황에 따라 제공되어야 하는 서비스가 달라지게 된다. 또한 제공된 서비스의 성과나 효과도 측정하기가 용이하지 않다.

둘째, 생활시설에는 여러 업종의 여러 전문가들로 구성되어 시설보호를 담당하고 있다. 즉, 시설보호 영역에서는 일상생활 지원과 의료서비스 및 재활훈련 등이 동시에 제공되어야 하므로 다양한 인력들이 종사하게 된다. 이에 일상생활 지원 영역을 제외하고는 각기 다른 직종의 최소 인원이 종사하고 있으므로 직원 간의 상대평가는 한계가 있다.

셋째, 사회복지시설은 공공성이 강하여 법률과 정부의 강한 영향력하에 놓여있다. 즉, 정부에서 시설직원의 배치기준과 인건비 보조기준을 정하여 그에 따른 지원을 하고 있다. 이러한 기준은 최소한의 것으로서 사회복지시설이 자체적으로 직원을 채용하거나 기존의 인건비 기준보다 자체적으로 더 지급할 수도 있지만 현실적으로는 매우 어려운 실정이다.

넷째, 사회복지시설은 시설 유형, 동일 법인 내의 시설 수, 위치한 지역 등에 따라 편차가 매우 크게 나타나고 있다. 즉, 아동복지시설과 장애인복지시설, 노인복지시설, 여타의 시설 간에는 인력 배치기준과 업무량에 있어서 크게 차이가 나고 있다. 또한 사회복지법인에서 한 시설만 운영하는 곳이 있는 반면, 여러 유형의 생활시설을 동시에 운영하거나 생활시설과 이용시설을 여러 곳에 운영하는 법인도 있다.

사회복지시설이 위치한 지역, 즉 대도시의 도심지역과 도시변두리 지역, 군부지역 등에 따라 시설 직원의 확보에 큰 영향을 미치고 있다. 그리고 시설 운영자의 복지의식에 있어서도 차이가 나타나고 있다. 특히 사회복지시설에 대한 사회적 관심이 증대하고 있는 것이 적정한 시설 운영비의 확보로 이어지는 것은 아니지만, 과거보다는 크게 증가한 것은 사실이다. 적정한 시설 운영비가 확보되지 않았으므로 시설에 대한 사회적 기대감을 충족시키기 어렵다고 할 수만은 없다. 이에 부족한 시설 운영비를 확보하기 위해서 시설에 대한 사회적 기대감을 충족시키는 노력이 필요하고 이러한 노력의 핵심 부분이 사회복지시설의 효율적인 인적관리라 할 수 있다.

## | 제2절 | 인적관리의 구성요소

일반적으로 기업의 경우 인적관리는 미래의 조직목표 달성에 적합한 잠재적·현재적 능력의 소유자를 채용하여 다양한 직무나 역할을 수행해 나갈 수 있도록 육성하고 개발하며, 그에 대한 적절한 평가와 보상을 통해서 인적자원을 효과적으로 유지하고 관리하는 모든 활동이나 제도 및 기능으로 정의할 수 있다.

사회복지시설의 인적자원관리를 근무조건, 급여, 복리후생, 노무, 연수, 직장 내의 커뮤니케이션, 환경의 정비나 유지 등의 일곱 항목으로 구분할 수 있다. 즉, 개별관리의 영역은 취업관리, 인사평가, 인사배치, 능력개발 등이 포함되고, 집단관리의 영역은 노동시간, 휴일, 임금, 상여, 퇴직금, 직원복지 등이 포함되어 있다. 인사노무관리의 구체적인 내용은 ① 채용, 근로시간, 휴일, 휴가, ② 임금과 상여금, ③ 인재 육성, ④ 직원복지, ⑤ 안전, 위생, 건강관리, ⑥ 퇴직과 퇴직수당 등으로 구성할 수 있다(동경도사회복지사협회).

박태영(2003)이 제시한 인적자원관리의 구성요소를 살펴보면, 상기의 구분과 일정 부분 공통적인 요소를 포함하고 있다.

첫째, 직원관리의 영역으로 직원의 모집, 선발, 배치, 승진 등을 포함하고 있다. 직원관리는 채용에서부터 퇴직에 이르기까지 일련의 연속성을 갖고 있으므로 한 영역으로 구분하고 있다.

둘째, 복리후생의 영역으로 직원의 보상에 해당되는 보수 및 수당, 여비 등과 복리후생에 있어서 법정 복리후생, 법정 외 복리후생을 포함하고 있다.

셋째, 인재육성의 영역으로 생활시설의 연수, 교육, 훈련, 즉 시설 내 연수와 시설 외 연수, 자기개발을 포함하고 있다.

이 외에도 안전, 노무, 이직 등과 같은 요소도 있지만 생활시설 현장에서 상대적으로 중요하게 다루어지고 있는 위의 세 가지 영역으로 한정한다.

인적자원관리의 기능적 차원은 기업의 목표 달성에 적절한 인력의 수와 질을 획득하는 인력 확보, 확보된 인력의 능력을 최대한 개발하는 인력 개발, 종업원이 제공한 노동을 기업 목표 달성에의 공헌 정도로 평가하여 보상하는 인력 보상, 종업원의 성과 창출의지 및 능력을 계속 유지하게 하는 인력 유지, 기존의 종업원이 자의든 타의든 기업을 떠나는 인력 방출로 구성된다. 인사관리의 기능적 차원을 구성하는 제 활동들은 직무를 중심으로 서로 밀접한 관련을 맺고 있다.

인적자원관리의 관리적 차원은 인력계획 활동, 인력실천 활동, 즉 조직화, 지위, 조정활동을 포괄하는 활동, 인력통제 활동 등으로 구성된다. 관리적 차원의 각 활동들은 하나의 관리과정으로서의 관계를 갖추고 있으며, 상호 영향을 주고받는다.

## | 제3절 | 인적관리의 성격

인적관리에서 중요한 것은 사람으로 하여금 조직의 목적에 충실히 움직이도록 하는 것이다. 조직이 가야 할 방향과 목적이 설정되어 있는 상황에서 목적 달성을 위한 방법에 관한 것으로 실제 추진력의 핵심인 인력에 대한 관리로 목적을 공유하고 분담된 역할을 성실히 하게 하는 것이다.

특히 일반기업들과는 다른 조직적 특성과 목적을 가지고 있는 사회복지조직을 관리하는 데 있어서는 조직의 목적이나 구성원의 개인적 목적과 조직의 목적들을 연결하고 혼화하는 기술이 필요하다. 즉, 설정된 조직의 수행목적을 조직구성원들에게 전달하는 것이 명확해야 하고, 직원들이 갖고 있는 개인적인 것이나 또는 본인의 전문영역에 관한 목적들이 확인 가능해야 하며 이러한 개인적 목적들이 조직의 목적들과 연계되고 조화되는 데 신경을 써야 한다.

첫째, 조직은 수행성과라는 일반적 목적을 가진다. 이는 생산성, 효과성, 자원획득의 증가와 직원의 사기 진작, 효율성 증대 등의 구체적 내용들을 포함하는 것으로 직원들은 각자의 개인적 및 직업경력과 관련된 목적을 갖고 있다. 그리고 물질적 보상, 심리적 만족, 전문직으로서의 성취감이나 지식과 경력 계발이라는 목적을 가지고 있다.

둘째, 조직의 목적과 직원들의 목적에 관한 것이다. 유인-기여이론에 의하면, 조직과 개인이라는 두 조직은 동일한 지향으로 혼화될 수가 있다. 개인과 조직의 연계는 공식적 혹은 비공식적 계약에 기초하고 있으며, 피고용인으로서의 개인이 조직에 기여하는 부분에 대한 교환으로 조직이 유인책을 제공하는 것이다.

계약의 목적은 개별 피고용인의 경력목적과 조직 임무 간의 일치성을 찾는 것으로 유인-기여 계약은 휴먼서비스 조직이 인사관리의 과정과 체계에 대한 디자인의 기초를 제시해 준다.

## | 제4절 | 인적관리의 과업

인적관리에서 기울여야 하는 일차적 관심은 직원의 능력 향상이다. 특히 사회복지조직 등의 휴먼서비스 기관은 노동집약도가 매우 높다. 따라서 예산의 상당 부분이 인적자원을 개발하고 유지하는 비용에 사용된다.

인적자원 개발은 조직의 관리에서 인적자원을 활용하거나 능력을 개발하는 방식이 중요하다. 조직만의 목적 달성이 아닌 개별 직원들의 목적에도 관심을 가져야 하며, 직원의 기술, 능력, 판단, 숙련도 등을 계획적으로 성장시키려는 노력을 해야 한다.

인적관리의 과정은 몇 가지 과업들로 구분할 수가 있는데 먼저 조직 내에서의 직위를 분류하는 것이다. 그리고 그 직위에 맞는 직원을 선발하고, 적절한 보상계획을 수립, 집행하며 능력 개발 및 훈련을 실시하고 직무 수행을 평가하여 피드백 과정을 거친다.

인적관리의 과업으로는 직무디자인, 직무분석, 직원채용 등이 있다.

### 1. 직무디자인

직무디자인은 인사관리의 출발점으로 조직의 임무 수행에 필요한 활동들을 직위와 직무로 구분하여 직원들에게 할당하는 것이다. 즉, 임무 수행에 필요한 활동들을 직위와 직무로 분류해 업무자에게 할당하는 것이다. 여기서 직위란 한 명의 조직구성원에게 요구되는 과업 수행의 책임과 의무의 몫을 말하는 것이고, 직무란 유사한 성격의 직위들을 일컫는 것으로 직원이 맡는 역할의 성격을 나타낸다.

사회복지조직에서의 인력 관리를 위한 직무디자인은 매우 중요하다. 대표적 휴먼서비스 조직인 사회복지조직에서의 서비스는 직원 자체가 곧 핵심 기술이자 자산이 된다. 이러한 직무디자인을 위해서는 조직의 유효성에 관한 구조를 짜야 한다. 클라이언트뿐만 아니라 유동적인 환경 변화에 기민하게 대응할 수 있는 조직을 구성하되 직위분류화 및 직무기술서 등을 적절하게 구비하고 있어야 한다.

한 기관이 직무디자인을 하려면 유사한 서비스를 제공하는 조직군들의 직무나 직위에 대한 규정들이 존재하는지 보아야 하고 그 규정의 사용을 검토해 보아야 한다. 이럴 경우에는 자체적으로 직무분석 등의 과정을 거치지 않아도 된다. 그렇게 표준화된 규정에 의해 직위 분류를 시도해 보는 방법이 있는가 하면 규정이 없다 하더라도 타 기관들의 조직 배치나 인력의 특성들을 파악해 보고, 각종 업무들에 필요한 인력의 자격요건들을 확인해야 한다.

## 2. 직무분석

직무분석이란 직무와 직무를 구분하기 위해서 정보를 제공하는 의도적이고 체계적인 과정을 말한다. 이는 각 직무에 부과된 역할과 책임들을 분석하는 것으로 현재 직무를 수행하고 있는 개인들을 면접하고 관련 자료들을 검토하거나 혹은 새로운 서비스체계 모형을 기반으로 하여 이루어진다. 한 직무에서 수행될 행동, 필요한 도구, 수행기준과 시간, 직무맥락, 인력조건 정보를 도출하는 것이다.

이런 직무분석을 하는 방법으로는 분류화, 직무기술서 작성 및 범주화가 있다.

분류화는 유사한 것들끼리 직위를 묶는 것으로 과업이나 의무, 책임 등이 유사한 직위들의 집합이다. 즉, 인사관리에 있어서 동등한 직위로 취급되는 집단을 묶는 것이다.

직무기술서는 직무분석을 통해 개발된 각 직무들을 구체화하고 그에 따른 업무 수행 기준을 만드는 것이다. 직무기술서에는 수행해야 할 과업들의 내용, 과업 수행의 정도, 슈퍼비전의 맥락, 독자적 판단의 범주, 직무수행에 요구되는 지식과 경험의 수준 등을 기술해 놓고 있다. 직무기술서에는 KSA (Knowledge, Skills, Abilities : 지식, 기술, 역량)를 반드시 포함하는 것을 기본으로 하고 그 외에 직무명, 직급, 의무, 최저학위 요건, 자격요건, 최저 경력 연수, 업무시간, 배치, 특별 요구조건, 급여범위, 보너스, 기관의 평등고용정책의 내용, 지원일시와 지원절차 등을 기술하여야 한다.

범주화(categorization)는 각각의 직위들을 특정한 분류항목으로 묶는 것이다. 그것은 직무분석을 통해 개발되거나 혹은 새롭게 구성된 분류체계에 의해 직위들을 배치하는 것으로 이를 통해 기관의 직위 분류화가 만들어진다.

## 3. 직원채용

직무디자인이 완료된 후에는 기준을 적용한 직원채용이 시작된다. 직원채용의 방법은 모집과 선발로 이루어지는데 모집은 기관에서 필요로 하는 적절한 인원의 자격조건을 갖춘 자들을 이끌어 오는 것이고, 선발은 지원한 자들에 대하여 자격을 검토하고 사정하여 배치하고자 하는 직위에의 적합여부를 결정하는 것이다.

직원채용에 있어서 가장 중요한 관심은 직무에 적합한 사람을 선발하는 것이다. 조직의 인적자원 역량을 효과적으로 증진하기 위해 업무 능력이 탁월하거나 잠재성 있는 사람을 기용해야 한다. 특히 사회복지서비스는 업무자와 클라이언트 간의 긴밀한 상호작용 환경에서 실행해야 하는 특성을 갖고 있으므로 사용되는 기술이 표준화되기 매우 힘든 속성을 가지고 있다. 그러므로 서비스의 효과성은 상당 부분에 있어서 서비스제공자의 전문적 자질이나 헌신 등의 질적 측면에 의존할 수밖에 없다. 따라서 사회복지조직에서는 개인의 역량과 자질을 포함한 인적자원의 개발과 관리가 중요하고 그 출발점은 직원의 모집과 선발로부터 시작이 된다.

### 1) 지원자 모집

정해진 직위에 따른 유자격자를 획득하기 위한 모집을 해야 한다. 모집은 공개모집을 원칙으로 하여 대중매체를 충분히 활용하도록 한다. 직위에 따라 더 효과적인 모집의 방법이 있는데 전문직일수록 전문가 집단에 의뢰하는 방법이 효과적이다. 젊은층을 대상으로 할 때는 인터넷 모집을, 중장년층인 경우에는 지역사회 언론을 주도하는 지역신문 등을 활용하는 것이 좋다.

인적자원이 조직의 자산임을 감안한다면 모집에서부터 유능한 자원을 확보하는 데 관심을 기울여야 한다. 그것은 모집을 어떻게 하느냐에서부터 결정이 된다. 좀 더 적극적인 모집 방법을 활용할 필요가 있다.

### 2) 직원 선발

모집광고를 통해서 지원한 이들이 제출한 서류들을 통해 일단의 정보를 획득할 수 있다. 이제는 획득한 정보를 바탕으로 하여 직위에 적합한 인력을 선발하는 과정에 들어간다. 지원자들에 대한 정보 파악을 위한 1차 자료들은 이력서, 추천서, 자격증 등이 있고 다음으로는 시험과 면접이 있다.

이력서는 지원자의 교육적 배경이나 자격증의 유무, 직업의 경력과 근무기간 등 공통정보를 획득할 수 있는 자료가 되고, 추천서에는 지원자의 성격이나 태도, 능력, 과거 활동사항 등에 대한 제3자의 평가정보가 있다. 추천서에서 유의할 점은 추천인의 범위를 미리 설정해 두어야 한다는 것이다. 그렇지 않으면 제3자의 추천에 대한 신뢰도 확정에의 모호함에 부딪히게 된다. 그러므로 추천서의 정보들을 비교, 평가하는 잣대를 일치시킬 필요가 있다. 추천서는 말 그대로 추천하는 것으로, 일반적으로는 참고자료 정도의 가치로 다루지만 특별한 위치의 신뢰성이 확보된 추천인의 추천은 매우 특별한 영향력을 가질 수도 있다.

자격증의 유무는 해당 직무를 수행하기에 적합한 능력을 소유했느냐를 보는 것으로 외부 공인된 기관에서의 테스트 결과를 인정하는 것이다. 자격증은 법적으로 필수인 경우와 보완하는 경우로 구분할 수가 있는데, 필수인 경우라면 무자격자는 지원의 기회를 주지 않는 것이 보통이다.

앞의 사항들이 갖추어졌다 해도 다시 시험 과정을 두어 해당 직무에 필요한 소질이나 기술 보유 여부를 점검한다. 이는 인식의 정확성 여부와 문제해결 방식이나 논리적 전개 등을 볼 수 있는 과정이기도 하다. 그러나 방식이나 내용의 적합성 여부는 기술적 검토가 용이하지 않다.

이제 면접을 실시한다. 면접은 종합적인 정보의 획득 방법으로 이력서 내용이나 자격 관련 등의 정보를 구할 수도 있는 과정으로 직무와 관련된 질문으로 구성된 직접 시험과 가치와 관련된 질문으로 구성되는 간접 시험으로 구성된다.

그러나 면접 방법은 유용한 정보 획득에 가장 유리한 방법이지만 편견 개입의 소지가 매우 크기도 하다. 면밀하게 사전에 면접 도구와 방식을 준비해야 하는데 구조화된 면접지, 면접자와 평가자의 구분, 면접자와 기록자의 분리 등의 방법을 사용할 수 있다. 그렇다 해도 면접자들의 주관성이나 면접 환경에 따라 면접 정보가 달라질 수 있다. 객관성을 확보하기 위한 과학적 장치가 되어 있어도 면접자의 의식이 개입될 소지가 얼마든지 있으므로 관건은 면접자의 태도이다. 면접자 스스로 자기편향성을 의도적으로 인식하려는 노력이 매우 필요하다.

### 3) 오리엔테이션과 정보의 제공

선발된 직원들에게 직무의 성격과 급여에 대한 사항, 인사 관련한 기관의 규정 및 절차 등에 대한 정보를 제공해 주어야 한다. 직원 선발 과정은 개인과 기관이 합의적 계약관계를 체결하는 것이다. 이런 합의적 계약이 명확해야 하고 정확한 오리엔테이션 과정을 통해 소통의 과정이 필요하다. 법과 규정에 근거해야 하고 조직문화 또한 간과할 수 없는 사항이긴 하지만 객관성이 결여된 정보를 제공할 수 있으므로 주의가 필요하다. 무엇보다 일자리에 대한 과대포장이나 과소평가는 금물이고 현재 시행하고 있는 기관의 방침과 현실적인 부분을 정확히 제공할 때 조직에 적응하는 데 갈등을 줄일 수가 있다.

또한 업무의 체계나 조직의 문서양식, 보관방법 등 업무와 직접 관련된 것을 제공함과 동시에 업적체계나 평가 방법 등에 대해서도 알려주어야 한다.

### 4) 승 진

직원이 선발되고 조직에서 근무하게 되면 승진 또한 중요한 인사관리 과정 중의 하나이다. 승진에 대한 평가는 인력 채용의 기준에 준하여 실시하는 것이 좋다. 즉, 승진의 사유와 승진 후 배치 등에 대한 제반 고려사항은 채용과 비슷하게 진행되고 승진은 인력관리의 보상체계와도 연결된다.

소규모 사회복지기관들의 승진은 유인체계로의 활용이 어렵다. 내부 승진이 계속될 경우에는 외부의 인력 유인이 어렵게 되기 때문이다. 사회복지조직의 전문성의 특성은 업무를 기획하고 실행 그리고 평가하기에 이르기까지 일선 구성원들이 진행을 한다는 점이다. 경력과 함께 전문성의 향상이 뒤따르게 되고, 서비스제공에서 의존성이 높은 관계로 외부 영입이 그만큼 어렵다.

그러나 점차 내부 승진보다 외부 영입의 경향이 두드러지는 추세로 나아가고 있다. 이는 새로운 관점과 생각을 조직에 불어넣는 장점이 있기도 하지만 조직에 유입된 직원이 이전의 방식을 고집함에 따른 병폐와 갈등의 문제도 고려해야 한다.

## 4. 보상체계

직원들의 직무만족도 및 근속에 미치는 요인 중 하나가 보상이다. 직원들은 기관의 목적성취를 위해 쏟은 자신의 에너지와 노력에 대한 인센티브와 보상을 기대한다. 이런 보상에는 물질적인 것뿐만 아니라 심리적인 것도 포함된다.

### 1) 인사관리를 위한 보상 및 인센티브 시스템의 기준

인사관리를 위한 보상은 기본적 욕구를 충족시킬 수 있는 수준의 보상이어야 하고, 평등성을 고려해야 한다. 평등성이란 외부기관들의 보상수준과 같거나 그 이상이어야 하고 내부적으로는 공평해야 함을 의미한다. 또 개별성을 고려해야 하는데 개별성이란 개인들의 욕구에 부합하는 내용의 보상이이야 한다는 것이다. 고려해야 하는 또 하나는 수행성으로 개인적 및 집단적 수행실적에 연계한 보상을 해야 한다. 마지막으로 고려해야 할 부분은 구조로 관리 스타일과 조직위계에 적합한 방식으로 보상을 배분해야 한다.

### 2) 급여와 관련한 보상체계

급여란 노동을 제공한 대가로 지급되는 것으로 유사한 지식, 기술, 책임에는 유사한 급여와 직위에 따른 최저 및 최고 금액이 결정되는 기본 급여가 있고, 기본 근무시간 외 근무를 했을 경우에 보충시간이라는 개념으로 지급되는 초과근무수당, 근속연수에 차등 지급되는 근속수당 등이 있다. 또한 수행성과 계약이나 공로 등에 따라 지급되는 급여인 인센티브제도가 있는데 수행성과 계약은 관리를 위한 제도로 매년 수행성과 목표에 따라 책정이 되고, 공로는 뛰어난 성취나 수행성과에 따른 일괄총액 보너스나 인상된 급여로 지급이 된다. 이 외에도 부가급여가 있는데 이는 직무수행과 직접 연관이 없는 부가적 급여로 복지적 성격을 가지고 있다.

## | 제5절 | 사회복지시설의 인적자원관리 방안

인적자원관리는 재무관리나 사무관리와 같이 하나의 부분관리로 조직에서의 인적자원에 관한 문제를 다루고 있다. 인적자원은 다른 자원과는 달리 대상으로서의 객체적 존재만이 아니며 다양한 변화와 정서적인 면을 내포하고 있다. 또한 인적자원은 다른 자원처럼 구입 시 그 가치가 확정 지어지는 것이 아니다. 인적자원은 개발 여하에 따라 그 가치와 능력이 무한히 증가될 수도 있다. 이에 조직의 인적자원관리를 어떻게 하느냐에 그 조직의 생사가 달려 있다고 볼 수 있다.

사회복지시설의 인적자원관리에 대해서는 여러 가지 이유로 인하여 소홀히 다루어져 온 것이 사실이다. 그러나 향후 효율적인 인적자원관리를 통한 효과적인 시설운영을 추구해 나갈 필요가 있다. 예를 들어, 장애인생활시설에서 실시하고 있는 평가제 실시, 바우처제도의 도입, 시설 생활자의 권리 보장, 수요자 중심의 서비스 제공 추세 확산, 시설직원의 근무여건 개선 요구, 시설직원 2교대제 도입에 대한 효과성 기대 등의 일련의 변화는 장애인생활시설 인적자원관리의 효율화를 촉구하는 요인이라 할 수 있다. 여기서는 사회복지시설의 효율적 인적자원관리 방안은 Fortune(1994)이 제시한 인적자원개발을 기본으로 하되, 이에 포함되지 않은 직원관리 부분을 추가적으로 제시하고자 한다.

## 1. Fortune의 인적자원개발

사회복지시설에서 종사하는 사회복지사들은 클라이언트를 직접 만나 주요 활동을 하기 때문에 휴먼서비스 측면에서 사회복지사의 인적자원개발이 매우 중요하다. 이를 위해 인적자원개발에 대한 여건 마련과 목표설정이 우선되어야 한다. 사회복지사 개입의 궁극적인 목표는 개인, 가족, 집단, 조직 및 지역사회의 심리사회적 기능을 좀 더 효과적으로 변화시키는 것이다. 이런 측면에서 클라이언트에게 얼마나 효과적으로 사회복지서비스를 제공하고 있는지 직무성과를 측정하는 것은 사회복지시설에서 요구되는 인적자원개발 분야가 무엇인지 파악하는 데 도움이 된다.

Fortune은 사회복지실천에 필요한 능력들을 나타낼 수 있는 포괄적인 지식 내용과 기술모델을 다섯 가지로 구분하여 제시하면서 사회복지사의 전문적 능력을 측정하였다. Fortune(1994)이 제시한 모델은 | 그림 5-1 |에서 제시한 바와 같이, 사회복지시설의 인적자원개발에 있어서의 핵심 내용과 기술이며, 그것은 사회복지사의 전문적 실천에 근본이 되고 사회복지를 실천하고 있는 모든 사회복지사에게 적용할 수 있다. 이는 사회복지시설에서 요구되는 인적자원개발 분야를 이해하는 데 가장 적합하다고 할 수 있다. 여기서는 이 중 교육·훈련 영역, 개발 영역, 행동 영역, 지원체계 등으로 구분하여 설명하고자 한다.

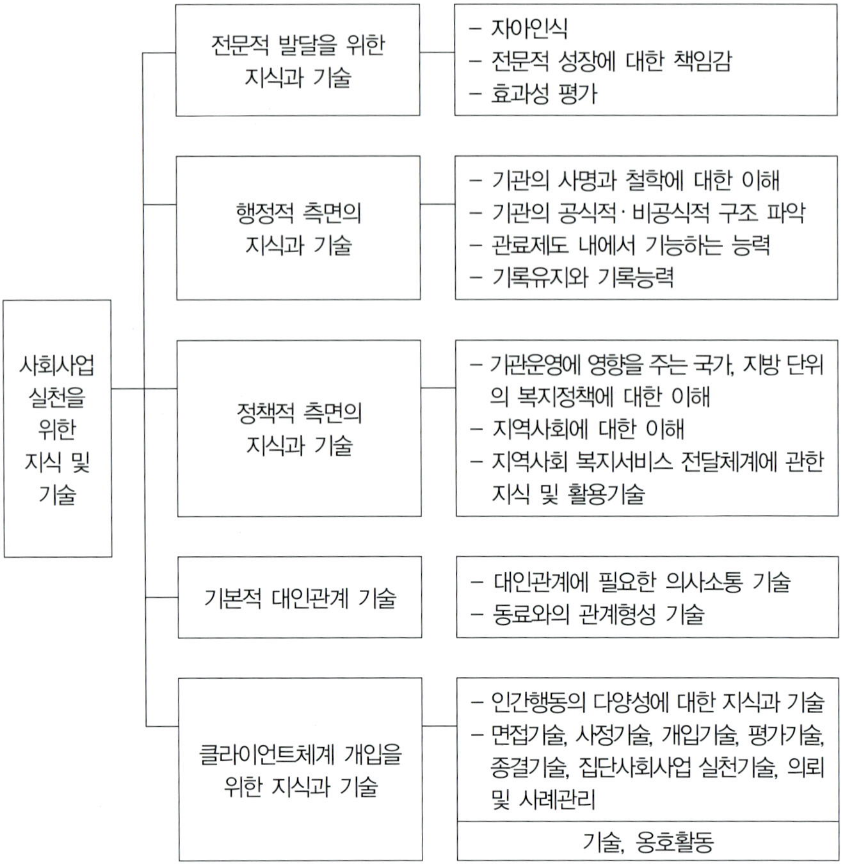


**| 그림 5-1 |** Fortune의 사회사업실천에 필요한 지식과 기술

### 1) 교육·훈련 영역

사회복지시설에서의 인적자원개발의 교육·훈련 영역은 조직의 성장을 위해 현재 또는 미래의 직무와 연관된 직무 관련 기술·지식, 교육, 훈련 등이 포함된다. 장·단기적인 목표를 가지며 직무와 직접적인 연관이 있다는 특징이 있다(Nadler, 1983). 이러한 점을 고려하여 사회복지시설에서 인적자원개발의 교육훈련 영역은 Fortune이 제시한 모델에서 다음의 세 가지를 포함하고 있다.

첫째, 전문적 발달을 위한 지식과 기술이다. 이는 직무와 관련하여 전문성 성장에 대한 책임의식을 가질 수 있게 하고, 주어진 업무를 효과적으로 수행할 수 있도록 전문성을 갖게 하는 인적자원개발 활동을 의미한다.

둘째, 정책적 측면의 지식과 기술이다. 기관운영에 영향을 줄 수 있는 사회복지정책에 대해서 이해하고, 복지서비스 전달체계에 관한 지식 및 활용기술을 습득하여 지역사회를 이해하기 위해 이루어지는 인적자원개발 활동을 의미한다.

셋째, 클라이언트체계 개입을 위한 지식과 기술이다. 인간행동의 다양성에 대한 지식 및 적용기술과 사례관리 기술, 집단사회사업 실천 기술, 클라이언트의 권익 보호를 위한 기술 등을 습득하여 클라이언트에게 적합한 서비스를 제공할 수 있는 전문성을 갖게 하는 인적자원개발 활동이다. 이러한 부분은 사회복지사의 직무에 초점을 맞추고 있고 직무와 직접적인 관련이 있으면서 조직의 성장에 기여하는 것으로 인적자원개발 영역 중에서 직무와 직접적인 관련이 있는 특징이 있다.

### 2) 개발 영역

개발 영역은 경영관리자로 하여금 조직 내에서 성공적인 경영관리 업무수행과 개인적인 성장을 도모하기 위하여 경험, 기능 및 태도를 습득시키는 과정이다. 조직구성원 개인에 초점을 맞춘 개인의 전문성 증진을 조직의 요구와 통합시켜 나가기 위한 경력 개발도 이에 포함된다. 자아성장의 기회 확대, 근로의욕의 제고, 건강과 안전 등을 제시한 학습과정을 통하여 구성원을 조직의 일원으로 인식시켜 조직의 목적 달성에 필요한 능력을 갖추도록 하는 데 있다.

인적자원개발 교육훈련 영역과 구분되는 점은 현재 또는 미래의 직무와 직접 관련되지 않는다는 점이다. 따라서 개발 영역이란 개인에게 초점을 두고 간접적으로 조직에 영향을 주는 인적자원개발 활동 영역이라고 할 수 있다.

사회복지시설의 개발영역은 Fortune이 제시한 모델을 적용해 볼 때, 다음의 두 가지가 이에 해당한다.

첫째, 행정적 측면의 지식과 기술이다. 기관조직의 사명과 철학을 이해하고 부서와 개인의 비전을 이해하거나 수립할 수 있는 능력을 갖게 되며, 자아성장 및 근로의욕을 고취하고 직무와 관련된 동기부여가 이루어지게 돕는 활동이다.

둘째, 기본적 대인관계 기술이다. 대인관계에 필요한 갈등관리 및 동료와의 관계형성 기술 등을 익혀서 불필요한 스트레스를 줄이고 직무만족도를 높여 근로의욕을 향상시킬 수 있도록 돕는 활동이다.

이상과 같이 개발 영역은 기관조직과 개인을 위해서 자기개발이 이루어지게 하는 인적자원개발 활동이며, 이는 비전수립, 대인관계 향상, 갈등관리 등을 통해 근로의욕을 향상시켜 간접적으로 직무에 영향을 주는 중요한 인적자원개발 활동이라 할 수 있다.

### 3) 행동 영역

사회복지시설의 인적자원개발을 태도적인 측면에서 살펴본 것으로 인적자원개발이 개인, 조직 수준에서 이루어지는 장기적이며 업무와 관련된 학습활동을 촉진시키는 전문 분야이자 실천 분야라고 할 수 있다. 인적자원개발의 다른 영역과의 차이점은 교육훈련 영역과 개발 영역이 개인 또는 조직의 요구에 부응하여 학습경험을 체계적으로 제공하거나 경력개발 계획을 수립하여 각 단계별로 적합한 교육·훈련 프로그램을 제공하는 형태라는 점이다. 특히 행동영역은 자기 스스로 하는 적극적인 모습을 보이는 무형적인 형태라 할 수 있다.

그리고 행동 영역은 교육 영역과 개발 영역을 보완해 주는 형태로 존재한다. 동일한 인적자원개발이 진행되었다고 하더라도 사람마다 큰 차이를 보이는 이유는 이러한 행동 영역에 의해 좌우된다고 할 수 있다.

### 4) 지원체계

사회복지시설의 인적자원개발이 활성화되기 위해서는 효과적인 지원체계 마련이 중요하다. Hargreaves와 Javis(2000)는 인적자원개발을 위한 지원체계를 다음과 같이 제시하고 있다.

첫째, 인적자원개발을 위한 전담부서 및 전담인력 배치의 중요성이다. 그들은 인적자원개발을 체계적으로 지원하기 위해서 다양한 성과향상 기법과 학습 방법, 학습 자료 등을 활용할 수 있는 역량을 갖고 있는 인적자원개발 담당자의 존재 여부가 중요하다고 하였다. 이러한 인적자원개발 담당자가 존재하지 않을 경우 인적자원개발이 체계적으로 진행되는 데 문제가 있다.

둘째, 인적자원개발 담당자의 업무비중의 강화이다. 사회복지시설에서 업무비중의 강화는 인적자원개발 담당자의 몰입도를 향상시켜 장기적 인재육성 계획의 수립을 가능하게 하고 있다.

셋째, 인적자원개발에 대한 장기적인 계획 수립과 진행이다. 사회복지시설의 인적자원개발이 제대로 진행되지 못하고 집행이 되어도 뚜렷한 성과를 보이지 않는 이유 중의 하나가 장기적인 계획 수립을 통한 집행이 이루어지지 않았기 때문이다.

넷째, 인적자원개발을 위한 재정 계획과 집행이다. 사회복지시설의 인적자원개발을 위한 지출을 낭비적인 비용으로 인식하는 조직 환경이 인적자원개발을 방해하는 문제점 중 하나이다.

다섯째, 인적자원개발을 위한 기관의 지원부분이다. 사회복지시설의 인적자원개발을 활성화하기 위해 조직이 어떠한 지원을 해줄 수 있는지 노력하는 부분이라고 할 수 있다.

여섯째, 인적자원개발 참여에 따르는 업무공백을 최소화하고 이에 대한 직원들이 부담감을 줄이는 노력이다. 인적자원개발 참여 시 시설장뿐만 아니라 직장 상사를 통해서 업무적인 배려를 받지 못한다면 인적자원개발 참여는 어려울 수밖에 없다.

일곱째, 인적자원개발에 대한 기관 차원의 태도이다. 인적자원개발 활성화를 위한 자체적인 노력과 직원들을 주도적으로 이끌어 가려는 태도, 필요한 교육기회의 제공 및 정보 제공, 그리고 자체적인 인적자원개발 모임 운영, 인적자원개발 참여에 대한 전폭적인 지원, 업무 공백에 대한 배려 등에 대하여 기관 차원에서 얼마나 적극적인 태도를 가지고 있는지가 중요하다.

## 2. 인력개발 및 훈련

인력개발 및 훈련은 조직의 목적 성취를 위해 직무역할 수행력을 증진시키려는 기관의 의도적인 공식적 활동으로 업무수행력에 영향을 주는 환경조건 개선도 인력개발에 포함된다. 효과적인 역할 수행을 위해서는 개인기술이나 능력의 합을 넘어서는 어떤 것들이 존재하는데, 조직에 대한 태도, 직원들 간의 인간관계나 의사소통, 행정적 규정이나 지침 등이 그것이다. 또 환경적 변수들 중에 기술로는 해결이 안 되는 경우들이 존재하기도 한다. 이런 이유들이 또한 인력개발의 필요성이기도 하다. 기관에서의 인력개발에 있어서 주로 상급자들에 의해 주도하는 경우가 많은데 상호 조정을 통해 이루어지는 것이 바람직하다.

CHAPTER 06

# 사회복지시설의 재정관리

CHAPTER

# 06 사회복지시설의 재정관리

## | 제1절 | 사회복지시설의 재무회계

### 1. 재정관리의 정의

재정관리란 '조직의 목표 달성에 필요한 재정자원을 합리적 계획을 통해 확보하고 배분하고 효율적으로 관리하는 제반과정'을 말한다. 사회복지법인은 사회복지사업을 수행할 목적으로 설립한 법인으로 그 재정관리를 함에 있어서는 사회복지법인 및 사회복지시설 재무·회계 규칙을 따로 규정하여 그 규정에 따라서 하도록 하고 있다. 재정관리의 일반적 의미는 조직이 규정한 목표 달성을 위해 필요한 자원을 동원함과 사용함에 있어 합리적이고 계획적이며 효율적으로 관리하는 전 과정을 의미하며, 사회복지행정의 재정관리 역시 기관의 목표 달성을 촉진하고 법률, 전문직의 윤리 및 지역사회의 수준과 일치하는 방향에서 재원과 다른 부족한 자원을 통제하고 계획적으로 관리하는 것을 말한다.

### 2. 사회복지법인 및 사회복지시설 재무·회계 규칙

사회복지법인 및 사회복지시설 재무·회계 규칙은 제1조에서 사회복지사업법 제23조 제4항 및 제45조 제2항의 규정에 의하여 "사회복지법인 및 사회복지시설의 재무·회계 및 후원금관리에 관한 사항을 규정하여 재무·회계 및 후원금관리의 명확성, 공정성, 투명성을 기함으로써 사회복지법인 및 사회복지시설의 합리적인 운영에 기여함을 목적으로 한다"고 정의하고 있다.

사회복지사업의 수행에 필요한 경비는 국민의 세금을 재원으로 하여 정부에서 그 대부분을 보조하고 있으므로 이 경비를 직접 집행하고 있는 사회복지법인과 시설은 건전하고 적절하게 운영하여야 한다.

비영리법인의 재무회계는 이윤 획득을 목적으로 하는 기업의 재무회계와는 달리 사업성과의 판단척도가 손익이 아니라 보호대상자의 복지 증진에 있으므로, 사회복지 법인이나 시설 중 일부 직업보조시설을 제외하고는 재화와 용역의 생산보다는 일반적으로 소비 위주의 활동을 대상으로 하고 있다.

재무회계의 일반적 원칙으로 사회복지법인 및 사회복지시설 재무·회계 규칙에서 규정하고 있는 회계에 관한 중요한 규정은 재무회계의 일반적 원칙으로 회계연도 독립의 원칙, 수입의 직접 사용의 금지, 예산 총계주의 원칙이 있는데, 이는 국가 회계의 수입과 지출에 관한 사항을 규정하고 있는 국가재정법에 근거를 두고 있다.

첫째, 회계연도 독립의 원칙으로 각 회계연도의 경비는 그 연도의 세입 또는 수입으로 지출하도록(국가재정법 제3조) 규정하고 있는데, 이 규정이 회계연도 독립에 관한 근거로 현금회계뿐만 아니라 물품, 채권관리, 국·공유재산에도 공통적으로 사용되는 원칙이다. 이는 일정 기간에 해당되는 회계를 다른 기간과 구분하여 정리함으로써 그 기간에 해당하는 회계내용을 명확하게 하기 위한 것이다.

둘째, 특별회계 또는 기금의 통합 또는 폐지 관련 조항으로 설치목적을 달성한 경우나 설치목적의 달성이 불가능하다고 판단되는 경우, 그리고 특별회계와 기금 간 또는 특별회계 및 기금 상호 간에 유사하거나 중복되게 설치된 경우, 그 밖에 재정 운용의 효율성 및 투명성을 높이기 위하여 일반회계에서 통합 운용하는 것이 바람직하다고 판단되는 경우에 해당한다(국가재정법 제15조).

셋째, 예산총계주의 원칙으로 세입·세출은 모두 빠짐없이 예산에 계상하도록 한 것이 예산총계주의 원칙이다(국가재정법 제17조). 예산이란 일정 기간에 있어서 국가의 수입과 지출의 예정적 계획을 말하며, 국가의 주요 정책이나 사업계획은 예산을 통하여 구체화되고 실행에 옮겨지기 때문에 세입·세출은 모두 예산으로 편입되고, 그 범위 내에서 이루어져야 한다는 것이다. 따라서 사회복지법인 및 사회복지시설 재무·회계 규칙 제8조에도 예산총계주의 원칙을 명시하고 있다. 그러나 회계연도 독립의 원칙 및 수입의 직접 사용 금지의 원칙은 명시적으로 규정하고 있지 않고는 있으나, 법인·시설도 이 원칙을 따라야 할 것이다.

## | 제2절 | 예 산

### 1. 예산의 개념

예산이란 특정 기간 동안 특정 목표를 성취하는 데 수반되는 수입과 지출에 관한 예상의 계획을 말하는 것으로 조직의 목표와 사회복지의 목적을 달성하는 강력한 도구이다.

사회복지기관에서 예산계획을 할 때는 조직이 목적이나 전략 등이 모두 계획안에 포함되어야 한다. 예산은 곧 그 조직이 수행하고자 하는 계획들을 볼 수 있는 청사진의 성격을 가지고 있다. 그리고 정책 실행의 가이드를 제시할 수 있어야 하며 자원의 획득 방법이나 활용에 대한 안내가 제시되어야 한다.

따라서 예산은 의사결정의 도구이고 조직의 목적이나 목표를 현실적인 서비스로 전환하는 수단이다.

## 2. 예산의 수립

### 1) 예산수립의 정의

조직이 일정 기간 동안의 수입과 지출에 관한 예산을 실제적으로 조직에 맞게 실행 가능하도록 구체적으로 계획하는 것이다.

### 2) 예산수립의 성격

예산수립은 단순히 일 년간의 수입과 지출의 재정계획을 수립하는 것뿐만 아니라 아울러 다음과 같은 성격도 가지는 것이라는 면에서 중요시된다(Weiner, 1990; 최성재 외, 1999).

첫째, 예산수립은 정치적 과정이다. 예산의 초점은 자원의 배분인데 자원배분을 함에 있어서의 의사결정 과정은 정치적으로 이루어진다.

둘째, 사업기획의 과정이다. 예산수립은 조직의 목표 달성을 수행하는 것을 목적으로 하는데 그 과정에서 목표를 설정한다거나 대안을 개발하고 기대효과를 분석하며 효과성의 평가기준을 설정하는 등에 있어서 사업기획의 절차와 병행 또는 통합이 되기에 사업기획의 과정이라 할 수 있다.

셋째, 사업관리의 과정이다. 예산수립은 조직의 관리자가 조직 각 단위의 활동과 그 책임자 및 시행일정 등을 검토하므로 사업관리 과정이 된다.

넷째, 회계의 절차이다. 예산서는 회계 담당자가 자금의 내적 및 외적 흐름을 통제하고 재정활동을 승인하는 근거가 되므로 예산수립은 회계절차의 성격을 가진다.

다섯째, 인간적인 과정이다. 예산은 클라이언트와 예산을 집행하는 조직성원, 지역사회 사람들에게 커다란 영향을 미치게 되므로 예산수립을 잘 하려면 이들과 접촉하여 대화하는 기회를 가질 필요가 있기 때문에 예산수립은 인간적인 과정이라 할 수 있다.

여섯째, 미래를 변화시키는 과정이다. 예산은 장래 활동계획에 대한 재정계획이므로 미래의 목표를 새로 설정할 수 있고 이에 따른 새로운 활동을 할 수 있기 때문에 미래를 변화시키는 과정이 된다.

사회복지법인의 예산편성 시 고려해야 할 점은 다음과 같다(박충환, 2003).

첫째, 합리적인 사업계획을 세워 예산을 편성하고 그 예산에 따라 사회복지사업을 수행해야 한다.

둘째, 사회복지사업을 수행하는 담당 부서에서 책임과 권한을 가지고 그 범위 내에서 명료하게 편성해야 한다.

셋째, 시설의 자산을 보호하고 관리해야 하며, 수익사업의 영역 확대로 당해 고유목적사업 수행에 필요한 자원조달에 있어 수익사업회계를 구분해야 한다.

넷째, 매 회계연도의 소비와 지출을 계속적으로 균형 있게 집행할 수 있도록 자원을 조달하고 그 예산을 준수하여 관리하고 운영하여야 한다.

### 3) 예산수립의 절차

이러한 예산의 수립을 위해서는 아래와 같은 절차들이 있다(양승일, 2015).

첫째, 목표설정의 단계로 조직의 목표는 장기적이고 일반적인 목표와 단기적이고 구체적인 목표가 있는데, 예산수립에서는 주로 단기적이고 구체적인 목표에 초점을 두고 조직의 단기적 목표와 장기적 목표의 부합 여부를 확인하거나 새로운 단기적 목표를 설정할 경우 장기적 목표와는 관계성을 명시하고 단기적이고 구체적인 목표는 정기적 평가가 가능하도록 측정 가능하게 제시하여야 한다.

둘째, 자료수집의 단계이다. 조직의 과거 및 현재의 운영 전반에 관한 정보를 수집해야 한다. 여기에는 조직 전체·부서별·개인별 업무, 프로그램 실적, 프로그램 평가, 조직 내외의 가용자원 정보가 포함되어야 한다.

셋째, 대안고려의 단계이다. 기존의 운영방법이나 프로그램의 능률성과 효과성뿐만 아니라 대안의 능률성과 효과성을 검토해 보아야 한다. 이때 운영대안들에 대한 비교가 가능한 기준을 만들고 기준에 의해 각 대안을 고려해야 한다.

넷째, 우선순위의 결정단계이다. 각각의 운영대안들을 비교, 검토하여 기관의 장기적 및 단기적 목표와의 관련성, 조직에의 필요성, 시급성, 효과성, 효율성, 재정가용성 등을 비교하여 우선순위를 결정하여야 한다.

다섯째, 대안의 잠정 확정단계이다. 우선순위에 따라 지출예산을 운영단위, 프로그램 단위, 기능 단위에 배정하는 잠정적 확정을 하는 단계로 다양한 수입원에 대한 정보를 수집하고, 재정자원의 동원 가능성을 검토하여 지출예산을 최종 잠정 확정한다.

여섯째, 원천확인의 과정이다. 아무리 좋은 계획을 세웠다 해도 수입이 불확실하면 예산계획을 확정할 수 없다는 점에서 잠정적으로 확정된 예산안을 가지고 가능하다고 생각되는 재정원천과 접촉하여 재정수입을 확인하여야 한다.

마지막으로 최종 확정의 단계이다. 재정원천에서 수입이 확인되면 수입예산과 지출예산의 삭감·증액 등의 수정을 거처 확정하고 이사회에 제출하여 승인을 얻도록 해야 한다.

### 4) 예산통제의 원칙

예산이 수립이 된 다음에는 예산의 집행을 통해 사업을 수행하게 된다. 이때 집행에 대한 관리가 필요하게 된다. 조직의 목표를 효율적·효과적으로 달성하기 위해 배정된 예산을 어떻게 집행할 것인가 하는 것은 매우 중요한 또 하나의 재정관리다. 사회복지기관에서의 예산통제의 원칙과 통제기제를 살펴보도록 하겠다(최성재 외, 1999).

사회복지조직에서의 예산통제의 기본 원칙은 네 가지 요소를 기초로 하고 있다. 그것은 활동을 허가하고 금지시키는 규칙, 한계 및 표준과 구체적 요구조건을 정함으로써 규칙을 해석하게 하는 기준, 규칙이나 기준에 따른 이해 혹은 상호 간의 동의, 규칙이나 기준에 의해 타결된 합의서이다. 이러한 요소들을 기초로 하여 다음과 같은 원칙들이 나올 수 있다(Lohmann, 신섭중·부성래 역, 1989; 최성재 외, 1999).

첫째, 개별화의 원칙이다. 재정통제체제는 개별 기관이 가지고 있는 그 자체의 제약조건이나 요구사항 그리고 기대사항 등에 고려하여 고안되어야 한다.

둘째, 강제의 원칙이다. 이는 재정통제의 체계는 강제성을 띠는 명시적인 규정이 있어야 한다는 것이다. 만약 강제성을 부과하지 않게 되면 효과성은 떨어지고 말 것이다. 이러한 강제성이 개별성을 침해할 수 있으나 동일한 규칙과 동일한 적용을 통한 공평성을 확보하고 재정활동에 대한 공식성을 확보하기 위한 것이다.

셋째, 예외의 원칙이다. 규칙을 정함에 있어 예외사항을 두어야 하고 그런 예외상황에 적용되는 여타의 규칙들도 명시하여야 한다.

넷째, 보고의 원칙이다. 재정활동에 대한 보고의 원칙이 없으면 재정 관련한 행위에 대하여 공식적으로 감시하고 통제할 수 있어야 한다. 이는 예산의 남용이나 유용의 발생 가능성이 있으므로 예산집행을 함에 있어 항목의 변경 등의 발생에 대하여 보고를 해야 하고 이를 통제할 수 있어야 한다.

다섯째, 개정의 원칙이다. 규칙의 제정에는 일정 기간 동안의 적용규정을 두어야 한다. 규칙이 부작용을 발생하는 원인을 제공하거나 부적절할 경우를 대비하여 개정할 수 있도록 해야 한다. 즉, 여비나 연료비 등의 경우는 물가의 변동에 따라 지출액의 변동이 발생하므로 일정 기간마다 개정이 필요하다.

여섯째, 효율성의 원칙이다. 예산의 통제를 함에 있어서는 비용과 노력을 최소화하는 정도에서 실행할 수 있어야 한다. 예를 들어, 수행업무가 복잡할 경우 업무처리를 위한 인적자원의 보충이 필요하다면 비효율적 운영이 될 수 있으므로 효율성 확보에 유의하여야 한다.

일곱째, 의미의 원칙이다. 이는 통제의 규칙이나 기준, 의사소통 및 계약 등의 내용들이 이해관계자들에게 잘 이해될 수 있도록 전달되어야 한다는 것이다. 따라서 규칙의 내용이 명확하게 기술되고 자료에 대한 접근이 쉬워야 한다.

여덟째, 환류의 원칙이다. 재정통제체계에 관한 규칙, 기준, 의사소통, 계약 등을 적용할 때 발생할 수 있는 여러 가지의 부작용 및 장단점 등을 관련자들로부터 들어서 개정과 개선의 기초가 되어야 한다.

아홉째, 생산성의 원칙이다. 재정통제는 서비스를 효과적이고 효율적으로 전달하기 위한 수단이므로 이로 인하여 서비스를 전달하는 데 장애와 갈등이 발생하지 않도록 유의하여야 한다. 예를 들면, 청소년 프로그램에서 장비의 훼손, 남용, 도난을 방지하기 위하여 장비를 단단히 자물쇠로 잠근다면 문제가 될 수 있다.

### 5) 예산집행의 통제 기제

예산집행을 통제하는 기제는 여러 가지가 있지만 주로 사용하는 기제를 소개하면 다음과 같다(Weiner, 1990; 최성재 외, 1999).

첫째, 분기별 할당이다. 수입예산은 계획된 대로 들어오지 않을 경우도 있고 또는 한 기간에 집중되어 들어오는 경우가 있는가 하면 비용의 지출이 월별로 또는 분기별로 동일하지 않고 어떤 시기에 집중되는 경우도 있고, 한편으로는 집중하여 지출하는 것이 절약이 되는 경우도 있다. 이러한 경우 수입예산의 수입과 지출예산의 지출을 분기별로 조정하여 수입과 지출의 균형을 유지할 필요가 있다. 행정책임자는 이러한 재정집행 사정을 하부 활동책임자에게 이해시키고 상의하여 할당의 효과가 나타나도록 해야 할 것이다.

둘째, 지출의 사전 승인으로 조직에서 일정액 이상의 지출을 할 경우 최고 행정책임자의 사전승인을 받도록 하거나 또는 지출액수에 따라 중간 행정책임자의 사전승인을 받도록 하는 것이 일반적이다. 이와 같은 사전승인은 수입과 지출의 균형을 유지하는 데 도움이 되고 때때로 승인을 의도적으로 연기하여 지출을 억제할 수도 있다.

셋째, 자금지출의 취소이다. 예상된 재정원천으로부터의 수입이 인가되지 않거나 또는 삭감정책에 의하여 예상된 수입액이 입금되지 않을 경우는 자금지출을 잠정적으로 취소하거나 또는 최종적으로 취소할 수밖에 없다.

넷째, 정기적 재정 현황 보고서 제도를 두는 것이다. 행정책임자는 월별, 분기별로 재정 현황을 보고받아 검토하여야 한다. 보고서의 내용은 수입지출 현황, 변제 비용, 인원당 비용, 기능별 비용, 서비스 단위당 비용 등이 포함되는 것이 바람직하다.

다섯째, 대체이다. 회계연도 말쯤에 재정 현황이 사업별 또는 계정별로 과도지출이 되었거나 또는 과소지출이 된 경우에는 과소지출분에서 과다지출분을 메우기 위하여 대체할 필요가 있다. 이러한 대체는 조직의 구조와 액수에 따라 중간 행정책임자 또는 최고행정책임자의 승인을 받아야 한다.

여섯째, 지불연기이다. 이 방법은 조직 내외부로부터의 지불요청에 대하여 의도적으로 적당한 방법을 통해 연기를 함으로써 수입예산의 입금 여유를 갖는 것이다. 특히 지불연기로 벌칙이나 벌금이 없는 경우는 요청자의 양해를 얻어 최대한으로 지불연기를 할 수 있다.

일곱째, 차용이다. 차용은 은행 또는 특별단체로부터 자금을 빌리는 것을 말한다. 수입예산이 계획대로 확보되지 않을 경우, 불가피한 지출을 위해서는 일반적으로 은행, 사회복지 관련 특별단체 또는 정부의 기금으로부터 장기적 또는 단기적인 대부를 받을 필요가 있는 경우가 있다.

### 6) 예산 양식

예산 양식(budget form)은 예산에 관한 의사소통 방식을 규정한 것으로 크게 품목 예산과 프로그램 예산으로 구분할 수 있다. 이는 지출 혹은 비용을 산정하는 방법의 차이를 뜻한다. 프로그램 계획에서는 프로그램의 목표와 개입모델에 근거하여 지출비용을 추산한다.

좀 더 구체적으로 구분을 하자면 품목 예산, 기능 혹은 수행 예산, 프로그램 예산 등으로 할 수 있는데 각각 예산의 양식들은 항목의 산정 방법은 물론이고 효과성과 효율성 강조나 경영통제의 방식에서 차이를 가진다. 전통적으로는 인건비나 시설비 등과 개별 지출 항목들을 나열해 놓은 품목 예산이 많이 사용되었으나 점차 프로그램 예산을 강조하는 경향으로 가고 있다.

#### (1) 품목 예산

품목 예산은 품목별로 예산을 편성하는 것으로 전체 예상 지출 항목들을 열거하는 것인데 보통 지출 기능별로 묶어놓는 것을 품목 또는 항목이라 한다. 품목 예산의 유용성은 단순하고 간편하다는 것인데 전체적으로 어떤 특정 목표를 어떤 방식으로 개입하여 성취할 것인지에 대한 정보를 제시할 수 없다는 한계가 있다. 다만, 조직이나 프로그램의 내용상에서 특정 항목에 얼마의 예산이 소요되는지를 보여준다.

품목별 예산 양식은 수입원과 프로그램 실행에 투입되어야 할 지출 항목들을 수직으로 나열하는 방식이다. 따라서 개별 항목에 대한 지출비용을 파악할 수는 있으나 비용의 지출 이유에 대해서는 파악하기 힘들다.

사회복지조직에서는 간편성 때문에 품목 예산 양식이 광범위하게 사용되어 왔으나 최근에는 품목 예산이 갖는 취약점이 부각되면서 변화된 예산 양식의 사용에 대한 요청이 증가되고 있다.

### (2) 기능 예산(수행성과 예산)

기능 예산은 품목 예산과 달리 전체 예산 지출 항목을 단순히 나열하지 않고 프로그램별로 할당 비용을 산정해서 제시하는 것이다. 따라서 전체 기관 지출의 종합적인 그림을 구체적인 기능과 비용 범주로 묘사할 수 있는 장점을 가진다. 그것은 각 기능이 예산의 책임 단위로 다루어질 수 있고 구체적 목표들에 대한 책임소재를 분명히 할 수 있기 때문이다.

기능 예산(functional budget)은 한 프로그램 내에서 기능이나 활동을 묶어 소용되는 비용들을 할당하고, 통제하고, 분석하는 방식이다. 사회복지서비스 조직에서는 서비스 단위로 기능을 구분할 수 있다. 상담 프로그램의 경우에 인테이크 기능, 의뢰 기능, 상담 기능, 행정 기능 등으로 구분하여 각각의 기능별로 의도하는 산출물과 그에 따른 비용 산정을 하여 제시하는 것이다.

수행성과 예산(performance budgeting)은 기능별 예산의 일종으로 업무유형을 기준으로 구분하는 것이다. 즉, 조직이나 프로그램의 수행성과에 초점을 두는 예산방식으로 산출물, 노력, 혹은 성과에 기준하여 예산을 책정한다. 이런 수행성과 예산은 휴먼서비스 프로그램의 생산성과 효율성에 대한 평가를 가능하게 하고, 서비스 단위당 비용 계산을 통해 관리자가 지출비용을 보다 효과적으로 통제하는 것을 가능하게 한다.

사회복지기관들에서는 기관의 기능이 서비스 수행성과 단위의 기준으로 분류되어 있는 경우가 많으므로 기능별 예산과 수행성과 예산은 유사한 취지로 쓰인다.

### (3) 프로그램 예산

프로그램 예산(program budget)은 지출을 프로그램 실행의 결과에서 나타날 것으로 예상되는 성과에 연결하는 것으로 관심의 초점을 내부 비용(품목 예산)과 효율성(기능 예산)에서 벗어나 조직활동의 목표와 효과성에 둔다. 조직과 분과 중심에서 벗어나 프로그램 중심으로 하는 예산 작성 노력의 초점이 바뀌는 것이다. 즉, 프로그램의 목적과 그것을 성취하기 위해 요구되는 비용 사이의 관계에 초점을 둔 예산 형식이다.

# | 제3절 | 결 산

## 1. 결산의 개념

결산은 일정 기간이 경과한 시점의 재정상태, 경영성과를 파악하고 재무상태의 변동을 밝히기 위해 장부마감과 결산서를 작성하는 절차를 말한다. 즉, 회계기간이 끝남에 따라 그 기간의 재정상태를 정리하여 수입과 지출을 확정하는 과정이다. 회계연도 내의 수입과 지출을 확정하고 계수로 표시하는 절차로 세입/ 세출 보고서는 공공관서의 장이나 법인의 대표이사 등이 작성한다. 결산이 필요한 이유는 예산을 집행했는지를 규명하고 흑자나 적자의 크기를 확인하며 결산결과를 다음 예산에 반영하기 위함이다.

## 2. 결산의 보고절차

| 주요 내용 | 주 체 | 일 정 |
|---|---|---|
| 법인회계와 시설회계의 세입/ 세출 결산보고서 작성 | 법인 대표이사 | 출납 완료 시 |
| 결산보고서 의결 | 법인 이사회 | 결산보고서 작성 시 |
| 시/ 군/ 구청장에게 결산보고서 제출 | 법인 대표이사 | 이듬해 3월 31일까지 |
| - 법인과 시설의 세입/ 세출 결산개요와 후원금품의 수입 및 사용내역의 개요를 시/ 군/ 구/ 법인/ 시설의 게시판에 20일 이상 공고<br>*게시판 공고는 일간신문 또는 잡지 등 정기간행물의 진흥에 관한 법률 규정에 의한 정기간행물 게재로 갈음함 | 시/ 군/ 구청장/ 법인 대표이사 | 결산보고서 제출 후 20일 이내 |

# | 제4절 | 회 계

## 1. 회계의 개념

회계(accounting)는 재정적 거래를 분류, 기록, 요약하고 그 결과를 해석하는 표준화된 기술적 방법으로 목적에 따라 재무회계와 관리회계로 나눌 수 있다(남상오, 1988; 최성재 외, 1999). 재무회계는 내부 및 외부 정보, 이용자의 경제적 의사결정에 유용하도록 일정 기간 동안의 수입과 지출사항을 측정·보고하는 것인데, 거래자료 기록, 시산표 작성, 분개 작성, 결산을 주요 내용으로 하고 있다. 관리회계는 행정책임자가 행정적 의사결정을 하는 데 필요하도록 재정관계 자료를 정리하는 것인데, 즉 예산 단위의 비용을 계산하여 예산의 실행성과를 분석하는 것을 주요 내용으로 하고 있다.

## 2. 수입과 지출의 관리

사회복지법인과 시설은 수입과 지출의 현금출납 업무를 담당하기 위한 수입원과 지출원을 지정하여야 하고 이들의 임면권은 법인대표나 시설장에게 있다.

### 1) 수입관리

모든 수입금의 수납은 이를 금융기관에 취급시키는 경우를 제외하고는 수입원이 아니면 수납하지 못한다. 수입원이 수납한 수입금은 그 다음 날까지 금융기관에 예입해야 한다. 그리고 수입금에 대한 금융기관의 거래통장은 회계별(법인회계, 시설회계, 수익사업회계)로 구분하여 보관·관리한다.

과년도 수입·반납금·과오납금 처리는 출납 완결 연도에 속하는 수입, 기타 예산 외 수입은 모두 현 년도 예산에 편입하고 지출된 세출의 반납금은 각각 지출한 세출의 당해 과목에 여입 가능하며 과오납된 수입금은 수입한 세입에서 직접 반환한다.

### 2) 지출관리

#### (1) 지출의 원칙

지출은 지출사무를 관리하는 자(대표이사, 시설장) 및 그 위임을 받아 지출명령이 있는 것에 한하여 지출원만 행할 수 있다. 이때 지출명령은 예산의 범위 내에서만 가능하다.

지출은 예금통장에 의하거나 전자문서 및 전자거래 기본법에 의한 전자거래로 행하는 것을 원칙으로 한다. 그러나 상용 경비 또는 소액의 경비 지출은 현금으로 가능하며, 이를 위해 지출원은 100만 원 이하의 현금을 보관할 수 있다. 이때 상용 경비 또는 소액의 경비 지출이라도 1만 원 이상 지출 시 신용카드를 사용하거나 현금영수증을 발급받아 지출하도록 한다.

#### (2) 지출의 특례(선급금, 개산금)

지출은 일반적으로 비용이 발생하는 시점에 수행되지만 미리 지급하는 선급금이 있다. 선급금이란 확정된 계약에 대하여 사업성격상 미리 지급하는 것을 말한다. 그 용례로는 직접 구비하는 기계, 도서, 표본 또는 실험용 재료의 대가, 정기간행물의 대가, 토지 또는 가옥의 임대료와 용선료, 운임, 소속직원 중 특별한 사정이 있는 자에 대하여 지급하는 급여의 일부, 관공서에 대하여 지급하는 경비, 외국에서 연구 또는 조사에 종사하는 자에 대하여 지급하는 경비, 보조금, 사례금, 계약금액이 1천만 원 이하인 공사나 제조 또는 물건의 매입을 하는 경우에 계약금액의 100분의 50을 초과하지 아니하는 금액 등이다.

또 지출금액이 확정되지 않은 채무에 대하여 지급의무가 확정되기 전에 개산(어림셈)으로 지급할 수 있는 개산금이 있다. 여비 및 판공비, 관공서에 대하여 지급하는 경비, 보조금, 소송비용 등이 개산급의 대상이 된다.

## 3. 후원금의 관리

### 1) 후원금의 접수

후원금은 아무런 대가 없이 무상으로 받는 금품이나 기타의 자산을 말한다. 후원금을 받은 때에는 소득세법 시행규칙 제101조 제20호의2 또는 법인세법 시행규칙 제82조 제7항 제13의3호에서 정하는 기부금영수증 양식으로 후원금 영수증 후원자에게 즉시 교부해야 한다. 금융기관 또는 체신관서의 계좌입금을 통하여 후원금을 받은 경우에는 영수증을 교부할 필요는 없으나 후원자가 원할 경우에는 교부해야 한다.

### 2) 후원금의 관리

#### (1) 후원금의 발급목록 장부 비치

후원금을 받은 때에는 후원금 영수증 교부 후 발급목록을 별도 장부로 관리하여 비치한다.

#### (2) 후원금 전용계좌의 개설

금융기관 또는 체신관서의 계좌입금을 통하여 후원금을 받은 때에는 법인명의 및 시설의 명칭이 부기된 시설장 명의의 후원금 전용계좌를 개설하여 사용한다.

#### (3) 후원금의 수입 및 사용내역 통보

대표이사와 시설장은 연 1회 이상 해당 후원금의 수입 및 사용내용을 후원금을 낸 법인, 단체 또는 개인에게 통보한다. 이때 법인이 발행하는 정기간행물 또는 홍보지 등을 이용하여 일괄통보가 가능하다.

#### (4) 후원금의 수입 및 사용결과 보고·공개

대표이사와 시설장은 회계연도 종료 후 15일 이내에 후원금 수입 및 사용결과 보고서를 관할 시·군·구청장에게 제출(전산파일 가능)한다.

시·군·구청장은 제출받은 후원금의 수입 및 사용결과 보고 내역과 후원금 전용계좌 등의 후원금 입출금 내역을 회계연도 종료 후 30일 이내에 인터넷 등을 통하여 공개한 후, 3개월간 누구든지 볼 수 있도록 게시한다. 단, 후원자 성명(법인의 경우 그 명칭)은 공개하지 않아야 하며, 후원금은 회계연도 사용을 통해 집행실적을 제고하여야 한다.

## 4. 감 사

감사의 절차는 예산집행의 정확성과 효율을 보는 것으로 예산뿐만 아니라 프로그램의 능률성과 효과성을 검증하는 것도 대상이 될 수도 있다. 감사는 매년 1회 이상 실시하여야 하고 시설장과 수입원 및 지출원이 사망하거나 경질된 때에는 그 관장이 속하는 수입, 지출, 재산 물품 및 현금 등의 관리사항을 감사한다.

감사 시 전임자가 입회하여야 하며, 전임자가 입회할 수 없는 경우에는 그 전임자가 지정하는 법인의 대표이사가 관계 직원 중에서 지정한 입회인을 입회하게 한다. 감사를 마친 후에는 감사보고서를 작성하여 법인 이사회에 보고하며, 재산상황 또는 업무 집행에 관하여 부정 또는 불비한 점이 발견될 때에는 시·군·구청장에게 보고한다.

회계감사의 종류로는 규정회계감사, 운영회계감사, 내부감사, 외부감사, 정부기관의 감사, 법인의 감사, 사회복지시설의 감사 등으로 구분할 수가 있다.

규정회계감사는 시설의 재정운영 절차의 적절성, 제반서류의 구비, 규칙의 적용 여부를 확인하는 감사로 주로 품목별 예산 양식에서 각 항목별로 지출이 적절한지를 요구하는 방식으로 진행된다.

운영회계감사는 예산과 관련하여 바람직한 프로그램 운영비의 산출 여부, 조직의 목표 달성을 위한 효과성과 능률성 등에 초점을 두는 감사를 말한다.

내부감사는 조직의 최고 행정책임자 등의 조직 관리자가 시행하는 감사를 말하고, 외부감사는 예산과 관련된 전 사항을 감독관이나 공인회계사가 하는 감사를 말한다.

정부기관의 감사는 정부의 감독관인 감사원의 감사를 말하고, 법인의 감사는 외부의 회계기관 또는 감독관청이 실시하는 감사를 말하며, 사회복지시설의 감사는 당해 법인이나 외부 회계기관 및 감독관청이 실시하는 감사를 말한다.

CHAPTER 07

# 사회복지시설의 마케팅과 홍보

CHAPTER

# 07 사회복지시설의 마케팅과 홍보

## | 제1절 | 사회복지시설의 마케팅

### 1. 마케팅

#### 1) 마케팅의 개념

마케팅이란 "조직의 목표를 달성하기 위해 표적시장에서 자발적인 가치의 교환이 이루어지도록 만들어진 프로그램의 분석, 기획, 집행, 통제과정"이거나 "개인과 집단이 다른 사람들과의 제품과 가치의 창조와 교환을 통하여 자신들이 필요로 하고 원하는 것을 획득하는 사회적 및 경영관리적 과정"으로 정의된다(kotker, 2004). 마케팅의 중심개념은 '교환(exchange)'이라고 할 수 있다. 교환이란 상대방에게 무엇을 주는 대가로 무엇을 되돌려 받는 것을 의미한다. 사회복지시설과 후원자 간의 교환은 후원자들이 제공하는 기부금품과 그 대가로 얻게 되는 만족감과 보람이 된다(양용희 외, 1997). 1985년 미국 마케팅협회에서는 마케팅의 개념을 새롭게 정의하면서 마케팅의 상품을 재화와 서비스로 한정하던 것에 '아이디어'를 추가하였다. 이는 비영리부문의 마케팅 활성화를 반영하는 것으로, 비영리부문에서는 영리부문의 마케팅보다는 '아이디어'의 확산과 교환에 더 많은 초점을 두게 된다는 것을 의미한다.

이렇게 마케팅의 영역은 영리조직과 비영리조직으로 구분할 수 있다. 영리조직은 이익을 창출하기 위해 존재하는 조직으로, 가장 대표적인 영리조직은 기업이다. 반면에 비영리조직은 이윤추구보다 공공의 이익을 목표로 설립되고 운영되는 조직으로 사회복지시설, 시민단체, 교육기관 등이 대표적이다.

박용순(2010)에 의하면, 영리조직의 비전은 이해관계자들의 재무적인 가치를 최대화하여 수익을 증가시키는 것이며, 소유권과 책임감 · 시장을 전략의 대상으로 한다고 주장하였고, 비영리조직의 비전은 이상, 목표, 상징 등임을 강조하였다.

이제는 사회복지시설 등의 비영리조직의 활동에서도 마케팅의 중요성이 부각되고 있다. 이제 마케팅은 더 이상 기업에만 국한되는 기능은 아니다. 마케팅은 비영리조직에도 유용한 기능이며, 나아가 모든 조직은 마케팅적 문제를 지니고 마케팅을 이해할 필요가 있다.

### 2) 마케팅의 필요성

일반적으로 마케팅은 영리부문에서 생산물을 판매할 목적으로 제품 개발, 가격 결정, 분배 및 의사소통 등의 방법을 통해 구매자를 발견하고 자극하는 기업의 기능으로 간주되어 왔다. 전통적으로 기업의 이윤 추구에 관련되어 왔던 마케팅 개념이 비영리조직으로까지 확대되는 데는 1960년대 이후 미국의 비영리조직들이 비용 상승과 수익 감소로 심한 어려움을 경험하게 되면서부터이다. 예를 들어, 사립대학이 학생 부족으로 문을 닫는가 하면, 병원 이용률이 감소하고, 과거 크게 성장하던 YMCA와 같은 비영리단체들의 회원이 급속히 감소하면서 비영리조직의 마케팅 전략의 필요성이 대두되었다(Drucker, 1990).

사회복지기관에서 재정확보를 위한 전략으로 마케팅 기법이 도입된 것은 최근의 일이다. 사회복지기관들이 후원자를 개발하기 위해 처음 사용한 기법은 '구걸하기'인데, 이는 사회복지 대상자의 참혹한 상황을 소개하고 동정심을 유발하여 기부금을 제공받는 방식으로 이루어졌다. 그러나 이는 사회복지 대상자의 인권이나 복지권을 고려할 때 비인도적 방식이라는 비판과 함께 최근에는 별로 사용되지 않는 방법이다. 다음으로는 후원자 집단으로부터 수금하는 방식이 있다. 이는 모금의 안정성을 확보하기 위해 아직도 많은 기관에서 사용되고 있는 방식인데, 기부금의 반강제성이 문제로 제기될 수 있다. 따라서 캠페인을 통해 후원자들이 자발적으로 모금에 참여할 수 있는 방안들이 제안되어 사용되었다. 그러나 실제에 있어서는 후원자들의 참여가 미진하여 철저한 계획에 의한 후원자 개발의 필요성이 대두됨에 따라 마케팅 기법이 필요하게 되었다.

또한 비영리조직의 자원은 한정되어 있는 반면 수요는 언제나 공급을 초과하는 상태에 놓여 있으므로 자원은 부족한 상태이다. 즉, 제한된 자원은 비영리조직으로 하여금 '자원개발'이라는 과제를 제시하게 되었고, 자원의 효율적인 관리와 사용에 대한 책임성의 문제가 제기됨과 동시에 자원을 효율적으로 개발하기 위한 비영리 마케팅의 전개가 더욱 요구되었다. 따라서 사회복지시설의 책임성 확보와 비용효과성 측면에서의 마케팅의 필요성을 네 가지 측면으로 제시하면 다음과 같다(사회복지 교육연구센터 편, 2010).

첫째, 책임성의 측면이다. 사회복지시설은 정부의 보조금이나 기타 단체의 기부금으로 운영되기 때문에 서비스 제공에 있어서 효율성과 효과성을 달성할 책임을 가지고 있다. 이러한 책임성의 요구에 부응하기 위해서는 비영리조직의 운영에 있어서도 전략적인 마케팅의 도입이 필요하다.

둘째, 대상자 관리의 차원이다. 사회복지시설은 클라이언트, 기관의 이용자, 기부자, 지역사회 등을 고객으로 인식하여 욕구를 세분화하고 있다. 특히 조직관리에 있어서 궁극적으로 고객만족을 이끌어 내는 마케팅의 도입이 요구되고 있다.

셋째, 서비스 개발의 차원이다. 사회복지시설은 경제적·사회적·문화적 환경으로부터 절대 자유로울 수 없다. 따라서 사회복지조직을 둘러싼 외부환경에 능동적으로 대응하기 위해서는 적절한 마케팅을 통해 시장을 세분화하고 분석하여 시장에 맞는 서비스 개발이 이루어져야 한다.

넷째, 재정확보의 차원이다. 사회복지시설은 목표를 달성하기 위해 필요한 재정자원의 계획과 동원, 배분, 효율적인 사용과 책임 있는 관리가 필수적이다. 따라서 사회복지조직의 관리를 위해서 후원자의 발굴과 기부자의 사례관리 등을 통해 기관재정의 안정성과 극대화를 이루어야 한다.

### 3) 비영리기관 마케팅의 특징

비영리조직이란 이윤추구 및 영리추구를 위한 목적으로 설립된 조직이 아니라 공공의 이익을 실현하는 것을 최우선적 과제로 삼고 설립되고 운영되는 모든 조직을 의미한다. 이처럼 영리추구를 목적으로 하지 않는 비영리조직에서도 마케팅 개념의 적용이 가능하다. 우리 사회에서 비영리조직체는 수없이 많기 때문에 분류하기가 쉽지 않으나 정부, 공공단체, 교회, 사회복지 관련 시설 및 기타 사회단체 등이 여기에 포함된다. 이러한 기관들은 공공이익을 추구하면서 다양한 국가 및 사회적 아이디어, 신념, 행동, 태도, 금연운동, 자연보호운동 등 사회적 운동을 광범위하게 전개하고 있다. 비영리조직의 마케팅 특징은 다음과 같다.

첫째, 시장과의 상호작용이다. 영리기관은 소비자 집단으로 구성된 하나의 시장을 가지고 있지만, 비영리조직은 두 개의 시장과 상호작용을 해야 한다. 하나는 비영리기관이 서비스를 제공해 주는 클라이언트로 구성된 시장이고, 다른 하나는 비영리기관의 활동을 지원하는 후원자들로 구성된 시장이다. 수혜자와 관련해서는 자원분배의 문제가 제기되고, 후원자와 관련해서는 자원동원의 문제가 제기된다. 또한 이 두 개의 시장은 사회의 다른 구성원 집단과 공식적이거나 비공식적으로 관계를 갖고 있으므로 이들을 위한 마케팅 프로그램도 필요하다.

둘째, 효과적인 목표 달성이다. 비영리조직에서의 마케팅은 이윤추구보다는 그 조직체가 추구하는 목표를 얼마나 효과적으로 달성하는가에 중점을 둔다. 따라서 영리마케팅은 목표가 단일한 것에 비해 비영리마케팅은 이윤의 극대화와는 달리 또 다른 여러 개의 목표가 추구될 수 있으므로 이 모든 목적을 충족시키기 위한 전략이 더욱 어려워질 가능성이 있다. 그러므로 여러 전략들 중에서 우선순위를 정하여 상대적인 중요성을 정하는 것이 필요하며, 이러한 목표달성이 얼마나 이루어졌는가에 따라서 마케팅 활동의 성과가 평가된다.

셋째, 프로그램을 통한 가치 부여이다. 비영리마케팅의 대상은 일반제품이라기보다는 무형의 서비스일 경우가 많다. 따라서 눈에는 보이지 않으나 이용자들에게 감동을 주고 긍정적인 생각을 할 수 있는 무형의 프로그램을 가지고 지역주민들에게 가치를 부여하는 일이 더욱 중요하다.

넷째, 서비스의 다양성과 복잡성이다. 영리부문의 상품은 대량소비를 유도하기 위하여 표준화를 통한 저비용을 유지한다. 그렇지만 사회복지서비스는 이용자의 개별 욕구를 중시하기 때문에 다양한 서비스가 제공되어야 하며, 또한 서비스와 관련된 이해집단이 다양하기 때문에 욕구를 충족시키는 과정도 역시 매우 복잡한 특징이 있다. 대량생산이 불가능한 특성을 지니고 있으며, 사회복지서비스의 단위비용은 영리부문 상품의 단위비용에 비하여 훨씬 높을 수밖에 없다.

다섯째, 투명성의 강조이다. 비영리조직은 윤리적 측면과 더불어 투명성이 더욱 강조되고 있다. 비영리조직의 마케팅은 윤리적 부문이 강조되는데, 이는 마케팅의 과정이 대중과 직접적인 대인서비스로 진행되기 때문이다. 사회복지기관에서는 후원자의 개발과 대상자의 선정 과정, 후원금의 전달 과정에서 윤리적으로 문제가 없어야 할 뿐만 아니라 투명성까지도 보장되어야 한다. 사회복지기관과 관련되어 있는 시민단체, 정부 및 언론 등으로부터 관심의 대상이 되고 있는 현실에서 사회복지기관의 윤리성과 투명성은 매우 중요하다.

여섯째, 서비스의 소멸성이다. 비영리조직의 서비스는 소멸성이 있다. 즉, 영리조직에서 제공하는 유형의 상품과는 달리 사회복지기관에서 제공되는 서비스는 반환하거나 저장할 수 없다. 따라서 그 서비스가 다시 제공되기까지는 일정한 시간을 기다려야 한다. 그러므로 사회복지기관의 비영리마케팅은 서비스가 가능한 한 최적의 조건에서 제공된다는 것을 확신시키는 전략과 더불어 실질적으로 제공하려는 노력이 요구되고 있다.

일곱째, 대중을 통한 평가이다. 비영리조직들은 일반적으로 대중들로부터 철저한 평가를 받고 있다. 이는 비영리조직들이 대중이 필요로 하는 서비스를 제공하고 있으며, 이에 대한 반대급부로 정부로부터의 보조금 및 후원금, 그리고 세금이 면제되는 사업을 하고 있기 때문이다. 비영리조직들은 많은 집단으로부터 정치적 압력을 받기도 하며, 또한 대중의 이해에 따라 움직여지도록 기대되기도 한다. 이는 비영리조직과 관련된 마케팅 활동 역시 대중들의 평가에 의해 지배되기 쉽다는 것을 의미한다(양용희 외, 1997).

## 2. 마케팅 전략

### 1) 마케팅의 개요

사회복지시설의 마케팅 전략으로 시장세분화 전략, 표적시장 전략, 마케팅 믹스 전략, 포지셔닝 전략 등이 도입되어 있다.

#### (1) 시장세분화 전략

시장세분화 전략은 전체 시장을 일정한 기준을 적용하여 욕구가 유사한 몇 개의 시장으로 나누는 과정을 말한다. 모든 소비자의 욕구가 상이하기 때문에 하나의 차별화로 전체 소비자의 욕구를 충족시켜 줄 수 없다는 가정 아래 전체 시장을 일정한 기준에 따라 유사한 몇 개의 시장으로 나누는 과정이라 할 수 있다(이수동 · 임채운, 2003). 시장세분화의 목적은 하나 혹은 그 이상의 특정한 세분시장의 욕구를 충족시키기 위해 시장으로 하여금 적절한 마케팅믹스를 맞출 수 있게 하는 데 있다.

#### (2) 표적시장 전략

표적시장 전략은 전체 시장을 몇 개의 시장으로 세분화한 이후 각각의 세분시장을 평가하고 몇 개의 세분시장을 공략하는 것을 말한다. 특히 어떠한 세분시장을 표적시장으로 선택할 것인가를 결정해야 한다.

#### (3) 마케팅믹스 전략

마케팅믹스 전략은 소비자와 의사소통을 하거나 소비자를 만족시키기 위해 기업이 관리하는 주요 요소를 말한다. 이는 상품, 가격, 유통, 촉진 등으로 구성되어 있다.

#### (4) 포지셔닝 전략

포지셔닝 전략은 소비자의 인식 속에 자리 잡도록 하는 것을 말한다. 즉, 포지셔닝 전략은 표적시장에서 경쟁우위 달성을 위해 꼭 필요한 수단이 된다. 표적시장에서 소비자들의 마음속에 강력한 위치를 차지하는 포지셔닝 전략이 경쟁우위를 달성하는 매우 중요한 수단이 되고 있다.

상기의 네 가지 마케팅 전략 과정은 사회복지시설뿐만이 아니라 모든 기업에 있어서 매우 중요하다. 여기서는 마케팅 홍보의 관점에서 일반적으로 다루고 있는 마케팅믹스 전략을 중심으로 살펴보고자 한다.

### 2) 마케팅믹스 전략 모델

마케팅믹스란 마케팅의 모든 요소를 통합하여 그 효과를 최대한 발휘하는 것을 말한다. 즉, 시장세분화를 통해 표적시장을 선정하고, 목표를 수립한 이후에 마케팅믹스 프로그램을 개발해야 한다. 마케팅믹스는 조직이 표적시장에서 목적을 달성하기 위해서 사용하는 통제 가능한 변수들의 집합이라 정의할 수 있다. 마케팅믹스는 고객의 행위에 영향을 주기 위해 판매자들이 동원할 수 있는 도구들을 의미하며, 일반적으로 상품(Products)전략, 가격(Price)전략, 촉진(Promotion)전략, 유통(Place)전략 등의 4P를 들고 있다.

Fine(1992)은 영리기관의 마케팅에 관한 언급에서 영리기관은 4P만을 가지고 최적의 결과를 도출하는 것은 무리가 있다고 주장하며 추가적으로 3P가 포함되어야 한다고 강조하였다. 즉, 마케팅을 하는 주체인 생산자(Producer), 과학적인 탐구과정인 조사(Probing), 잠재적 후원자인 구매자(Purchaser) 등이 고려되어야 한다는 것이다. 이는 마케팅 전략을 수립하는 데 보다 광범위한 틀을 제공하고 있어 사회복지시설의 마케팅 전략을 제시하는 데 보다 적합한 모델이라고 여겨진다. 따라서 Fine의 7P모델을 중심으로 사회복지시설의 마케팅 전략을 제시하는 것이 바람직하며, 이러한 맥락에서 후원자 개발을 위한 사회복지시설 마케팅의 기본 틀을 다음과 같이 제시할 수 있다.

#### (1) 생산자(Producer)

생산자는 마케팅을 위해 구매자와 교환할 아이디어를 창출하고 메시지를 생산해 내는 주체를 의미한다. 후원자 개발을 위한 마케팅에서는 사회복지시설이 생산자가 된다. 사회복지시설의 주된 목표는 사회복지 대상자들에게 서비스를 제공하여 삶의 질을 증진시킴으로써 더불어 함께 사는 복지사회를 실현하는 데 기여하는 것이다. 이러한 목표를 달성하기 위해 잠재적 후원자라고 할 수 있는 일반시민들이 사회복지에 대한 관심을 갖고 후원할 수 있도록 도와야 한다.

사회복지시설은 마케팅의 주체인 생산자가 되어 시설의 목표에 대한 가치를 확신시켜야 한다. 이를 위해 사회복지시설은 일반시민들로부터 믿고 의지할 만한 조직으로서 신뢰를 받아야 하고, 사회복지 대상자들의 중요한 대변인 역할을 하여야 한다. 마케팅의 주체로서 사회복지시설은 교환하고자 하는 아이디어나 메시지에 책임을 질 수 있어야 한다. 마케팅은 신뢰할 수 있는 개인이나 조직에 의해 이루어졌을 때 그 효과가 더욱 커지기 때문이다.

### (2) 구매자(Purchaser)

구매자는 일반적으로 기업의 마케팅에서 잠재적 고객을 의미한다. 사회복지시설의 후원자 개발을 위한 마케팅에서 구매자는 잠재적 후원자들이다. 구매자인 잠재적 후원자가 될 사람들은 마케팅의 초기 단계에서 반드시 파악되어야 한다. 그리고 사회복지시설은 이들에게 특별한 인상을 심어주면서 호소할 필요가 있다. 이를 효율적으로 하기 위해서 대상을 특정 기준에 따라 여러 범주로 나누는 것이 바람직하다. 이러한 과정을 시장세분화라 한다.

### (3) 상품(Product)

상품은 구매자의 욕구를 충족시키기 위한 산출물을 의미한다. 사회복지시설에서 잠재적 후원자들의 공감을 얻어낼 수 있는 가치를 구체적인 상징물로도 도출해야 한다. 즉, 월드비전의 마케팅 상품으로 잘 알려진 '사랑의 빵' 저금통은 제3세계의 굶주린 아동들을 돕기 위해 만든 것이다. 상품과 관련하여 중요한 것은 그것의 명칭이다. 상품의 이름에 따라 구매자의 반응이 다르기 때문에 적합한 이름을 붙여주는 것은 매우 중요한데, 이를 위해서는 언어심리학적인 감각이 필요하다.

상품을 개발하는 데 있어 중요한 것은 생산자가 판매하려고 하는 것을 강조하는 것이 아니라 구매자가 사려는 것이 무엇인지를 파악하는 것이다. 따라서 사회복지시설의 후원자 개발을 위한 마케팅에서 후원금 자체에 중점을 두기보다는 후원행위를 통한 사회적 기여와 소외계층의 삶의 질 향상에 중점을 두고 상품이 개발되어야 한다.

### (4) 가격(Price)

가격은 구매자가 그 상품을 얻기 위해 기꺼이 지불하고자 하는 대가를 의미한다. 즉, 생산자는 가격을 결정하기 전에 사람들이 그 상품에 어떤 가치를 부여하고 있는지 반드시 파악하여야 한다. 그 상품의 가치를 지나치게 낮게 여기고 있다면 가치를 높이는 과업이 선행되어야 한다. 그러나 가치들이 돈으로만 측정되는 것은 아니다. 상품의 거래에서 구매자들이 지불하는 것에는 시간, 노력, 생활양식의 변화 혹은 다른 기회비용이 포함된다.

특히 사회복지시설에서 잠재적 후원자들을 대상으로 마케팅 전략을 세울 때는 이들 '사회적 가격'이 반드시 고려되어야 한다. 예컨대 후원자가 후원금을 내기 위해 은행에 가야 하고 그곳에서 긴 줄을 서서 대기해야 한다면 후원을 위해 너무 높은 사회적 비용을 지불하게 하는 것이라는 사실을 명심해야 할 것이다. 따라서 후원절차의 단순화는 사회적 비용을 감소시키게 되고 이는 좋은 홍보의 소재가 되기도 한다.

### (5) 홍보(Promotion)

홍보는 마케팅의 필수적인 요소로서 의사소통을 의미한다. 즉, 홍보는 창의성과 다양성이 요구된다. 홍보에 있어 중요한 것은 기발한 소재이다. 특히 사회복지시설에서는 창의적인 아이디어 발휘가 요구된다. 한편 상품을 홍보하는 통로는 매우 다양하고 대중매체가 많이 사용되지만 광고, 대변, 로비활동, 교육 프로그램 등 사람들과의 직접적인 대면방법도 사용되고 있다.

### (6) 장소(Place)

장소는 구매자들이 마케팅 상품을 구입하기 가장 적합한 때와 장소에 있도록 하는 것을 의미한다. 이는 상품에 대한 구매자의 접근용이성을 의미한다. 최근 대학들이 장소의 중요성을 인식하고 인구밀집 지역에 분교 캠퍼스를 둔다든지 산업체 안에 교육 프로그램을 설치하는 것이 대표적인 예이다. 시장조사를 통해 잠재적 후원자들이 밀집되어 있는 곳이 있다면 사회복지시설의 후원자 개발 마케팅팀은 그곳에 가야 한다. 예컨대 중·고등학생을 대상으로 후원자 개발을 하는 경우에는 학교로, 직장인을 대상으로 하는 마케팅을 할 경우에는 기업으로, 교인들을 대상으로 할 경우는 교회로 방문할 수 있는 통로를 개발하여야 한다.

### (7) 조사(Probing)

조사는 마케팅 담당자들이 사용하는 가장 중요한 도구이지만 때로는 지나치게 남용되기도 한다. 이는 대부분 조사가 너무 과장되거나 불충분하기 때문에 일어나는 현상이다. 오늘날 정보화 사회에서는 낡은 정보나 저품질의 정보는 전혀 가치가 없다. 따라서 조사는 필요성이 매우 높을 때 행해져야 하며, 철저하고 주의 깊게 이루어져야 한다.

# | 제2절 | 후원자 개발을 위한 마케팅 과정과 실행방법

## 1. 후원자 개발을 위한 마케팅 과정

사회복지시설에서 후원자 개발에 초점을 둔 마케팅 과정은 첫째, 후원자 개발 가능성의 분석, 둘째, 시장조사, 셋째, 마케팅 목표 설정, 넷째, 시장세분화 및 표적시장 선정, 다섯째, 후원자 개발 프로그램 수립, 여섯째, 마케팅 실행 등으로 구성된다. 이에 후원자 개발을 위한 마케팅 과정을 제시하면 다음과 같다.

### 1) 후원자 개발 가능성의 분석

사회복지시설은 후원자 개발에 앞서 마케팅 활동을 수행하는 데 영향을 미치는 환경적인 요인을 검토할 필요가 있다. 이에 환경적인 요인은 다시 사회제도적 요인과 조직 내부 환경으로 구분되며, 이러한 환경적 요인의 분석은 <표 7-1>과 같은 SWOT(Strength, Weakness, Opportunity, Threat) 분석을 통해 체계적으로 파악할 수 있다.

〈표 7-1〉 SWOT를 이용한 마케팅 계획 분석

| 구 분 | 조직의 강점(S)<br>구성원들의 업무의욕이 높음 | 조직의 약점(W)<br>신규조직이라 재정이 빈약 |
|---|---|---|
| 조직의 기회(O)<br>사회문제가 증가함 | 사회문제를 해결할 우월한 프로그램의 개발 | 사회문제를 해결할 모금 및 후원자 확보 활동 강화 |
| 조직의 위험(T)<br>경제난으로 재정지원 감소 | 조직을 유지하기 위한 수익성 있는 프로그램의 개발 | 조직목표에 합당한 프로그램만 존치시켜 최저예산 유지 |

출처 : 우종모(2004).

이러한 분석을 통해 조직의 직원이 일하는 환경과 자원을 파악할 수 있게 된다. 즉, 현재 우리 기관의 강점(좋은 이미지)과 약점(내부의 지원 부족), 기회(결식아동의 증가와 같은 사회적 욕구의 증가)와 위협(경제난 등) 등이 무엇인지 하나씩 점검하게 된다.

전략적인 측면에서 SWOT 분석의 결과를 마케팅 계획에 어떠한 방식으로 반영할 것인지가 중요하다. 후원자 개발에 대한 마케팅 전략이 부진한 사회복지시설에서는 담당자나 정책결정자의 직감적 판단에 의존할 수밖에 없다. 그러나 보다 정확한 예측을 위해서는 경험을 바탕으로 한 과거 실적들에 대한 정보의 분석이 필요하다.

### 2) 시장조사

시장조사는 마케팅의 초기 단계에서 이루어진다. 사회복지시설에서 시장조사는 잠재적 후원자와 그들이 원하는 바를 찾아내는 작업이라고 할 수 있다. 따라서 마케팅을 하는 기관은 시장에 관해 다음 네 가지 사항을 사전에 파악하고 있어야 한다(Kinnear & Bernhardt, 1990).

첫째, 상품이나 서비스에 대한 욕구가 있는가?

둘째, 욕구를 지닌 사람들이 상품이나 서비스를 사는 데 관심이나 잠재적 욕구가 있는가?

셋째, 그들이 상품을 사기 위한 자원이 있는가?

넷째, 충분한 자원을 소유한 자들이 원하는 상품이나 서비스를 위해 기꺼이 쓰고자 하는 의지가 있는가?

### 3) 마케팅 목표 설정

마케팅의 목표를 설정하기에 앞서 기관의 목적을 살펴볼 필요가 있다. 목적은 기관의 현재 상태와 미래의 방향을 제시해 준다. 즉, “우리가 하고 있는 일은 무엇인지?”, “우리가 어디로 가고 있는지?” 등의 내용을 포함하는 기관의 선언으로서 기관의 존재 이유와 사명을 소속원들에게 명확하게 인식하도록 해준다.

목표는 마케팅 기획의 초기 단계에서 명확하게 규명되어야 하며, 특히 하위 목표는 그 중요성의 우선순위가 제시되어야 한다. 목표는 목표 자체로 완성될 수 없으며, 사전조사와 목표달성을 위한 프로그램, 그리고 결과에 대한 평가가 항상 함께 있어야 한다. 특히 하위 목표의 구체적(Specific)이고 측정 가능(Measurable)하며, 달성 가능(Attainable)하고 결과 지향적(Result-oriented)이면서, 시간적 한계(Time-bounded)가 명확히 제시되어야 한다. 이들 영어의 첫 글자를 따서 ‘SMART’ 목표라 한다. 그리고 목표에는 과정과 결과(달성 여부)를 체크할 수 있는 지표(indicator)가 반드시 포함되어야 한다. 따라서 모금목표액을 설정하는 데 다음과 같은 방법을 제시할 수 있다.

첫째, 증액법(incremental approach)이다. 이는 조직이 작년의 수입을 참작하여 인플레이션을 상쇄할 정도를 증액시키고 나서 예상되는 경제 환경에 따라 가감하여 모금액을 수정하는 것이다.

둘째, 욕구법(need approach)이다. 이는 조직이 재정적 욕구를 예측하고 그 욕구에 따라 모금목표를 설정하는 방법이다.

셋째, 기회법(opportunity approach)이다. 이는 조직이 모금비용을 상이한 수준에서 각각의 기부자 집단별로 모금할 수 있는 금액이 얼마인지 측정하여 목표를 정하는 방법이다. 이는 각 기부자의 잠재력을 고려하여 모금전략을 세우는 것으로 가장 건실한 방법이라고 할 수 있다.

### 4) 시장세분화와 표적시장의 선정

마케팅에서 시장세분화는 기본적으로 소비자들이 욕구가 동일하지 않다는 가정에서 출발한다. 시장을 다양하나 부문으로 나누어 거기에 적합한 전략으로 마케팅을 하는 작업이 '시장세분화(market segmentation) 작업'이다. 그러나 전체 시장을 하나의 시장으로 보고 마케팅 활동을 할 것인지 혹은 각 세분시상별로 각각의 마케팅을 할 것인지는 기업이나 사업 단위의 판단에 달려 있다. 아무리 욕구가 이질적이라 할지라도 각 세분시장의 규모가 사업성을 충족시킬 수 있는 수준에 미달한다면 세분화는 불가능하다.

시장세분화 작업을 통해 시장은 동질적인 범주에 따라 구분한다. 이와 같은 동질적인 부문을 파악해서 우리 기관이 공략 가능하다고 판난하여 선택한 시장이 표적시장이다. 기관은 표적시장을 통해 거기에 알맞은 상품을 개발하며 마케팅 기회를 발견할 수 있다. 표적시장의 선정을 통해 가장 큰 구매 관심을 지닌 구매자에게 마케팅 노력을 집중시킬 수 있다. 표적시장을 선택할 때 가장 중요한 것은 선택된 표적시장에서 마케팅 활동을 수행하여 이익을 남길 수 있는지의 여부이다.

### 5) 후원자 개발 프로그램 수립

사회복지시설에서 후원자는 결연후원자, 정기후원자, 비정기후원자, 프로그램 후원자 등으로 구분할 수 있다.

첫째, 결연후원은 후원자와 클라이언트를 연결하여 재정적·정신적 지원을 하도록 하는 방법이다. 실제로 모금실적이 좋은 사회복지조직들은 모금액의 2/3를 결연후원금에 의존하고 있다.

둘째, 정기후원은 정기적(월, 분기)으로 후원금을 내는 것으로 그 방식은 결연후원과 동일하지만 구체적인 후원대상이 정해져 있지 않은 것이 차이가 있다. 대부분의 소규모 사회복지시설에서 후원자를 개발할 때 선호하는 방식이다. 정기후원은 결연후원과는 달리 후원금액을 소액에서부터 고액까지 다양화하여 후원자들이 기부할 수 있는 폭을 넓혀주는 장점이 있다. 그러나 구체적인 후원대상이 정해져 있지 않기 때문에 후원 지속률이 결연후원에 비해 떨어지는 단점이 있다.

셋째, 비정기후원은 정기후원과 성격이 비슷하나 비정기적으로 후원금을 낸다는 점에서 차이가 있다. 비정기후원자는 결연후원이나 정기후원과 같이 정기적으로 장기간에 걸쳐 후원금을 낸다는 것에 부담을 느끼는 잠재후원자를 대상으로 개발해 볼 수 있다. 대표적인 사례는 모금저금통을 만들어 배포하는 것이다. 그러나 관리상의 문제가 있어 대부분의 조직에서 크게 성공하지는 못하고 있다.

넷째, 프로그램 후원은 특정 사업이나 프로그램을 홍보하여 모금하는 방법이다. 최근 실직가정 결식아동 돕기 모금이나 실직노숙자 자립지원을 위한 모금 등이 대표적인 예이다. 프로그램 후원자를 개발할 때는 특정 개인의 욕구보다는 이슈가 되고 있는 사회적 문제나 욕구에 초점을 맞추는 것이 효과적이다.

## 2. 마케팅의 실행방법

후원자 개발을 위한 마케팅 방법에는 DM, 이벤트, 대중매체 광고, ARS, 컴퓨터 통신, CRM 등이 있다.

### 1) 연중모금

연중모금은 주요 기부자들과 아울러 일반적인 기부자들로 하여금 기관의 프로그램을 해마다 지원하는 것이다. 여기에서 연중은 1년에 한 번을 의미하는 것이 아니고 1년 전체에 걸쳐 지속적으로 모금을 진행하는 방법을 말한다. 이는 매월 일정한 금액을 후원하는 연중 소액기부나 유산의 기부, 부동산의 기부 등이 있다. 모금활동에는 우편, 전화, 이벤트 등이 포함되고 있다.

#### (1) 다이렉트 마케팅

다이렉트 마케팅(DM : Direct Marketing)은 전통적인 방법으로서 후원을 요청하는 편지를 잠재적 후원자들에게 발송하여 후원자를 개발하는 방식이다. DM은 불특정 다수에게 보내기보다는 표적시장을 겨냥하여 지역, 나이, 사회적 지위, 소득 등에 따라 대상자 목록을 확보하여 보낼 때 효과를 발휘할 수 있다(Greenfield, 1991).

#### (2) 이벤트

이벤트는 후원의 특정 동기를 부여하기 위하여 특정 기관과 장소에서 사전 계획하에 특별한 활동을 벌이는 커뮤니케이션 과정이다. 즉, 이벤트는 전달자와 수용자가 현장에서 시각, 청각, 촉각, 후각, 미각 등 오감으로 느끼고 커뮤니케이션을 함으로써 입체적으로 경험하고 지각하여 기억에 오래 남는 특징이 있다. 이에 후원자 개발을 위한 사회복지시설의 이벤트로는 자선음악회, 모금만찬회, 전시회 등이 있다.

#### (3) 대중매체 광고

대중매체 광고는 주로 영리부문에서 사용하는 마케팅의 한 방법이다. 후원자 개발을 위한 사회복지시설의 대중매체 활용은 아직 미진한 실정이나 라디오나 잡지 등을 통한 마케팅이 점차 활성화되고 있다. 특히 잡지를 통해 후원자를 개발하고자 할 경우에는 잡지의 판매부수, 독자층, 성격 등을 고려해야 한다.

#### (4) 자동응답시스템

자동응답시스템(ARS)은 최근에 가장 활성화되고 있는 하나의 모금방법이다. 이는 모금방송 시청자들이 시스템을 통하여 전화를 걸면 통화당 일정 금액의 후원금이 자동으로 전화요금에 부과되고 있다. 즉, 전화요금과 함께 기부금을 제공하도록 하는 방식이다. 특히 ARS가 성공을 거두고 있는 것은 적은 금액으로 손쉽게 부담 없이 후원에 참여할 수 있는 장점이 있기 때문이다.

#### (5) 인터넷 마케팅

인터넷 마케팅은 컴퓨터를 활용한 후원자 개발로서 점차 활성화되고 있는 방법이다. 실제로 정보화가 가장 앞선 미국에서는 컴퓨터를 통한 모금과 후원자 개발이 급속하게 증가하고 있다. 이에 국내통신을 통해 후원자를 개발하는 방법으로는 기관 ID를 통해 직접 후원요청을 하거나 통신란의 게시판, 대화방, 동호회 등을 통해 후원요청을 할 수 있다. 또한 통신회사에 IP로 등록하여 기관홍보와 함께 후원자를 개발하는 방법도 있고, 광고비를 지불하고 후원자를 모집하거나 기부금을 요청하는 광고를 낼 수도 있다. 따라서 인터넷을 통해 홈페이지를 작성하여 기관의 홍보와 모금을 하는 경우가 늘어나고 있다.

### 2) 명분지향 마케팅

명분지향 마케팅(CRM : Cause-Related Marketing)은 1980년대 이후 사회복지기관을 포함한 비영리 기관들이 모금을 위해 많이 활용하는 마케팅 기법이다. 이는 미국의 America Express Card에서 처음 사용한 방법인데, 회사는 카드 속에 그려져 있는 자유의 여신상을 활용하여 판촉을 하기 위해 자유의 여신상 복원사업을 펼치는 시민단체와 연계하여 개인이 사용한 카드금액의 일정 비율을 시민단체에 기부하는 방식으로 활용하였다. 이러한 방식은 기업의 이미지를 높여주어 기업의 상품 판매에 긍정적으로 영향을 미치면서 동시에 사회복지기관의 후원자 개발에도 기여하게 된다.

### 3) 고객관계 마케팅

고객관계 마케팅(CRM : Customer Relationship Management)은 고객과 관련된 조직의 내·외부 자료를 분석 및 통합하여 고객 특성에 기초한 마케팅 활동을 계획하고 지원하며 평가하는 방법이다. 즉, 고객데이터를 세분화하여 신규고객을 획득하고, 우수고객을 유치하여 고객가치를 증진시킨다. 그리고 평생 고객화와 같이 사이클을 통해 고객을 적극적으로 관리하고 유도하며 고객의 가치를 극대화할 수 있는 전략을 통하여 마케팅을 실시한다.

## | 제3절 | 사회복지시설에서의 홍보

### 1. 홍보의 필요성

홍보란 PR(Public Relation)로서 대중관계를 의미한다. 대중관계는 개방적인 의사소통 구조를 가지고 있으며 공중과 관계를 맺는다는 의미를 가지고 있다. 이는 서양에서 생겨난 말로서 대중홍보와 밀접한 관계가 있다. 넓은 의미로서의 PR은 마케팅에 대응하는 개념으로 이미지의 증진을 위한 제반활동을 말하며, 좁은 의미로는 언론 관련의 대응을 의미하는 퍼블리시티의 의미로 사용되고 있다. 우리나라에서 홍보는 주로 PR의 번역어이지만 본래 의미보다는 보도자료 배포 등의 언론대응 활동을 일컫는 좁은 의미, 즉 퍼블리시티 또는 언론플레이로 사용하고 있다. 이에 사회복지시설에서의 홍보기능을 몇 가지 제시하면 다음과 같다.

첫째, 홍보 자체의 기능은 사회적 취약계층의 존재와 이들의 요구를 공중과 지역조직에 알림으로써 이들에 대한 사회적 자원을 동원하고, 수혜대상자들에게 해당 사회복지시설의 목표와 특징, 기능과 사업내용 등을 공지하여 복지 프로그램의 효과적인 사용을 유도하는 기능을 수행한다.

둘째, 공공교육의 기능은 어린이와 청소년, 부모, 노인 등에게 사회적 적응과 성장에 관한 정보를 제공하고, 개인과 가족 또는 사회적 위기를 예방할 수 있는 다양한 프로그램 내용을 소개하여 지역사회를 교육시킨다.

셋째, 예방의 기능은 고립되거나 역경에 처한 사람들에게 유용한 재활의 정보를 제공하고 자조 또는 원조집단에 대한 유용한 정보와 기능의 제공 및 그들의 의욕을 고취시킨다.

사회복지시설에 있어서 홍보는 사회복지시설 구성원들의 홍보에 대한 이해의 확대와 공중을 대상으로 한 사회복지 역할에 관한 교육, 사회복지시설의 자원봉사자의 참여 제고와 후원금의 확보 등을 목표로 삼고 있다.

사회복지시설은 지역주민의 생명과 생활에 대한 복리욕구를 해결하고 발전시키기 위하여 지역주민들에게 복지의식을 고취시키고 인적자원을 개발하여 개인과 지역사회의 역량강화를 이루어 스스로 문제를 이해하고 해결할 수 있도록 도와주는 데 있다.

따라서 사회복지시설은 대상자의 생계를 위해 새로운 환경을 창출할 수 있도록 도와주며, 주민들의 욕구해결과 주민들이 필요로 하는 서비스 제공이라는 목적을 달성하기 위한 홍보 활동의 중요성으로 다음과 같은 네 가지 측면을 제시하고 있다.

첫째, 사회복지시설 및 이미지의 PR이다. 사회복지에 대한 사회자원의 투자가 괄목할 만큼 증대되고 사회복지서비스의 공급주체가 다원화되어 경쟁이 일어나고 있기 때문에 사회복지시설은 지역주민에게 위치적으로 근접성을 갖고 교통이 편리해야 한다. 또한 지역주민이 심리적 · 육체적으로 이용하기 편리한 시설을 갖추고 사회복지조직이 책임성을 갖고 활동하며, 시설에 대한 사회적 신뢰를 높이고 지역주민은 그들의 다양한 욕구 및 문제를 해결할 수 있다는 믿음을 갖게 되어 편안한 마음으로 찾아올 수 있는 사회복지시설로 인식될 수 있도록 홍보 활동을 해야 한다.

둘째, 후원자 개발의 PR이다. 대부분의 사회복지시설이 운영 면에서 재정적인 어려움을 안고 있어 지역사회 내 자원을 동원해야만 전문적이고 효과적인 복지사업을 원활히 수행할 수 있다.

따라서 사회복지시설은 홍보와 관련된 실무자와 책임자를 두어 해당 기관의 목적과 성격에 맞는 홍보 내용을 구성하여 홍보의 대상을 명확하게 하고 홍보의 목적을 분명히 할 필요가 있다. 그러나 사회복지시설은 수행하고 있는 프로그램 및 이용방법, 자원동원 및 후원자 개발 등에 대한 어려움을 겪고 있어 보다 활발한 PR 활동으로 지역주민들의 적극적인 참여를 유도해야 한다.

## 2. 홍보 과정

홍보 과정은 대부분 조사, 계획, 실행, 평가 등의 네 단계를 거친다. 이론에 따라 실행에 커뮤니케이션 단계를 포함시키기도 하지만 기본적으로 네 단계의 틀을 크게 벗어나지는 않는다.

### 1) 조 사

조사(research)는 문제를 정의하는 단계로서 조직을 둘러싸고 있는 상황을 분석하는 단계이다. 특히 조직체의 활동에 의해 영향을 받거나 그 활동에 관심을 갖고 있는 공중의 지식, 의견, 태도, 행동 등을 조사한다. 이 단계는 본질적으로 조직체가 공중에 관한 정보를 수집하는 단계이다. 즉, '지금 무슨 일이 일어나고 있는가?'를 확인함으로써 문제해결 과정에서 이후 나머지 세 단계의 토대를 제공하는 단계이다.

### 2) 계 획

계획(planning)은 프로그램 수립의 단계로서 조사단계에 수집된 정보를 토대로 조직체의 정책, 프로그램의 목적 및 목표, 공중, 활동 및 커뮤니케이션의 전략과 전술 등을 결정한다. 즉, '조직체가 상황에 대해 알고 있는 것을 토대로 무엇을 변화시키고, 어떻게 행동하고, 무엇을 말해야 할 것인가'를 결정하는 단계이다.

### 3) 실 행

실행(action)은 행동하고 알리는 단계로서 목적과 목표를 달성하기 위해 수립된 계획과 프로그램을 활동 및 커뮤니케이션을 통해 실행하는 단계이다. 이는 '누가', '언제', '어디서', '어떻게', '이미 계획된 것을', '행동하고 말해야 하는가'를 다루는 단계이다.

### 4) 평 가

평가(evaluation)는 PR 프로그램을 평가하는 단계로서 프로그램의 준비, 계획, 실행, 결과 등을 평가하는 단계이다. 즉, 프로그램이 어떻게 진행됐는지 혹은 현재 어떻게 진행되고 있는지에 관한 피드백을 토대로 그 프로그램이 끝난 뒤 혹은 실행되고 있는 동안에 프로그램을 조정하게 된다. 이는 평가를 통해 'PR 활동을 어떻게 하고 있는가' 또는 'PR 활동을 어떻게 했는가'를 확인하여 PR 프로그램을 계속할 수도 있고 중단할 수도 있는 단계이다.

## 3. 홍보 전략

후원을 위한 기초 작업은 홍보 전략의 수립이다. 전략적인 계획 없이는 성공적인 홍보활동을 하기 어렵다. 이를 위해서는 다음과 같은 전략적인 계획이 필요하다.

첫째, 사회복지시설의 미션 작성이다. 미션 작성은 사회복지시설의 지역사회에서의 기본적인 존재 목적과 현재와 미래의 방향을 제시해 주는 작업이다. 사회복지시설의 미션은 사회복지시설 설치·운영규정에 기본적으로 나와 있는데 그것을 지역의 현실에 맞게 재작성하는 것이 필요하다. 사회복지시설이 하고 있는 일과 사업의 방향을 분명히 함으로써 사회복지시설의 궁극적인 목적과 사명을 직원들이 명확하게 인식하도록 한다.

둘째, 사회복지시설의 목적과 목표를 작성하는 것이다. 사회복지사업의 궁극적인 목적과 달성방법에 대한 기술작업이다. 목적은 사회복지시설의 미션을 이룩하기 위한 궁극적인 방향을 제시해 주며, 목표는 목적 달성을 위한 구체적 실행계획과 방향을 설정하여 목표 달성량, 시간, 방법 등을 지표를 통해 구체적으로 명시해 준다. 목표의 범주에 따라 상위 목표와 세부 목표로 구분하여 세울 수 있다.

셋째, 홍보 조사로 이는 지역사회에서 고객이 누구인지, 그들의 욕구는 무엇인지를 찾아내는 작업이다. 즉, 누가 어떤 상품이나 프로그램에 관심과 욕구가 있는지, 언제, 어디에서 서비스나 상품을 원하는지, 후원금은 받을 것인지를 분석하는 작업이다.

넷째, 외부환경의 조사와 자원의 분석이다. 목표를 달성하기 위해 사회복지시설의 현재의 강점과 약점이 무엇인지, 기회와 위협 등을 하나씩 점검해 보는 작업이다.

다섯째, 언론과의 연계로 언론사의 사회복지 프로그램이나 특집방송 또는 기사 등과 같은 기획 프로그램을 연계한 마케팅 전략을 구사해야 한다. 즉, 특정 신문이나 한국복지재단이 함께하는 어린이 돕기 기획기사는 모금 개발에 큰 영향을 미치며 효과적인 쌍방향 프로그램이라 할 수 있다.

여섯째, 홍보대사의 활용이다. 홍보대사는 유명 연예인이나 방송인, 기업가 등을 사회복지시설의 홍보대사로 임명하는 방법이다. 즉, 대중에게 많이 노출되어 있는 사람들을 통해 남을 돕는 일이 행복한 모습으로 보이는 것도 홍보의 중요한 역할이라 할 수 있다.

일곱째, 인터넷 마케팅을 강화하는 것이다. 인터넷은 수용자의 관여도가 높다는 장점이 있다. 그리고 인터넷은 정보의 함유 능력이 매우 높다. 즉, 홈페이지에 담는 정보의 양은 무제한이며 단계적으로 제공하는 것도 가능하다. 따라서 인터넷 마케팅을 통하여 상호작용성을 높이고 장점을 적극 활용하는 방안이 강구되어야 한다.

CHAPTER 08

# 사회복지시설의 자원봉사

제1절 지원봉사의 개념

제2절 자원봉사활동의 특성

제3절 자원봉사의 가치와 철학

제4절 자원봉사의 필요성과 성격

제5절 자원봉사의 실제

CHAPTER

# 08 사회복지시설의 자원봉사

## | 제1절 | 자원봉사의 개념

자원봉사란 자유의지를 바탕으로 한 사회봉사를 의미하는데 이러한 활동을 자원봉사활동이라고 말하고 이런 활동을 하는 사람을 자원봉사자라 한다. 자원봉사자는 금전적인 보상 없이 또는 사례금과 같은 최소한의 대가를 받고 다른 사람에게 서비스나 기술 그리고 시간과 경험 등을 제공하는 사람이다.

자원봉사(voluntarism)라는 용어의 어원은 자발적 의지와 욕망을 나타내는 라틴어 'voluntas'에서 나온 것으로, 사전적 의미는 기본적으로 자발적 활동에 근거하고 있고 국가권력이나 외부압력에 의해 지배되지 않는 자유로운 활동을 뜻한다.

자원봉사라 함은 사회문제의 예방 및 해결 또는 국가의 공익사업을 수행하고 있는 공사조직에 자발적으로 참여하여 반대급부를 받지 않고 인간존중의 정신과 민주주의 원칙에 입각해 필요한 서비스를 제공하여 이타심의 실현과 자기실현을 성취하려는 활동이라고 한다.

Ellis와 Noyes는 시기나 장소에 따라 다양하게 사용되고 있는 자원봉사의 개념을 명확하게 하기 위해 자원봉사활동의 구성요소로 다음과 같은 네 가지를 제시하고 있다(Ellis & Noyes, 1990).

첫째, 자발적 책임이어야 한다.

둘째, 사회적 책임이어야 한다.

셋째, 경제적 이익을 추구하지 않아야 한다.

넷째, 기본적 의무를 초월하여야 한다.

여기에서 기본적 의무란 가족을 돌보거나 투표를 하거나 직업을 갖는 것과 같이 시민으로서의 책임을 말하는 것이다. 자원봉사활동은 이러한 기본적 의무를 초월한 인간의 기본적 욕구이며 자연스러운 행위임을 강조한다.

이와 같이 현대사회의 자원봉사의 개념은 전통적으로 강조해 온 자발성, 무급성, 사회복지 영역 위주의 개념을 벗어나 민간기관뿐 아니라 공공기관, 자조집단 등을 포함하는 광범위한 영역까지 확대되고 있다. 또한 소액의 급료를 받는 경우의 자원봉사활동도 포함시킬 것인가의 문제도 있으나 필요하다면 최소한의 경비를 지원받을 수 있다는 관점까지 제시하고 있다.

곽효문(2009)은 "자원봉사란 개인, 집단, 지역사회의 문제를 치료하고 예방하며 공동의 복지목표를 위한 개인적·사회적인 노력에 반대급부 없이 자발적으로 협력 또는 직접 참여하는 활동이며 자원봉사활동은 기존의 사회기관, 사회복지기관을 중심으로 지역사회의 국가편익을 위하여 일하는 모든 사회기관과 조직에서의 활동"이라고 정의하였다.

이와 같은 개념들을 정리해 보면 자원봉사란 개인, 집단, 지역사회의 문제를 치료하고 예방하며 공동의 복지목표를 위한 개인적·사회적인 노력에 반대급부 없이 자발적으로 협력 또는 직접 참여하는 활동이며, 자원봉사활동은 기존의 사회기관, 사회복지기관을 중심으로 지역사회의 국가편익을 위하여 일하는 모든 사회기관과 조직에서의 활동이라고 정의할 수 있다.

## | 제2절 | 자원봉사활동의 특성

자원봉사활동의 특성은 자발성, 복지성, 무보수성, 지속성, 이타성, 자아실현성, 교육성, 조직성, 민주성, 개척성, 공공성으로 설명할 수 있다(김형수 외, 2010).

### 1. 자발성

자원봉사활동은 타인의 강요나 억압에 의해 행해지는 것이 아니라 타인을 돕고자 하는 자신의 자발적 의지에서 비롯된 자유로운 활동이어야 한다. 지금까지 자원봉사활동이 금전적 이득과 대가 없이 오랫동안 이어져 오고 있는 것은 자원봉사활동이 다름 아닌 개인의 자연스러운 발로이기 때문이다.

따라서 자원봉사활동을 활성화하기 위해 우선적으로 고려해야 할 점은 자원봉사자의 동기를 어떻게 조직화해서 자원봉사활동으로 연결해 나갈 것인지, 또한 법이나 제도적 장치가 이들 자발성을 침해하지 않고 어떻게 이들의 활동을 지원해 나갈 것인지이다.

### 2. 복지성

자원봉사활동은 개인의 자아실현뿐만 아니라 어려운 이웃과 지역사회 내의 사회문제를 해결하기 위해서 활동하는 것이어야 한다. 자원봉사활동은 상부상조, 공동체 의식에 바탕을 둔 쌍방의 경험이며, 상호 발전의 기회를 제공할 뿐 아니라 어려움에 처한 사람이 인간의 존엄성을 유지하고 인간다운 생활을 보장받는 데 이바지해야 한다. 개인이나 집단의 이익실현이나 목적추구를 위한 활동은 포함되지 않는다.

## 3. 무보수성

자원봉사활동은 금전적 보수나 대가를 목적으로 해서는 안 된다. 자원봉사활동을 행함에 있어 인간의 자발성이 경제적 보상 등과 같은 요인에 의해 구속되어 본래의 정신에 위배되는 일이 없어야 한다. 그러나 최근에 와서는 자원봉사활동에 쓰인 최소한의 경비나 수당을 받을 수 있다는 여론이 많다. 이는 자원봉사활동의 원래 목적이나 취지를 저해하지 않는다면 교통비나 식사비와 같은 최소한의 실비 지원은 오히려 자원봉사활동을 촉진시키는 매개체가 된다고 보는 것이다.

## 4. 지속성

자원봉사활동은 일회성이나 활동적인 활동으로 끝나서는 안 된다. 자원봉사활동이 자발적 동기에 의해 시작된다고 하더라도 일단 활동이 시작되면 일방적으로 끝나서는 안 되며 일정 기간 동안 계속되어야 한다. 그리고 이러한 지속성은 자원봉사자에게만 일방적으로 요구 또는 기대할 것이 아니라, 활동기관이 효율적 자원봉사자 관리를 통해 장기적인 자원봉사가 이루어질 수 있도록 유도해야 한다.

## 5. 이타성

자원봉사활동은 자신의 명예나 이해보다는 도움이 필요한 대상자를 먼저 생각하고 행동하는 이타적 정신에서 비롯되며, 이러한 이타성은 자원봉사활동의 가장 중요한 특성 중의 하나로 여겨져 왔다. 그러나 비록 이타주의적 동기가 가장 중요하다고 해도 자원봉사자에게 절대적 이타성을 바라는 것은 불가능하다. 또한 자원봉사활동을 해나가면서 여가선용, 기술 습득이나 대인관계 향상, 성적 반영 등 이기적인 욕구를 충족시키거나, 비록 활동 초창기에는 이타주의가 없이 시작했다 하더라도 활동이 진행되면서 이웃을 사랑하는 마음과 타인에게 도움을 주려는 이타주의적 정신이 생기게 하는 것 역시 매우 중요하다.

## 6. 자아실현성

타인을 돕고자 하는 이타주의적 동기에서 자원봉사활동을 시작하였다 하더라도 그 과정을 거치면서 심리적 만족감, 성취감, 개인적·전문적 성장의 기회, 새로운 기술 또는 경험의 습득 등과 같은 심리적 보상을 얻게 된다. 특히 자신이 이전까지 느끼지 못했던 자신에 대한 가능성과 잠재능력을 발견하고 무엇인가를 해냈다는 만족감, 성취감을 갖게 될 뿐만 아니라 새로운 사람들과의 관계성을 통해 인격적 성장과 더불어 자신을 사회적 존재로 지각하는 경험을 갖게 된다.

## 7. 교육성

자원봉사활동은 일정한 학습, 교육을 이수하고 이루어지는 활동이다. 직접 참가하는 체험학습이고, 사회복지에 대한 관심과 이해를 돕는 복지교육이며, 민주시민으로서의 바람직한 역할과 자세를 배우는 시민교육의 기능도 수행한다. 또한 자원봉사활동을 통해 자신이 몰랐던 사람들의 생활이나 지역사회의 문제 등 새로운 사실을 알게 될 뿐 아니라 대인관계 기술, 새로운 정보, 새로운 기술 등을 습득하게 된다. 따라서 자원봉사활동의 결과도 중요하지만 봉사활동의 준비나 실천과정이 얼마나 교육적인지도 매우 중요하다. 교육받지 않은 사람을 예비 자원봉사자 또는 자원봉사 신청자라고 하고, 교육이수를 통해 신념이나 필요한 지식을 얻어 전문적인 자원봉사활동이 가능하게 된다.

## 8. 조직성

자원봉사활동이 개인의 자발적 활동에서 시작된다고 하더라도 현대사회의 복잡하고 다양한 사회문제에 대응하기 위해서는 산발적이거나 비조직적으로 행해지는 활동을 조직화하고 체계화시켜 나가는 것이 필요하다.

조직성이란 서비스의 효과성과 효율성을 증대시키기 위해서 지역사회에 산재해 있는 잠재적 자원봉사자를 모집하여 활동에 필요한 인력과 재원을 마련하는 등 조직적이고 체계적인 일련의 활동을 말한다.

## 9. 민주성

자원봉사활동은 자발적 참여를 통한 활동이므로 민주적인 철학과 관련이 깊다. 즉, 자원봉사활동을 행함에 있어 민주적 절차나 균등한 기회 제공을 통해 자원봉사활동에 참여를 원하는 사람이면 누구나 활동을 할 수 있고, 개인의 다양한 개성과 능력을 충분히 발휘할 수 있도록 하며, 더 나아가 자원봉사활동을 전개해 나가는 과정 중에 다양한 욕구를 가진 사람들과의 상호작용을 통해 서로의 의견을 절충하고 공동선을 지향하게 함으로써 민주시민으로서의 자질을 배양하게 한다.

## 10. 개척성

정부나 공공기관의 서비스가 형식적, 획일적, 무사안일주의에 치우치기 쉬운 데 반하여 자원봉사활동은 개별성, 창조성, 실험적 노력 등을 발휘해 공적 사회복지사업의 한계를 보완한다. 그뿐만 아니라 자원봉사활동은 지역에 사는 주민의 활동이므로 지역사회의 문제 발견이 용이하며 이들의 욕구에 쉽고 빠르게 대응할 뿐 아니라 개별적으로 다루어져 왔던 문제들을 사회문제화하고 보다 적극적이고 다양한 대응방안을 제시하는 등 개척적이고 사회개발적인 기능을 한다.

## 11. 공공성

자원봉사활동은 특정 개인, 단체의 이익이나 정당, 종교 등을 초월하여 모든 사람을 위해서 행해지는 공공성에 바탕을 둔다. 그렇기 때문에 자원봉사활동은 특정 개인이나 집단의 이익이 아닌 공익을 제일의 목적으로 추구해야 하며, 자기 자신, 가족, 친족을 돕거나 영리를 목적으로 해서는 안 된다.

# | 제3절 | 자원봉사의 가치와 철학

## 1. 자원봉사의 가치

자원봉사활동은 타인에 대한 선행활동을 함으로써 자아실현을 위한 하나의 기회가 될 수 있다. 자원봉사활동은 주는 것만이 아니라 오히려 자신에 대한 정체성 확인 및 자기성취 등을 가능하게 한다. 이러한 가치들을 고찰하면 다음과 같다(김영호, 1994).

첫째, 인간성을 회복하고 가정의 기능을 회복하며 이를 보완한다.
둘째, 지역사회를 회복하고 개발시킨다.
셋째, 한 사람 한 사람의 마음과 마음을 엮어가는 활동이다.
넷째, 만남과 나눔의 활동이다.
다섯째, 민주복지시민의 능력을 몸에 익혀가는 활동이다.
여섯째, 인간 서로 간의 공동복지를 실현하기 위한 활동 등이다.

이와 같은 자원봉사활동은 우리나라를 포함한 많은 나라에서 다음과 같은 중요한 몇 가지 기능을 수행하고 있다.

첫째, 국가의 서비스 활동을 보충하고 보완하는 기능이다. 국가의 보편주의적 서비스 지원정책으로부터 소외된 특수취약계층에 대한 적극적인 개입으로 국가의 복지활동을 보충하는 역할을 담당하게 된다.

둘째, 자원봉사활동은 시범적이며 신축성이 있고 전문적이면서 봉사적이라는 데 의의가 있다. 국가의 복지활동은 법령에 의하여 서비스를 제공한다는 점에서 신축성이 없고 변화에 대해 적응하기 어려운 반면에 자원봉사활동은 수혜대상자의 요구에 따른 새로운 접근방법을 제공하거나 새로운 전달체계를 시도하는 등 시범적인 사업을 시도하기가 훨씬 용이하다. 또한 공공의 복지정책은 법령과 행정에 의해 관료적인 복지활동을 전개하고 있다고 볼 수 있는데 민간에 의한 자원봉사활동은 전문적인 서비스에 역점을 두는 것이 보통이다.

셋째, 자원봉사활동으로 제공되는 서비스는 전문인력보다 수혜대상자의 자존심을 유지시키는 데 있어 유리하다. 전문인력에 의해 제공되는 공공부조사업이 갖는 가장 큰 취약점은 자산조사나 기타 자격조건을 확보하기 위한 조치 등으로 말미암아 수혜대상자에게 무능력자 또는 낙오자라는 낙인이 새겨질 가능성이 높다. 그러나 자원봉사활동으로 서비스를 제공받는 수혜대상자는 자발적인 참여가 존중될 수 있으므로 복지대상자가 불필요하게 낙인찍힐 여지가 거의 없게 된다.

넷째, 자원봉사활동은 주민들의 참여에 의해 효율적인 활동을 강조하므로 주민들로 하여금 복지의식을 갖게 하고 사회연대 의식을 갖게 하여 사회통합에 기여할 수 있다.

다섯째, 현대 국가들은 정치, 경제, 사회 등 모든 분야에서 국가의 개입을 최대한 축소해 보려는 이른바 작은 정부를 지향하는 경향이 있는데 이러한 측면에서도 자원봉사활동의 활성화와 확대가 더욱 중요시되고 있다.

이와 같은 몇 가지 특성을 갖는 자원봉사활동은 점차 그 범위와 내용, 참여자의 수효가 확대되는 경향이 있으며, 수혜대상자뿐만 아니라 자원봉사활동을 하고 있는 대상자에게도 중요한 삶의 의미를 부여하여 더불어 사는 사회를 구축하는 철학의 기반을 조성해 주고 있다.

## 2. 자원봉사의 철학

사회복지철학은 결국 인간이 한계상황에서 자기의 생존을 실현해 가는 과정상의 신념이다. 즉, 인간이 사회 생존상의 자기실존을 위하여 활동하는 신념이 사회복지철학이다. 사회복지철학을 자세히 보면 사회철학과 복지철학의 합성어이다.

사회철학은 사회인식의 관점, 국가사회관, 인간의 행동 기준, 사회과학의 철학적 기반으로 볼 수 있으며, 복지철학은 인간이란 무엇인지, 복지란 무엇인지, 인간의 공생 · 공존 · 사회적 감성 · 자기보전의 조화와 감정을 말한다.

이런 점에서 사회복지철학은 평화, 인권, 희망을 목표로 하는 인간의 사회적 공존 · 공생정신이며 생존과 실존의 신념체계로 생각할 수 있다. 이러한 측면을 고려할 때 자원봉사철학 역시 이에 해당하는 체계로 간주되어야 할 것이다(곽효문, 2009).

### 1) 자원봉사주의

자원봉사주의란 인간의 공동복지 목표를 달성하기 위한 공동참여의 노력을 중요시하며 자발정신, 자유의지, 자원복지활동, 자원복지기관을 통합한 개념이다.

자원봉사활동은 인간성의 상실은 물론 가정과 지역사회의 해체에 대하여 공공사회를 기본으로 한 각자의 자유의지 혹은 자발정신의 발동으로서 생기는 주체적인 활동을 의미한다.

한편 인간존중의 신화 또는 철학·종교적인 자원봉사주의 철학에 기초하기도 하는 자원봉사주의의 기반을 살펴보면 다음과 같다.

첫째, 그리스도를 중심으로 한 삶은 이웃 사랑, 바람직한 것, 선을 위한 자기희생, 자발적인 행동을 기반으로 하고 있다.

둘째, 매일의 일상생활을 중심으로 한 삶은 긍정적 입장, 감사하는 마음, 지역사회 구성원으로서 이웃이라고 하는 공동사회 구축, 개선과 향상, 발전에 대한 책임의식, 지역사회에 대한 긍정적 감정, 사회적 연대감, 이웃 사랑, 자기희생에 따른 자발적 행동 등을 기반으로 한다.

따라서 지역이기주의와 개인주의로 점철된 현대사회의 다양한 개인적·사회적 문제를 해소해 나가기 위해서는 이와 같은 자원봉사의 기반을 바탕으로 한 시민정신을 발전시켜 나가야 한다.

## 3. 민주주의 철학

민주주의는 자유와 평등, 정의의 규범적 산물이다. 따라서 민주주의 철학은 인간존중과 사회적 책임을 강조하고 있고, 자원봉사활동은 지역사회 감정의 형성을 위한 사랑의 활동으로서 전 국민을 주체로 하며, 전 국민이 직간접적으로 협조 또는 참여하는 데 있다.

# | 제4절 | 자원봉사의 필요성과 성격

## 1. 자원봉사의 필요성

자원봉사활동이란 대가를 바라지 않고 도움을 필요로 하는 사람을 돕는다는 이타적인 행동이다. 자원봉사의 내용은 서비스의 제공뿐만 아니라 봉사활동 과정에서 봉사자 자신의 사회에 대한 안목을 넓히고 개인적인 경험을 축적하여 보다 성숙된 자아를 실현시킬 수 있는 계기가 될 수 있으므로 자신에게 매우 유익한 활동이다.

그러므로 자원봉사활동은 서비스의 대상자는 물론 자원봉사자 자신에게 사회적으로도 이익이 되는 활동이기에 그 중요성이 크게 부각되고 있다. 또한 도움이 필요한 인구계층에 대한 자원의 한계성을 민간부문을 통해 극복할 수 있기 때문에 자원봉사자와 자원에 대한 효율적 관리를 할 수 있다.

따라서 자원봉사활동은 역사적으로 보이지 않는 사회복지 일반교육의 기초가 되었으며, 오늘날 선진 복지국가일수록 자원봉사활동이 인간적 성숙의 장으로 인식되어 사회복지 교육·훈련활동의 하나로 중시된다.

이러한 자원봉사활동을 통한 자아실현은 인간의 기본적 욕구를 충족시켜 정신적 안정과 자기충실감을 가질 수 있게 하며, 사회문제를 예방하고 생의 보람과 희망을 가질 수 있게 한다.

이에 인간성 회복과 가정기능의 회복을 기초로 한 지역사회 재형성과 공동체 기능의 회복을 위해서는 복지성, 자발성, 연대성, 무보수성을 가치로 삼는 자원봉사활동이 매우 필요하다.

현대사회는 핵가족화의 경향으로 가족 기능이 매우 취약한 상태에 있고 그에 따라 개인 및 가족문제 또는 필요한 개별 사회적 서비스의 다양한 요구가 발생하고 있다. 이런 요구들에 대하여 자원봉사활동은 공동의 복지활동의 하나로 대변자, 변호자, 협동자로서의 역할을 수행하여 정상화와 통합화에 기여하는 바가 크다고 할 수 있다.

특히 복지메커니즘 안에서 민간부문에 대한 성장의 미흡으로 보완적인 서비스제공도 어려운 실정에 놓여 있다. 이와 같은 문제점들을 해결하기 위해 사회복지 분야에서는 다양한 영역에 복지서비스를 전달함에 있어서 자원봉사활동의 중요성을 인식하고 이를 확산시키려는 움직임을 보여왔다. 실제로 사회복지 영역에서 자원봉사활동은 매우 중요한 활동이다.

## 2. 자원봉사의 성격

자원봉사의 성격은 여러 가지 측면에서 규정해 볼 수 있으나 자원봉사의 가치관, 자원봉사활동의 목적, 자원봉사활동의 기초 지식, 자원봉사활동의 기본적 방법, 자원봉사활동에 필요한 기본적 기술의 다섯 가지로 나누어 설명하고자 한다.

첫째, 자원봉사활동의 가치관은 모든 사람이 평등하고 존중받아야 한다는 것이다. 개인에게 관심을 가지며 관계를 맺음에 있어서도 인간의 존엄성을 바탕으로 해야 한다. 인간은 자아실현 욕구를 갖고 있으며 개인의 자주성·독립성을 주장하도록 해야 한다. 그리고 인간이 느끼는 이러한 욕구는 개인에 따라 독특하고 다르다는 것을 인지시켜야 한다. 인간은 서로 간의 책임을 느껴야 하며 개인과 사회에서는 사회적 연대책임이 있다. 개인은 자신의 문제에 대처할 수 있는 충분한 잠재력을 가지고 있으므로 이러한 잠재력을 개발하여 자신의 문제를 해결하도록 해야 한다. 사회는 각 개인의 자아실현에 방해가 되는 장애물들을 제거해 주어야 할 책임이 있다.

둘째, 자원봉사활동의 목적은 개인이나 집단으로 하여금 자신들이 가지고 있는 문제를 확인, 해결, 극소화할 수 있도록 돕는 것이다. 또한 개인, 집단, 환경 내에 존재하는 잠재력을 발견하고 확인한다. 단순한 치료 또는 예방 활동을 넘어서 개인, 집단, 지역사회가 소유한 잠재력을 극대화한다.

셋째, 자원봉사활동의 기초지식 측면에서 볼 때 인간 개선과 행동에 대한 지식이 있어야 한다. 인간의 의사소통을 위한 다양한 기술의 지식을 습득해야 하며 집단의 과정을 이해하는 기술을 가져야 한다. 개인, 집단, 지역사회 형성의 문화적 요인, 즉 문화유산이 어떤 의미와 영향을 주는지를 이해해야 함과 동시에 인간 개발에 대한 이해가 있어야 한다. 지역사회의 본질에 대한 이해와 자기 자신에 대한 지식을 습득해야 한다.

넷째, 자원봉사의 기본적 방법에 있어서는 개별지도사업, 집단지도사업, 지역사회조직사업, 사회조사, 사회복지행정 등이 있다.

다섯째, 자원봉사활동에 필요한 기본적 기술로 인간을 돕는 여러 가지 방법과 기법을 효과적으로 활용함으로써 자원봉사의 대상인 개인 또는 집단이 도움을 주고자 하는 사람의 의도와 역할을 분명히 이해하고, 문제해결의 과정에 대상자 스스로 참여할 수 있도록 유도하는 능력이 있어야 한다.

## | 제5절 | 자원봉사의 실제

### 1. 자원봉사자의 기본 자세

자원봉사활동을 하고자 할 때는 자신이 관심이 있는 일이나 주위에서 할 수 있는 일부터 시작한다. 즉, 가정, 이웃, 지역사회에서부터 시작한다. 상대방의 필요에 따라 상대방의 입장에서 활동하되 상대방이 의존하지 않도록 한다. 그러기 위해서는 먼저 신뢰관계를 형성하는 것이 필요하다.

자원봉사활동은 세밀한 계획하에 서비스를 마칠 때까지 계속하되 무리하지 말아야 한다. 본인이 할 수 있는 활동의 한계를 명확히 해야 한다. 일의 양, 시간, 목적, 사람 수 등의 한계를 정하여 시작해야 하며 서로 간에 이해가 전제되어야 한다.

활동 수행 중에는 활동을 점검하고 일의 경과를 기록하여 평가와 지도 또는 발전의 자료로 비치한다. 활동은 항상 겸손한 태도, 감사한 마음과 기쁨을 시작으로 상호 간에 감사함과 보람으로 마칠 수 있도록 노력한다.

자원봉사활동은 계속하여 학습의 기회를 제공하고 자신을 성장시킨다. 자신의 올바른 행동은 모든 자원봉사활동가를 대표하는 것이라는 마음으로 해야 하며 활동 중에 알게 되는 비밀과 활동하는 기관의 업무와 관련된 비밀은 엄수한다.

## 2. 자원봉사관리자

자원봉사를 제공받는 기관에서는 지속적인 자원봉사활동을 위하여 전문적인 자원봉사관리가 필요하다. 이를 위해서 다음과 같은 사항을 점검해야 한다(이종복 외, 2010).

### 1) 자원봉사자 활용 이전의 준비사항

첫째, 시설의 직원이 자원봉사활동에 대한 기본적인 사항을 이해하고 있어야 한다. 그뿐만 아니라 실제로 자신이 자원봉사활동에 참여해 봄으로써 시설 자원봉사자의 입장을 이해할 수 있어야 한다.

둘째, 시설 내 직원 간의 협력체계가 잘 갖추어져 있어야 한다. 자원봉사관리자가 열심히 활동해도 다른 직원들이 자원봉사자에 대해 무관심하거나 귀찮게 생각하는 경우가 있다. 따라서 시설 내에서 자원봉사자 활용에 대한 합의를 얻는 것이 필요하다.

셋째, 자원봉사 프로그램을 개발하기 위해서는 우선 해결해야 할 과제나 시설에서 실제로 필요한 욕구가 무엇인지 분명하게 확인해야 한다. 이미 작성된 프로그램 중 하나를 자원봉사 프로그램으로 수행하기로 했다면 프로그램 명칭과 내용을 자원봉사에 맞게 만들어야 한다. 새로 프로그램을 기획할 때도 시설의 욕구에 부합한 프로그램을 계획하여야 한다.

### 2) 자원봉사자의 모집

자원봉사자 모집이란 자원봉사활동을 하고자 하는 자원봉사자의 도움을 필요로 하는 기관 혹은 시설의 욕구가 만나는 과정이다. 즉, 자원봉사활동을 하고자 하는 동기가 기관이나 클라이언트가 제공하는 일감과 만나는 것이다. 시설에서 자원봉사자를 모집하게 될 때 겪게 되는 어려움은 두 가지 유형이다.

첫째, 충분한 자원봉사자가 없다는 것이다. 둘째, 업무에 적합한 자원봉사자가 없다는 것이다. 자원봉사활동에 적절한 자원봉사자를 모집하기 위해서는 모집과정에 활동 업무, 자원봉사자 유형, 참여 동기, 모집 메시지 등에 대한 내용이 다루어져야 한다. 또한 보다 효과적인 자원봉사 모집 아이디어를 제시하여 방법을 모색해야 한다.

기관의 욕구에 근거한 자원봉사활동 영역을 구분하고 자원봉사자를 모집할 때는 정확한 자료를 제공하되 자원봉사활동에 대한 기대를 가질 수 있는 아이템을 발굴하는 것이 필요하다.

### 3) 활동 개시

자원봉사활동이 시작되면 자원봉사자용 명찰이나 필요한 경우 활동복을 준비하여야 하며, 자원봉사자실, 신발장, 옷장 등의 공간을 마련하고 자원봉사자용 음료수나 차, 간식 등의 준비와 활동 기록용지 등을 마련해야 한다. 활동 당일 시설 자원봉사 관리자가 해야 할 일은 우선 자원봉사자가 오는 것을 직원에게 주지시키고, 그날의 활동에 대해 구체적으로 오리엔테이션을 하며, 자원봉사자가 활동할 부서의 책임자를 소개하고 시설생활자에게 자원봉사자를 소개하는 것 등이다.

자원봉사자에 의해 수행되는 자원봉사활동이 보다 효과적이기 위해서는 자원봉사자에 대한 지도감독이 필수적인 요소이다. 지도·감독의 내용은 다음과 같다(조휘일, 2002).

첫째, 자원봉사자가 활동하는 데 필요한 제반 행정적인 지도 및 지원
둘째, 자원봉사자가 맡은 활동을 수행하는 데 필요한 전문적·기술적인 지도
셋째, 자원봉사자의 활동을 통한 자기성장과 자아실현의 기회 제공
넷째, 자원봉사자의 능력과 활동성과에 대한 평가기회를 제공

이러한 지도·감독을 효율적으로 수행하기 위한 방법은 토의 형식으로 진행하는 것이 효과적이며, 개별 지도와 집단지도가 병행되는 것이 바람직하다. 그리고 자원봉사자를 지도·감독하는 위치에 있는 사람은 자원봉사자의 사기를 높여 주고 일과 관련된 자원봉사자의 실망, 불안, 불만 등에 대해 전문가로서 가치 있는 의견을 주며 자원봉사자들의 안정감을 느끼게 하여 기관에 속해 있다는 소속감을 주어야 할 책임이 있다.

또한 자원봉사자가 지속적으로 자원봉사활동을 전개할 수 있도록 하는 것은 인정과 보상이다. 인정과 보상은 정신적·물질적, 추상적 그리고 구체적인 요소를 포함하는 것으로 비록 인정과 보상이 자원봉사자들을 지속적으로 활동하게 하는 유일한 수단은 아닐지라도 자원봉사자를 활용하는 시설에서는 그들의 봉사를 얻는 대신에 손쉽고 직접적인 경제적 보상을 제공하기보다는 그들에게 지식, 경험 및 기술을 제공하여 사회·심리적인 욕구가 충족되도록 하는 것이 중요하다.

### 4) 활동 경과

자원봉사활동은 항상 변화한다. 자원봉사그룹의 인원수나 그룹 내의 인과관계가 변하고 요구되는 서비스 내용이 변하며 시설 내의 조직체계도 변한다. 따라서 시설자원봉사 조정자는 정기적으로 활동에 대한 점검과 평가를 해야 한다. 점검이나 평가를 실시하기 전에 우선 전제되어야 할 것은 자원봉사활동의 목적과 관련지어 실시되어야 하고, 측정 가능한 목표가 명확하게 제시되어 있어야 하며, 적절한 기록이 남아 있어야 한다. 평가대상은 자원봉사자, 시설

생활자, 시설 직원 또는 자원봉사 조정자의 자기평가 등으로 한 대상 혹은 둘 이상의 대상이 평가에 활용될 수 있다. 평가방법은 활동 프로그램에 따라 차이는 있지만 공통으로 설문지 조사나 평가회 개최를 통해 실시할 수 있으며, 평가의 시기에 따라 기초평가, 중간평가, 최종평가, 사후평가로 나누어 실시할 수도 있다.

자원봉사활동의 평가에서 나온 각종 자료를 근거로 자원봉사자의 재교육 프로그램을 마련하여야 한다. 단일 사회복지시설로서 실시하기 힘든 재교육 프로그램이라면 각종 시설협회나 사회복지협의회에 의뢰하여 다른 종류의 시설들과 공동으로 실시하는 방법을 생각해 볼 수도 있다.

## 3. 자원봉사활동 관리 단계

우리나라에서는 사회복지 분야뿐만 아니라 사회의 다양한 분야에서 자원봉사활동이 계속 확대되고 활성화될 추세를 보이고 있으나, 자원봉사활동의 이론적 체계가 미숙하고 실천에 있어서도 토착화나 공고화되어 있지 못한 실정으로 중도 탈락 등 여러 가지 문제가 발생하고 있다. 이러한 가장 큰 이유는 자원봉사활동에 대한 체계적 관리가 미흡하기 때문이다. 따라서 앞으로는 보다 체계적이고 과학적인 자원봉사관리 과정을 도입하여 자원봉사자의 효과적이고 효율적인 활용방안이 강구되어야 한다(김형수 외, 2010).

### 1) 모 집

모집이란 사회복지 시설이나 기관이 복지서비스를 위해 필요한 자원봉사자를 발굴하는 활동으로 이는 모집 전 준비 단계, 모집 단계, 면접 단계 등 일련의 과정으로 연결된다.

### (1) 모집 전 준비 단계

첫째, 업무설계 및 업무분장이 행해져야 한다.

둘째, 기관 내 직원에게 자원봉사자 이해에 관한 교육이 이루어져야 한다.

셋째, 자원봉사자가 활용할 수 있는 방이나 비품, 명찰, 자원봉사일지, 출근부, 자원봉사시간표, 자원봉사신청서 등 자원봉사자가 참여할 수 있는 프로그램이 준비되어 있어야 한다.

넷째, 잠재적 자원봉사자의 동기와 욕구 및 관심이 무엇인지 파악해야 한다.

### (2) 모집 단계

모집은 프로그램 특성상 가장 부합되는 대상자를 발견하여 활동으로 연결하기 위한 것이다. 이를 위해서는 모집대상자에 따라 모집 방법, 모집 기술, 모집 시기 등에 대한 세심한 검토가 필요하다.

모집 방법은 개별 기관별로 직접 모집하는 방법, 자원봉사센터나 기관을 통해서 의뢰하는 방법, 기관들이 지역 차원에서 공동으로 모집하는 방법 등이 있다.

모집 기술로는 인적자원을 통한 개별 모집과 비인적 자원을 통한 대중모집이 있다.

모집 시기를 결정할 때는 잠재적 자원봉사자의 생활주기를 파악하여 적절한 시기를 선택해야 한다. 예를 들어, 주부의 경우는 학기 중의 시기가 가장 적합하고, 대학생 혹은 고등학생 등은 학기 중보다는 방학 때가 더욱 적합하다. 또한 모집 시기를 1년에 한 번 집중적으로 모집하는 경우, 필요한 프로그램마다 그때그때 수시로 모집하는 경우, 일정한 기간마다 정기적으로 모집하는 방법 등이 있다.

#### (3) 면접 단계

면접은 자원봉사자와 기관이 서로 간의 기대와 욕구가 맞는지를 구체적으로 확인하는 과정이다. 면접 과정에서는 상호 의견 및 정보교환을 통해 자원봉사자 개개인의 동기, 의욕, 구체적인 목표가 결정되고 이들 정보를 바탕으로 최종적으로 업무가 배정되어야 한다.

### 2) 교육 및 훈련

자원봉사활동에 참여하려는 사람들에게는 자원봉사활동의 사회적 의미를 이해할 수 있도록 도와주고, 수행하게 되는 업무에 관한 기술적·심리적 준비를 위한 일정한 교육과 훈련이 필요하다.

교육·훈련은 업무 전 교육, 업무 중 교육으로 구분할 수 있다. 업무 전 교육은 오리엔테이션, 사전훈련 등이 포함된다. 오리엔테이션에서 다루어지는 내용은 기관의 기능, 기관의 역사, 법규와 규칙, 이득과 인센티브 그리고 자원봉사자의 반응 등이다.

사전훈련은 오리엔테이션을 통해 자원봉사자들이 활동을 행하기 전에 활동에 필요한 지식과 기술을 습득하도록 하는 것이다. 훈련 내용은 봉사자의 욕구 및 특성, 기관에서 필요한 업무, 자원봉사자의 경험 정도에 따라 다양하게 구성되며, 훈련 시기는 단시일 내에 집중적으로 하는 방법과 분산해서 실시하는 방법이 있다.

업무 중 교육과 훈련에는 초기훈련, 중간훈련이 있다. 초기훈련은 자원봉사자가 활동에 앞서 훈련을 받았다고 하더라도 직접 활동에 참여하면서부터는 아직 미숙한 상태이므로 많은 지원이 필요하기 때문에 실시하는 훈련이다. 이 훈련은 자원봉사자가 자원봉사관리자와 직접 만나거나 전화를 통해서도 행해질 수 있고, 활동에 참여한 자원봉사자가 그룹별로 모여 토의를 하거나 단기 모임을 통해서 행해진다.

중간훈련은 자원봉사자의 활동이 진행되는 중에 필요한 지식이나 기술, 태도를 강화하고, 새로운 기술이나 지식, 태도를 소개함으로써 자원봉사자의 기술을 향상시키고 매너리즘에 빠지지 않도록 자원봉사자의 활동 계속성과 서비스 질의 고양에 이바지하고자 하는 훈련이다.

훈련방법은 자원봉사활동에 응용하면서 생기는 장단점을 토론하거나 직원회의에 참여하는 것, 유사기관에 파견되어 일정 기간 동안 훈련받는 방법, 타기관이나 조직을 방문하여 새로운 아이디어를 얻거나 훈련·세미나에 참여하도록 하는 것 등이 있다.

### 3) 배 치

자원봉사자의 능력과 기대, 기관의 욕구 등을 고려하여 적절한 업무에 배정하는 것이 필요하다. 업무 배치에 있어서 고려해야 할 점은 자원봉사활동 기관의 조건, 자원봉사활동 집단 또는 조직의 조건, 그리고 자원봉사자의 조건 등으로 자원봉사자와 면접 결과를 바탕으로 제반 여건을 고려하여 적재적소에 배치하여야 한다.

### 4) 지도·감독 및 평가

자원봉사자의 교육과 훈련 중에도 자원봉사자의 개별적 성장·발달을 위해 지도·감독이 필요하다. 지도·감독은 자원봉사자가 달성해야 할 목표에 도달하기 위한 구체적 방법을 제시하여 자원봉사자가 책임 의식을 느끼도록 하는 기능을 한다.

평가는 자원봉사자가 서비스 수혜자에게 얼마나 효과적으로 서비스를 제공하고 있는지, 봉사대상자의 입장에서 자원봉사자의 활동을 어떻게 인식하고 있는지에 대해 주기적으로 파악함으로써 자원봉사활동을 개선할 수 있다. 평가 시기는 프로그램 개시 후, 진행 도중, 프로그램 종료 후 등으로 나누어질 수 있다. 또한 특성에 따라 매달, 매년, 또는 수시로 행해질 수 있다.

평가 주관자는 자원봉사자, 유급 직원, 자원봉사 조정자, 타 전문가, 지역사회 대표, 클라이언트 등이 참여할 수 있다.

평가 유형으로는 과정평가, 결과평가, 영향평가 등이 있다. 과정평가는 계획수립 단계에서 설정한 목표 달성 기준이나 척도에 따라서 목적을 달성하기 위한 목표가 얼마나 성취되고 있는지, 목표를 달성해 가는 데 필요한 과정이나 수단이 얼마나 합리적인지를 측정하는 것이다. 결과평가는 문제 또는 대상의 변화 정도 또는 활동목표에 따른 성과 정도를 의미하는 것으로, 측정 방법에는 목표관리제도, 욕구조사, 비용편익 분석 등이 있다. 자료수집 방법은 질문지법, 인터뷰, 프로그램 기록, 관찰 등이 있다. 영향평가는 프로그램 노력과 사회적 지표 변화 간의 관계를 보는 것으로 위기집단과 표적집단 내에서의 변화 정도나 사회지표상의 변화에 대한 실증적인 기대 정도를 보는 것이다. 즉, 사회문제나 이용자 욕구 변화에 미친 영향의 정도를 평가하는 것이다.

### 5) 인정 및 보상과 사후관리

자원봉사활동의 가장 큰 과제 중의 하나는 자원봉사자의 지속성이다. 즉, 자원봉사자를 모집한 후에 그들이 행복을 지속적으로 느끼면서 자원봉사활동을 하도록 하며 중도에 탈락하지 않도록 하는 것이다. 이를 위해 활용되는 것이 인정과 보상으로 이는 자원봉사자로 하여금 만족스러운 경험이 되도록 하고 그들을 격려해서 봉사활동에 계속 머무르도록 하는 중요한 도구이다.

인정과 보상은 공식적인 것과 비공식적인 것으로 구분된다. 공식적인 것은 배지나 핀, 일정 기간 근무 후에 주는 증서 또는 감사장, 연례 만찬초대 또는 파티, 시상, 표창, 진정한 감사의 말, 중요한 책임 부여, 개인의 업무 성과를 인정하려는 배려, 직원회의에의 참석 등을 들 수 있다.

CHAPTER 09

# 사회복지시설의 프로그램 기획

CHAPTER 09

# 사회복지시설의 프로그램 기획

## | 제1절 | 프로그램 기획의 개념

### 1. 프로그램 기획의 정의

기획(planning)이란 계획을 수립하는 과정을 말하는 것으로 이 과정을 통해 얻어진 결과를 계획이라고 한다. Gilbert & Specht(1977)는 기획이란 "통찰력, 계획적인 사고, 조사를 통해서 문제를 해결하고 앞으로 발생할 문제를 해결하기 위한 의도적인 시도이며, 다양한 행동노선 중에서 어떤 노선을 취할 것인가에 대한 가치선호를 행사하는 것이다"라고 하였고, Dror(1967)는 기획을 "적절한 수단을 통해 목적을 달성하기 위한 미래의 가치에 대한 일단의 결정을 준비하는 과정"이라고 정의하였다(최일섭 · 이창호, 1993).

따라서 기획이란 해야 할 일, 하는 방법 및 시기, 하는 일의 필요성, 일을 책임질 사람을 구체적으로 정하는 것으로서 선택할 수 있는 여러 가지 대안들 중 가장 적절한 것을 가려내는 작업이다. 그리고 기획은 어떤 행동이 취해지기 전에 해야 할 일과 그 일을 하는 방법을 결정하는 것이다. 그래서 기획은 미리 정해진 행동 과정이라고 볼 수 있다.

기획은 다음과 같은 공통적 성격을 갖는다. 첫째, 미래에 일어날 일을 예측하고 이에 대한 대비책을 강구함은 물론 과거의 시행착오를 시정하는 조직화된 노력이다. 둘째, 여러 가지 대안을 선택하는 일련의 의사결정 과정이다. 셋째, 계획은 전문화된 기능으로서 전문적 지식과 기술 및 다양한 관리 기법을 필요로 한다.

기획의 속성은 미래지향적이다. 과거와 현재를 토대로 하여 미래를 꾸미는 것이다. 또한 일 년 계획을 했다고 할지라도 그 계획이 시행되는 동안 상황의 변화에 따라 수정이 불가피하기 때문에 기획은 계속적인 과정이다. 그리고 결정 과정과 불가분의 관계에 있다는 속성을 가지고 있다. 기획의 목적은 정책결정 과정을 용이하게 하는 것이며, 정책결정 과정에 합리적인 방법과 체계적인 절차를 부여하는 데 있다. 따라서 어떤 활동도 그것이 정책이나 사업을 결정하는 것과 관련을 갖지 못한다면 기획 활동이라고 할 수 없다. 또 기획은 목표지향적인 속성을 가진다. 기획이란 적절한 수단을 통해서 목표를 달성하려는 과정으로 특정 집단의 정치적 혹은 전문적인 권력을 유지시키는 데 사업의 목적을 두는 것이 아니라 사회에 공헌할 수 있는 방향으로 개선되어야 한다는 것이다. 마지막으로 기획의 속성은 목표와 수단을 연결시키는 것이다. 계획을 수립할 때는 목표를 분명히 설정하여야 하며, 그런 목표를 달성하기 위한 수단을 분명히 하는 것은 매우 중요한 일이다(정무성, 2001).

## 2. 프로그램 기획의 중요성

사회복지 프로그램이란 일정한 사회복지시설에 속한 사회복지사가 개인, 집단 및 지역사회 수준의 서비스 요구에 직접적으로 대응하는 형태로서 이해관계자의 협의과정을 거쳐 서비스 실천과정을 마칠 때까지 요구되는 문제사정, 내용 선정 및 구성, 투입되는 자원, 기간, 종결 및 평가 등에 관한 전체적인 내용을 의미한다. 이러한 사회복지 프로그램은 사회복지시설의 사명을 보다 구체적으로 표현하는 방식이라는 점에서 매우 중요하다. 사회복지시설은 다양한 외부환경에 의존하면서 사회의 공익을 실현하기 위해 존재한다. 그것은 사회에서 제기되고 있는 문제상황을 보다 객관적으로 밝혀서 지역사회의 구성원들에게 알리고, 그들의 참여 속에 문제해결을 위한 다양한 활동을 전개해 나가야 한다는 점을 함축하고 있다.

사회복지조직은 궁극적으로 두 가지의 목적을 지향한다. 하나는 사회로부터 자원을 제공받아 이용자의 욕구를 충족하고 궁극적으로 이들의 복지수준을 향상시켜야 할 사명을 완수하는 것이며, 다른 하나는 전문적인 관리를 통해 조직 자체를 유지시키는 것이다.

사회복지조직들은 이용자들에게 양질의 서비스를 제공해야 할 수단으로서 조직의 유지 및 생존에 더욱 많은 관심을 갖고, 이러한 경향은 사회복지시설이 궁극적으로 이행해야 할 사회적 사명을 대체하는 이른바 목적 전치 현상을 일으키게 된다. 목적 전치 현상은 조직 내부로 투입된 자원을 가장 비효율적이고 비효과적으로 전환하는 경우이다. 따라서 사회복지조직과 전문가에게는 외부로부터 끌어들인 귀중한 자원을 효과적이고 효율적인 프로그램으로 전환해야 하는 책임성이 부과된다. 그리고 이러한 책임은 사회복지 프로그램에 대한 과학적이고 전문적인 기획과 평가 과정을 통해 이행되는 것이다(한동우, 2000).

Skidmore(1995)는 사회복지 조직체에서 사회복지 프로그램 기획의 필요성을 바탕으로 사회복지 프로그램의 중요성을 다음과 같이 제시하고 있다.

첫째, 불확실성의 감소이다. 사회복지 프로그램의 기획과정이 없었다면 사회복지조직은 급변하는 환경과 불확실한 미래상황에 대한 불확실성이 증가될 것이고, 이로 인하여 사회복지조직의 목표가 혼동되거나 조직성원이나 이용자가 권력지향적인 행정가들에게 희생당할 가능성도 있다.

둘째, 합리성의 증진이다. 사회복지 프로그램 진행의 기준 마련을 통해 사회복지 프로그램의 정책 수행과 운영에 안전을 기할 수 있다. 사회복지 프로그램의 목적을 객관적인 자료를 근거로 합리적으로 수립하게 함으로써 사회복지 프로그램에 대한 정책과 행정 및 방침의 변경 등을 배제할 수 있다. 사회복지 프로그램 기획 수립은 사회복지 프로그램이 계획대로 얼마나 잘 작성되어 수립되었는가를 가늠할 수 있는 평가의 기준이 됨과 동시에 그 실행 과정에서 미흡하였던 점을 파악하여 이를 개선하는 기초가 될 수 있다.

셋째, 효율성의 증진이다. 효율성이란 목적을 경제적으로 달성하는 것을 뜻하는데, 사회복지 프로그램의 확정된 목표를 가장 효율적으로 달성할 수 있는 대안을 선택하게 함으로써 효율성을 증대시켜 준다. 사회복지조직은 언제나 인력 재원이 제한되어 있기 때문에 최소의 비용과 노력으로 서비스 목표를 달성하는 것이 바람직한데, 이를 위해서는 사전에 치밀한 계획이 필요하다.

넷째, 효과성 증진이다. 사회복지조직이 이용자에게 제공한 서비스는 그의 문제나 욕구를 해결하는 데 효과가 있어야 하는데 소기의 효과를 얻기 위해서는 사전에 기획이 반드시 수립되어야 한다.

다섯째, 책임성의 이행이다. 사회복지조직은 사회의 인가를 받아 정부와 개인의 기부금 등을 사용하고 있기 때문에 조직이 목표하는 서비스를 효과적이고 효율적으로 제공할 책임을 가지고 있다. 이 책임을 잘 수행하기 위해서는 서비스에 대한 기획이 반드시 필요하며 이것은 조직 활동에 대한 평가를 하기 위해서이다. 사회복지조직의 기본적인 과제는 사회적으로 인정받을 만큼 좋은 서비스를 제공하는 것이다. 이렇게 사회적인 책임을 이행하기 위해서는 철저한 기획이 필요하다.

여섯째, 사회복지 프로그램 관련자들의 이해와 욕구 충족이다. 사회복지 프로그램 기획에는 그 프로그램에 관련된 전문가, 이용자 및 지역사회 관계 인사들이 참여하게 되는데, 이들이 사회복지 프로그램에 적극적인 관심을 가지게 되고, 사회복지 프로그램 자체가 이용자의 요구에 맞게 개발되고 적용될 수 있어야 한다.

일곱째, 사회복지조직 실무자의 사기 진작이다. 사회복지 프로그램 기획에는 많은 조직성원이 참여하고, 참여를 통하여 자신들이 조직에 기여하며, 자신들의 생각이 받아들여진다. 또한 자신들의 참여로 어떤 계획이 이루어졌다는 데에 타인으로부터 인정받고 성취감도 얻을 수 있기 때문에 기획은 사기 진작을 위해서도 필요하다. 이러한 사회복지 프로그램의 기획 과정을 통해 직원들은 직무에 대한 성취감이나 만족감을 가질 수 있다.

그러나 사회복지 프로그램이 바르게 기획되지 못하면 사회복지 프로그램 수행의 효율성이 떨어질 가능성이 있고, 프로그램의 기획자와 클라이언트는 프로그램의 목적에 대한 이해가 떨어지게 된다. 이렇게 목적에 대한 이해가 부족할 경우에는 클라이언트나 이해 관계자들의 지지를 얻기 어려울 것이고 조정하는 데 들어가는 시간과 비용이 증가할 것이다. 또한 사회복지 프로그램 기획을 신중하게 하지 못하면 잠재적으로 더욱 영향력을 가진 대안을 탐색하는 것을 피하게 되고 다른 대안들을 선택하게 된다. 그렇기에 사회복지 프로그램의 기획 시에는 신중한 설계가 필요하고 그렇게 함으로써 프로그램은 효과성과 능률성이 높아질 것이다(박차상, 1999).

이렇듯이 사회복지 프로그램의 기획은 발견된 사회문제를 해결하고 사람들의 삶의 질 향상을 위해서 하게 되는데 신중하고 설계된 프로그램 기획만이 이러한 기능을 수행할 수 있고, 사회복지실천의 중요한 수단으로 작용할 수 있다.

## 3. 프로그램 기획의 유형

프로그램 기획을 수립하는 접근 방법을 나누는 유형은 대상자 및 주민들 스스로 기획하게 하는 상향식, 기관이 주체가 되어 기획하는 하향식, 대상자와 기관이 모두 검토하고 합의하여 기획하는 공동계획 수립 등이 있다. 그리고 프로그램이 어떤 목적으로 무엇을 기초로 하는지에 따라 그 수립 과정이 다르다. 일반적으로 프로그램의 기획은 다음과 같은 방법으로 이루어진다.

### 1) 욕구 중심 기획(Need-based Planning)

욕구 중심 기획은 계획을 세우기 이전에 프로그램에 참여할 대상을 통하여 무엇을 원하는지 사전에 측정하고 조사하여 프로그램 기획에 반영하는 것이다. 이런 욕구 가운데 겉으로 나타난 욕구는 찾기가 쉽지만, 겉으로 나타나지는 않으면서 갈구하는 욕구, 본인이 깨닫지 못하지만 제3자가 찾아낼 수 있는 욕구가 있음을 인지하고 이러한 요구들을 적절하게 프로그램에 반영시켜야 한다.

### 2) 문제해결 중심 기획(Problem-solving Based Planning)

문제해결 중심 기획은 대상 집단이 가지고 있는 어려운 문제들을 나열하고 이러한 문제가 발생하는 원인을 근본적으로 해결하기 위하여 프로그램을 기획하는 방법이다. 이 방법은 문제를 의식하는 사람이 누구인지에 따라 달라질 수 있다. 그것은 객관적으로 보기에는 많은 문제를 가진 집단인데 정작 그 집단은 문제를 의식하지 못하는 경우도 있고, 반대로 별 문제가 없는 집단은 오히려 문제의식이 강한 경우도 있어 문제의 심각성을 객관적으로 규정짓기란 쉬운 일이 아니다.

어느 지역이나 집단에는 보통 여러 사람들이 바람직하지 못한 현상이라고 의식하는 문제가 있기 마련이며, 이때 문제해결 중심 기획은 그러한 문제들 가운데 가장 심각한 것부터 해결하는 접근 방법이다.

문제의식은 욕구의 관점에서 다르게 보일 수 있다. 즉, 문제가 있기에 욕구가 생기는 것이고, 욕구를 느끼기에 문제가 의식되는 것이라고도 볼 수 있다. 만약 문제가 전혀 없다고 느낄 만큼 어떤 동기가 없다면 그러한 무의식 자체가 심각한 문제가 될 수도 있다.

### 3) 자원활용 중심 기획(Resource-allocation Based Planning)

자원활용 중심 기획은 관련 지역이나 집단이 보유하고 있거나 구할 수 있는 인적자원이나 물적자원을 최대로 활용할 수 있도록 계획을 수립하는 것이다. 이를 위해서는 우선 관련 지역이나 집단의 자원조사를 철저히 해두어야 하며, 관련 집단의 요구나 문제도 염두에 두어야 한다.

### 4) 참여 기획(Participatory Planning)

참여 기획은 프로그램에 관련된 사람 모두가 함께 기획에 참여하는 방법이다. 집단이 너무 크면 대표들로 구성된 위원회를 활용할 수 있다. 이 방법은 민주적 방법으로 의사를 결정해 나가는 것으로, 민주생활 훈련에는 주장과 기대에 못지않게 책임과 의무가 뒤따른다는 점을 알게 하는 계기가 된다. 관련 집단의 요구와 문제 및 자원이 모두 고려되기 때문에 가장 합리적 방법으로 제안할 수 있다. 이것은 기획의 유형이라기보다는 모든 과정에 필요한 내용이다.

## | 제2절 | 프로그램의 기획 과정

## 1. 사회문제의 분석

프로그램 설계의 첫 번째 단계는 프로그램이 제시할 사회문제에 대한 분석이다. 사회문제 분석은 프로그램 목적을 확립하기 위한 기초가 된다. 부적절한 목표의 설정은 사회복지 프로그램에서 중요한 결점이 되며, 클라이언트와 관리자, 그리고 클라이언트와 조직 간의 분열의 원인으로 작용할 것이다. 이러한 부적절한 목적의 설정은 프로그램을 관리하고 유지하기 어렵게 만든다. 부적절한 목적의 설정은 비효과적이고 이기적이며 낭비적이라는 비난으로부터 자유로울 수 없다.

### 1) 문제의 정의

사회문제의 중요성 혹은 심각성은 문화적 삶의 위협수준과 사회문제로 낙인찍힌 사람들의 상태에 따라 판단하는 것이다. 대인서비스 관리자는 사회문제를 생성시키는 것이 아니라 사회나 지역사회가 사회문제를 규정할 때 프로그램 설계 작업을 시작한다. 대인서비스 프로그램이 사회문제로 규정된 것에 대한 해결책 혹은 해결책의 일부로 간주되고 있으므로 프로그램 설계의 첫 번째 단계에서는 언급된 사회문제에 대해 신중하지만 역동적인 분석이 이루어져야 한다. 불완전한 문제의 분석은 필연적으로 모호하거나 너무 거창한 목적을 세우고 그릇된 개입전략과 불명확한 서비스의 대상화를 야기한다.

### 2) 분석틀

사회문제의 복잡성은 매우 많고 복잡한 분석틀을 유도한다. 프로그램 설계에 관련된 중요한 결정을 내리는 데 지표가 될 핵심 요소들을 정의하고 조직화할 필요가 있다.

사회문제 분석에 있어서 요소를 규정하는 유형을 보면 첫째, 사회와 관련된 문제의 유형으로 사회에 대한 자원의 비용, 사회구성원들의 건강과 안전에 대한 위협, 사회통합과 같은 사회적 가치에 대한 위협을 들 수 있고, 둘째, 개인과 관련된 문제의 유형은 건강과 예절에 대한 최소 기준의 결핍, 학대와 착취, 완전한 사회참여의 장벽 등이다. 셋째, 문제의 존재 혹은 유행에 영향을 미치는 요인들의 유형은 생물학적, 행동적, 사회적, 심리적, 경제적인 다양한 요인들이다.

이런 유형화는 그 자체가 중요하다기보다는 주어진 상황이 문제인 이유와 변화를 위해서는 무엇이 필요한지 규정하는 관리자를 지원해 주고자 하는 것이다.

## 2. 대상자 선정

이것은 혜택을 받는 사람이 누구인지의 문제이다. 도움을 받는 사람들이 누구인지가 불명확할 때는 기관과 대상자 간의 갈등 유발 요인이 된다. 사람들은 부정확한 대상자 기준으로 인해 자신들이 제외되었다고 생각할 때 항의를 하게 된다.

또한 목표대상에 대한 부정확한 정의는 이로 인해 발생하는 문제들로 대상자들이 받는 혜택이 줄어들 수도 있다. 누가 혜택을 받고 누가 받지 않는지의 결정은 대상자의 욕구, 프로그램 이론, 입법자나 이사회와 같은 중요 구성 요소를 고려한 상태에서 심사숙고하여 분석적으로 이루어져야 한다.

### 1) 대상 집단

대상 집단을 분석하는 것은 누가 서비스를 받을 것인가를 확인하는 하나의 방법이다. 이 방법은 일련의 행정과 프로그램 결정을 통해 자격 있는 집단을 구체화한다.

대상 집단을 고려 할 때 발생하는 어려움 중 하나는 다른 프로그램 요소들의 특성이 결여되어 있다는 것이다. 프로그램 이론, 서비스 절차, 그리고 원조 환경이 바로 대상자 선별에 영향을 미치는 세 가지 설계 요소이다.

#### (1) 일반 집단

일반적인 대상은 문제 범위 또는 행정구역 안에 있는 모든 사람들을 포함한다. 프로그램에 대한 욕구를 결정하는 데 관련될 수 있는 특성은 다음을 포함한다. 아동복지 프로그램은 그 영역에서의 아동과 가족에 대한 정보를 담고 있을 가능성이 있다. 고용 프로그램은 노동 참여와 산업자료를 설명할 것이다. 만성적인 정신질환을 위한 프로그램은 정신질환자를 만연, 특히 만성질환에 관한 논의에 초점을 맞출 수 있다.

#### (2) 위기 집단

어떤 사회문제에 대해 특히 취약한 하위 집단이 있다. 위험상태에 있는 대상에 대한 설명은 전형적으로 가장 취약한 사람들의 특성이 포함되며, 이러한 특성이 있는 사람들의 수를 어림한다. 예를 들면, 청년들을 지역사회 안에 유지시키기 위한 프로그램은 청년들이 학교나 법정, 정신건강 체계, 그리고 가족에 의해 지역사회로부터 분리되는 위험에 어떻게 처하게 되는지를 고려할 필요가 있다.

### (3) 표적 집단

표적 집단이란 프로그램에 자격이 되는 위험 대상의 부분집합이다. 지역사회에서 분리될 위험에 처한 청년 모두가 특정한 개입의 초점이 되는 것은 아닐 것이다. 청년들의 특성과 이들을 위험상황에 처하게 하는 복잡한 요소들로 인해 한 기관의 단일 프로그램이 모든 것을 하기에는 어려움이 있다. 프로그램 이론과 기관의 후원은 목표 대상의 한계를 정하는 두 가지 중요 요소이다.

예방 프로그램은 치료 프로그램보다는 더 넓은 표적 대상 범위를 설정해야 한다. 따라서 이미 문제를 경험한 사람들은 여기에서 제외될 수 있다. 반면에 치료 프로그램의 위험 대상은 상대적으로 동질적인 대상자 집단이므로 어떤 특정 원조 이론은 위험 대상을 한정할 수도 있다.

### (4) 대상자 집단

대상자 집단은 대상자가 될 표적 대상의 하위 집단이다. 프로그램 자격이 되는 사람들 중의 몇 명만이 실제로 서비스를 받게 될 것이다. 관리자에게 있어 중요한 문제는 표적 대상 중 누가 서비스를 받을 것인지, 누가 서비스를 받지 않을 것인지의 문제이다. 이때 세 가지 요소들이 일반적으로 통용되고 있다.

첫째, 실용주의이다. 가장 일반적인 실용주의의 고려는 클라이언트가 프로그램을 어느 정도로 수용할 수 있는가의 판단 여부이다. 이런 과정이 이루어지지 않았기 때문에 프로그램에의 참여 대비 지속성이 낮아짐으로 프로그램의 효과성마저 떨어지고, 좋은 프로그램임에도 불구하고 프로그램 자체의 유용성마저 검증받을 기회를 갖지 못한 채 폐기되는 경우들이 발생한다.

그 결과는 프로그램에 적절한 클라이언트마저 프로그램에의 참여를 막는 결과를 가져오고, 프로그램을 수행하는 사회복지사들에게는 미미한 결과 도출에 따른 실망감이 발생한다. 따라서 클라이언트의 욕구에 따른 우선순위를 고려하여. 실제적으로 필요로 하는 집단을 선정하는 것이 필요하다.

둘째, 자발성이다. 클라이언트 개인이 필요성을 인지하고 자신들의 결정에 따라 참여해야 한다. 이것은 자기결정주의의 일종으로 공급자 측면에서 설계한 프로그램에 수요자를 강제로 편입시키고자 하는 행동에 제한을 가하는 것이다. 즉, 공급자가 개별 클라이언트에게 이 프로그램이 필요하다고 결론을 내렸을지라도 참여 및 미참여의 결정 여부는 클라이언트가 해야 한다.

셋째, 대상자의 능력이다. 프로그램의 효과를 기대하려면 프로그램의 내용 수준이나 활동 영역 등이 클라이언트의 수행능력과 부합해야 한다. 만약 특정 클라이언트 집단을 대상으로 프로그램을 기획한다면 대상자의 특성이 맞는 프로그램을 설계해야 한다. 여기서 말하는 특성에는 인지능력이나 활동에의 적합성 외에도 교통수단이나 프로그램 실시 시간의 적절성이나 능력 등을 포함한다. 즉, 프로그램에 참여할 대상자는 어느 정도의 능력이 필요한가와 이 프로그램이 대상자에게 적절한지를 봐야 한다.

## 3. 목표의 설정

### 1) 목표설정의 기준

목표설정을 위한 기준은 다음과 같다.

첫째, 목표는 반드시 사회문제 분석과 연결되어 있어야 한다. 목표를 세우는 것은 직접적으로 문제 설정으로부터 시작된다. 대부분의 사회문제가 많은 기여 요소들과 연관되어 복합적이기 때문에 어떤 단일 프로그램도 일반적으로 단지 얼마 안 되는 영향을 미치려 하지 않는다. 문제의 목표관계를 확실히 하기 위해 관리자는 사회문제의 존재나 지속에 기여하는 요소의 목록으로 들어가 프로그램이 영향을 미치거나 변화시키고자 하는 요소들을 체크해야 한다.

둘째, 목표는 결과지향적이어야 한다. 목표를 설정하는 것은 기관을 위해서가 아니라 대상자를 위해 쓰여야 한다. 예를 들어, 프로그램의 목표는 절대로 '프로그램이 제공할 것이다'라는 말로 표현되어서는 안 된다. 이는 기관이 무엇을 하려고 한다는 것이지만 바람직한 결과를 반영하지는 않는다.

셋째, 목표는 실현 가능해야 한다. 목표는 재정적, 기술적, 윤리적, 그리고 법적으로 가능해야 한다. 또한 현실적인 재정 능력과 기술적인 현실성, 그리고 윤리적이고 법적인 현실성이 고려되어야 한다.

넷째, 목표는 명확하게 설정되어야 한다. 목표는 대부분의 사람이 이해할 수 있게 설정되어야 한다. 목표는 기관 또는 전문가의 용어, 형용사, 부사가 없어야 한다. 목표는 프로그램의 수된 이유를 포착할 수 있어야 한다.

다섯째, 목표는 대상자를 언급하고 있어야 한다. 목표를 설정을 위해서는 목표 대상에 대한 어떤 진술이나 언급이 있어야 한다.

여섯째, 목표는 정확해야 한다. 목표를 설정하는 것은 관찰할 수 있고 측정할 수 있어야 한다. 예를 들면, 삶의 질을 향상시키려는 목표는 지나치게 모호할 수 있다.

일곱째, 목표는 긍정적이어야 한다. 목표를 설정하는 것은 무언가의 결여라는 뜻보다는 무엇이 성취될 것이라는 말로 쓰여야 한다. 하지만 때로는 목표를 긍정적으로 설정하려는 시도가 정확함과 명확함을 해치게 된다.

### 2) 목표의 유형

#### (1) 공식목표와 작업목표

공식목표는 기관의 설립이념이나 연차보고서 또는 공식연설 등에서 표명되는 조직의 일반적 목표이고, 작업목표는 실제로 수행하고 있는 목표이다(성규탁, 1998).

### (2) 행정적 목표와 프로그램 목표

행정적 목표는 기관이나 어느 서비스체계가 그 기능을 증진시키기 위해 조직원들에게 업무를 분배할 시의 목표이고, 프로그램 목표는 대상자의 어떤 상태에 관련된 목표이다. 즉, 행정적 목표가 조직의 유지, 기능 향상과 관련하여 세우는 목표라면, 프로그램 목표는 조직의 산출에 초점을 두는 목표를 말한다.

### (3) 이행적/ 외부 지향적 목표와 반사적/ 내부 지향적 목표

이행적인 목표는 조직체의 활동 결과, 즉 산출이 조직 외부의 환경으로 이동해 나아가 어떤 바람직한 영향을 미치는 것을 말하는 외부지향적 목표이고, 반사적인 목표는 조직활동에 참여하도록 동기를 부여하고 자발적 참여를 유도하는 내부지향적 목표이다.

### (4) 절대목표와 상대목표

절대목표는 바람직하지 못한 상태가 완전히 제거되거나 아니면 바람직한 상태가 누구에게나 이루어지는 것을 목표 달성의 기준으로 삼는 목표이고, 상대목표는 현 상태에서 비율상의 향상을 성취기준으로 택하는 목표이다.

### (5) 결과/ 과업목표와 과정/ 활동목표

결과/ 과업목표는 표적 집단의 '삶의 질'의 변화와 관련된 것이다. 결과란 서비스가 제공된 후 이용자의 상태와 그 변화의 정도라고 정의할 수 있다. 삶의 질의 변화란 행위적 변화, 지위의 변화, 기술의 향상, 자아인식의 변화 등 다양한 측면으로 파악될 수 있다.

과정/ 활동목표는 프로그램의 운영에 있어 과정을 모니터하고 통제하여 과업목표가 달성되는 방향으로 진행되도록 돕기 위한 것이다. 과정목표는 결과목표를 산출해 내기 위해 수혜이용자의 수를 정하거나 프로그램 수행 시간을 정하는 것 등의 서비스 투입을 정하는 것이다.

#### (6) 초기목표, 중간목표, 최종목표

초기 목표는 프로그램 목표를 달성하기 위해 반드시 먼저 이루어야 하는 작은 목표들이고, 중간 목표는 프로그램 활동을 통해 이룩하고자 하는 상태이며, 최종 목표는 프로그램 책임자의 가치관에 따라 달성하고자 하는 상태이다. 이것들은 시간적 순서에 따라 초기목표, 중간목표, 최종목표로 달성되어 가는 과정으로 이해할 수 있다.

### 3) 목표설정의 위계화

목표는 가능한 한 측정 가능한 여러 단계의 하위 목표들로 나누는 것이 좋으며, 이것을 목표의 위계화라고 한다. 이 위계화되는 목표는 상황에 따라 다르나 보통 네 가지가 있다(정무성 외, 2001).

#### (1) 영향목표(impact objective)

가장 높은 수준의 이 목표는 프로그램이 문제 지표에 얼마만큼의 충격효과를 줄 것인가를 구체화하는 목표이다. 이 목표는 언제까지 표적 집단을 어떤 상태로 도달시키겠다는 식으로 표현이 된다.

#### (2) 성취목표(achievement objective)

표적 집단을 대상으로 무엇을 얼마만큼 달성할 것인가를 구체적으로 표현하는 목표이다. 이는 몇 명에게 서비스를 주겠다는 것이 아니라 서비스를 통해 몇 명에게 의도된 변화를 주겠다는 것을 나타낸다.

#### (3) 활동목표(activity objective)

이는 서비스의 결과 대신 투입을 정하는 목표이다. 성취목표의 달성을 위하여 얼마만큼의 서비스를 투입할 것인지를 나타낸다. 즉, 투입할 노력의 양을 계량적으로 표현하는 것이다. 이 목표의 서술은 그 노력의 양을 어떤 척도로 표시하느냐가 중요하다. 이를 서비스 단위(이용자의 수, 프로그램 수행 시간, 이용자 지위의 변화)라고 한다.

#### (4) 이용자 목표(consumer objective)

얼마나 많은 수의 서비스 소비자들로 하여금 그 서비스를 이용하도록 할 것인지를 정하는 목표이다.

### 4) 세부목표의 설정

세부목표는 목표를 대상자가 얻는 특정한 혜택으로 분할하는 일련의 진술이다. 이러한 세부목표는 단 하나의 요구가 아니다. 또한 프로그램은 자원을 얻고 서비스 이벤트를 기획해야 한다. 그러나 개입이론의 관점에서는 단지 대상자 결과목표만이 요구된다. 세부목표는 문제 분석과 대상자, 핵심 활동자, 그리고 프로그램 설계에 대한 다른 요소들에 관한 정보를 요구한다.

기타 세부목표로 총체적 프로그램 설계의 관점에서는 부가적인 세부목표가 요구된다. 프로그램은 자원, 서비스 이벤트, 최소한의 직원 사기, 효능에 대한 주의 없이는 운영될 수 없다. 사업운영은 모든 수행 영역의 세부목표에 따라 정해진다.

세부목표를 세울 때는 선택의 문제가 중요하다. 많은 자원이 프로그램을 위해 요구되지만 그들 모두가 물적인 것일 필요는 없다. 수행 영역을 위해 작성되어야 할 세부목표는 프로그램의 성공을 위해 관리자가 관심을 기울여야 하는 것이다.

## 4. 프로그램의 설계

### 1) 대안의 선택

대안을 선택함에 있어 사용되는 기준은 크게 나누면 타당성과 실행 가능성이다. 타당성은 채택된 대안이 수행될 경우 그 결과의 바람직성에 관한 측정기준이고, 실행 가능성은 대안이 채택되어 집행될 수 있는 가능성을 나타낸다(정무성 외, 2001).

### (1) 타당성의 기준

#### ① 효과성

효과성(effectiveness)은 목표 달성의 총량에 기여한 정도를 의미한다. 즉, 투입된 비용에 관계없이 성취한 양이 많을수록 더 바람직한 대안이라고 할 수 있다.

#### ② 효율성

효율성(efficiency)은 효과성과는 달리 노력에 비용변수를 계산하는 평가기준이다. 즉, 그 제안된 대안의 예상되는 산출량이 투입/ 노력(비용)에 비해 얼마나 효율적인가 하는 기준이다. 따라서 이 효율성은 각 제안된 대안들의 투입(비용)/ 산출의 비용을 계산함으로써 측정된다.

#### ③ 비용-효용싱

비용-효용성(cost-utility)은 기준은 제안된 대안들이 얼마나 적은 비용으로 당초 세운 목표를 잘 달성할 수 있는가를 측정하는 기준이며, 여기에는 비용-효과분석과 비용-편익분석으로 나눌 수 있다.

비용-효과분석은 프로그램의 질적 이득을 찾아내기 위해 각 제안된 제안들의 목표에 대한 상대적 기여도를 측정해 최선의 대안을 선택하는 분석방법이다. 이 방법은 비용을 화폐로 표현하지만 결과가치는 화폐가치로 계산하지 않고 취업자 수, 입양아 수, 재범감소율 등 주로 수나 비율로 표현한다. 즉, 얼마를 투자해서 어떤 결과를 산출했는지 분석하는 것이다.

비용-편익분석은 비용-이익의 개념을 이익을 이끌어 내는 것과 특정 목적을 달성하기 위해 요구되는 자원(비용)들 사이의 관계로 정의한다. 이 분석은 흔히 투자효과분석이라고 불리며, 정부의 공공사업 평가에 많이 사용된다. 이 방법은 그 프로그램의 비용은 물론 성취효과까지를 모두 화폐가치로 표현할 수 있는 경우에 한하여 가능하다.

④ 적합성 또는 민감성

적합성(adequacy) 또는 민감성의 기준은 프로그램이 얼마나 그 이용자들의 욕구를 잘 충족시킬 수 있는지를 평가하는 기준이다. 이는 어느 대안이 더 좋은 치료효과를 낼 수 있는지를 측정하는 질적 개념이다. 따라서 그 제공되는 서비스가 이용자들의 욕구를 충족시키기에 충분할 만큼 적절히 제공되고 있는지를 측정한다. 여기에는 목표 달성과 긴밀성, 이용자 수준, 기관의 정책과의 적합성, 지역의 문화적 배경과 지역적 특성에의 적합성, 프로그램이 지향하는 가치에의 적합성도 검토되어야 한다.

⑤ 형평성 또는 공평성

형평성(equity) 또는 공평성의 기준은 그 이용자들에게 서비스의 기회를 골고루 제공하고 있는지를 평가하는 기준이다. 즉, 그 프로그램을 통해 서비스를 받고자 하는 이용자들이 다른 제약 없이 단지 능력과 자신의 공헌도에 따라 대접을 받고 있는지를 측정하는 기준이다.

⑥ 공정성

공정성(equality)의 기준은 '같은 조건'의 개인들에게 같은 질과 양의 서비스가 얼마나 균등하게 제공될 수 있는지의 개인에 대한 '결과의 공평성'을 보장하는 것을 의미한다.

### (2) 실행 가능성의 기준

① 기술적 실행 가능성

기술적 실행 가능성은 만일 어떤 대안이 채택된다면 과연 그 대안의 집행이 기술적으로 가능한지를 검토하는 것이며, 기술은 조직, 시스템, 담당자(전문가)의 수급 및 자질 등이 포함된다.

② 경제적 실행 가능성

경제적 실행 가능성은 그 제안된 대안의 집행에 얼마나 비용이 들며, 누가 그 비용을 부담할 것인지와 물적자원의 동원 능력을 측정하는 기준이다. 여기서는 어느 서비스 전달 대안이 지나치게 비경제적인지 아닌지의 경제적 실행 가능성 등을 검토하면 된다.

③ 이용자 확보 여부

이용자 확보 여부는 이 프로그램을 이용할 사람들을 얼마나 확보할 수 있는지를 점검하는 것이다.

④ 사회윤리적 실행 가능성

어떤 대안이 기술적으로나 경제적으로 실행 가능하다 할지라도 사회윤리적인 이유로 실행하기 어려운 경우가 있다. 즉, 그 대안이 사회윤리적으로 얼마나 건전하고 수용 가능할 것인가를 생각해야 한다.

⑤ 정치적 실행 가능성

정치적 실행 가능성은 그 제안된 대안이 이해관계 집단들로부터 정치적 지지를 받을 수 있는가를 측정하는 기준이다.

이처럼 각 대안은 앞의 기준들과 더불어 이해관계 집단의 정치적 지지를 얼마나 확보할 수 있는 대안인지도 검토, 채택이 되어야 한다.

### 2) 프로그램 선정의 방법

프로그램을 선정하고 조직하는 방법은 여러 가지가 있으며, 그 대표적인 방법들을 보면 다음과 같다(정지운·김지자, 1986; 정무성 외, 2001).

#### (1) 프로그램 내용의 선정 기준

첫째, 합목적성-목표와의 연계성이다. 프로그램 내용은 목표가 제시하는 바로 그 내용이어야 한다. 참여자로 하여금 협동심을 고취시킨다는 목표를 세워놓고, 그 내용에는 경쟁상태의 활동 내용만을 포함시켰다면 그 내용은 그만큼 목표에 일치하지 못한 것이 된다.

둘째, 능력수준과 흥미에의 적합성으로 서비스 대상에 대한 고려이다. 즉, 서비스 대상의 필요와 흥미 그리고 능력수준을 고려하여 선정하여야 한다.

셋째, 서비스의 가능성이다. 아무리 좋은 내용이 선정되었다 해도 서비스 실현 가능성이 없으면 좋은 내용이 아니다. 즉, 이상적 견지에서 선정된 내용이 현실적으로 서비스가 가능한지의 문제를 검토하여야 한다.

넷째, 포괄성 및 다양성이다. 한 가지 목표를 달성하기 위한 꼭 한 가지 경험내용을 선정하는 것이 아니라 몇 가지 내용과 연관 지어 선정할 수 있어야 한다. 또 반대로 한 가지 내용이 두 가지 이상의 목표와 관련되어 동시 활동이 이루어질 수 있도록 선정하여야 한다.

다섯째, 실용성 및 현실성이다. 사회적 요구에 적합하여 사회에서 적용할 수 있는 내용과 활동이어야 한다. 모든 서비스는 지역적·시대적·사회문화적인 현실 속에서 적합한 것이어야 한다.

여섯째, 지역성의 고려로 프로그램의 효과는 물론 어떤 지역의 문화 전통의 계승이라는 점에서도 중요한 원리이다.

일곱째, 적절성 및 효율성의 원리로 능률성과 시간적으로나 경제적으로 효과가 있는지를 따지는 것이다. 적당한 선에서의 최적성 또는 효율성을 찾아 여러 가지 방법들이 선택되어야 한다.

여덟째, 자발성의 원리이다. 서비스 대상 스스로 자신의 활동목표를 정하고 달성하여 가는 과정을 임의로 선택하기도 하고 활동의 진전에 따라 여러 가지 방법을 조합하여 전체적인 성과를 높일 수 있는 방법들의 선택이 이루어져야 한다.

### 3) 프로그램 내용 구성의 원리 및 요소

프로그램 내용 구성의 원리로는 연속성의 원리와 계열성의 원리, 통합성의 원리가 있다. 연속성의 원리는 프로그램의 내용을 조직할 때 중요한 내용을 계속해서 반복하는 것으로 프로그램 목표 설정의 지식, 과정, 행동양식 등이 어느 정도 계속되어야 하는 것을 말한다.

계열성의 원리는 선정된 프로그램의 내용을 그들 간의 단계성과 관련성을 고려하여 대상자들이 내용을 단계적으로 체험할 수 있도록 조직하는 원리를 말한다.

통합성의 원리는 프로그램 개발 시 분류되어 제시되는 소주제들이 서로 보다 넓은 범주나 다른 주제와 함께 통합된 성격을 띠고 있는데, 지식, 이해, 기능, 태도 등이 각종의 다양한 프로그램의 장면에서 의미 있게 통합되는 것을 의미한다.

프로그램의 구성요소는 대체적으로 참가자, 실시주체, 활동 내용, 실시방법, 장비와 도구, 실시 기간, 환경과 장소, 프로그램 담당자, 경비와 예산, 프로그램의 평가에 관한 것 등으로 구분할 수 있다.

CHAPTER 10

# 사회복지시설의 평가

CHAPTER

# 10 사회복지시설의 평가

## | 제1절 | 평가의 개념 및 정의

평가는 일반적으로 광의의 개념과 협의의 개념으로 구분된다. 넓은 의미에서의 평가의 개념에 대해 Rossi & Freeman(1985)은 "특정 대상의 가치에 대한 판단뿐만 아니라 그러한 결과를 만들어 낸 원인까지도 규명하는 일련의 체계적인 활동"이라고 정의하였다.

평가에 대한 개념적 정의는 학자마다 다양하게 제시되어 왔지만 일반적으로 평가는 정책이나 프로그램에 관한 의사결정을 목적으로 사회과학적 조사방법을 원용하여 정책 또는 프로그램의 수행과 결과를 측정하는 일련의 절차이자 어떤 활동의 가치를 판단하거나 옳고 그름을 밝혀내고 문제의 소재를 알아보는 과정이라 할 수 있다.

또한 평가(evaluation)는 사회조사(social research)의 한 유형으로, 사물 혹은 속성에 대한 가치판단을 의미한다. 사회복지 분야에서 평가란 사회복지 프로그램이나 기관이 실시한 제반 활동의 과정과 성과를 체계적으로 가치판단하는 것을 의미한다. Weiss(1998)는 평가의 정의를 다섯 가지 요소로 설명하고 있는데 첫째, 체계적인 사정으로 평가과정 자체를 조사함에 강조를 둔 것이고, 둘째, 조사에 초점을 둔 것, 셋째, 프로그램의 진행과 결과에 초점을 둔 것이며, 넷째, 비교하기 위한 표준 가이드로서 프로그램의 과정과 결과를 토대로 어떤 기대치를 가지고 프로그램을 비교하여 장점을 사정하는 것이고, 다섯째, 프로그램과 정책의 개선을 위하여 조력하여야 하는 것이라고 하였다. 이에 평가는 실천기술이고 더 좋은 프로그램을 위한 자원 배분이며 더 좋은 프로그램을 디자인하기 위해 지원하는 것이라 할 수 있다.

또한 평가란 행정관리의 수단, 서비스 욕구를 가지고 있는 대상에게 정확하게 서비스가 전달되는지, 적절한 서비스인지, 효과적 혹은 효율적인지 등에 대해 평가하는 것이라고 정의하며, 사회복지시설 평가는 시설의 현재의 문제점을 발견하고 문제발생을 예방하고, 일정 수준 이상의 서비스 수준을 유지하며 자발적인 노력을 하도록 하는 데 있다고 정의하였다(박용순 외, 2012).

사회복지시설의 평가라는 내용이 사회복지사업법에 규정되게 된 배경에는 시설보호의 질적 향상을 위해서는 먼저 정부의 보조금 지급의 현실화가 선행되어야 하는데 이러한 주장은 기존의 보조금 증액 주장과 다를 바가 없으므로 정부에 대한 시설운영의 책임성 강조와 함께 민간위탁의 효과성·투명성을 밝힐 수 있는 시설평가를 동시에 요구함으로써 시설운영의 합리화와 시설보호의 수준 향상을 꾀하려는 의도가 있었다.

그러나 사회복지사업법 개정에서 정부의 보조금 지원 부분은 여전히 임의규정으로 남게 되고 시설평가는 강제규정으로 삽입되게 되어 일부에서는 시설평가에 대한 부작용을 우려하고 있다.

그러나 우리의 현실은 사회복지사업법 제43조의2 및 동법 시행규칙 제27조의2에서 규정하고 있는 것처럼 보건복지부장관 및 시·도지사가 3년마다 1회 이상 시설에 대한 평가를 실시하여야 하며, 평가기준은 입소 정원의 적정성, 시설종사자의 전문성, 시설의 환경, 입소자에 대한 서비스의 만족도, 기타 시설이 운영 개선에 필요한 사항으로 되어있으며, 그 평가 결과는 시설의 감독 또는 지원 등에 반영할 수 있도록 되어있다.

한편 시설의 평가는 시설보호의 질적 향상, 시설운영의 전문화, 개방화, 체계화, 민간위탁의 객관성 확보, 지도·감독의 용이성, 행정의 부당한 관여 배제 등의 순기능적인 측면이 있다. 현시점에서 시설평가의 순기능을 최대한 살리면서 평가를 실시하기 위한 제반 여건의 미비로 인하여 발생할 부작용 또는 역기능을 최소화하는 데 있다.

## | 제2절 | 평가의 의의

사회복지시설 평가는 1998년 사회복지사업법의 개정을 통한 1999년부터 이루어지기 시작하였다. 이는 정부나 지방정부로부터 재정 지원을 받고 있는 사회복지시설들이 공익적 목적에 상응하게 투명하고 효과적이며 효율적으로 운영되어 사회로부터 신뢰를 얻을 수 있도록 제도적으로 개선될 필요가 있기 때문이었다. 이에 사회복지시설들은 운영 개선을 통하여 투명한 시설운영과 서비스의 질 개선을 도모하였으며, 사회복지시설들의 사회적 책무성을 고려하기 시작하였고 그동안의 여러 차례 평가를 통하여 많은 사회복지시설들이 시설의 물리적 상태를 개선하고 서비스의 질을 향상시켜 점차적으로 시설의 수준이 상향되는 성과를 보였다. 이에 사회복지시설 평가에 대해 부정적 입장을 보이던 일부 사회복지사들도 합리적인 시설평가는 필요하다는 의견을 갖게 되었다.

실제로 사회복지시설 평가는 사회복지 윤리강령을 기반으로 하여 시설의 이용자 및 생활인의 인권을 보호하고 사회복지시설의 운영이 자원제공자인 국가, 지방자치단체 등 공공부문뿐만 아니라 개인, 기업, 종교시설, 사회단체 등과 지역사회가 긴밀한 연계 속에서 원활히 이루어질 수 있는 기반을 마련한다는 점에서 의의가 있다. 따라서 제대로 된 사회복지시설 평가가 이루어지면 시설의 환경이 개선되고 이용자나 생활자들이 인간적이고 인격적인 대우를 받으면서 보다 쾌적하고 편안한 환경 속에서 생활함으로써 질적인 향상을 도모하는 효과를 가져올 수 있다는 것이다. 또한 사회복지시설을 보다 더 효율적이고 효과적으로 점검하고 평가하려는 노력들은 시설들에 대한 기본적인 운영 매뉴얼 생산으로 이어져 다양한 프로그램과 전문적이고 체계적인 사회복지서비스를 제공하기 위한 활동을 수반하게 된다.

나아가 사회복지시설 평가는 평가 준비 과정을 통해 현장 실무자의 참여를 확대시킴으로써 그들의 의견이 최대한 반영될 수 있도록 평가 지표를 개선하고 보완하는 활동을 포함한다. 평가를 받는 사회복지시설들은 단순히 피평가자로 머물러 있는 것이 아니라 평가의 주체가 되어 직접 평가에 관여하며 쌍방향으로 상호 협력하게 된다. 그뿐만 아니라 평가를 통해 그동안 폐쇄적이라고 지적되었던 많은 시설들이 지역사회와 개방적이며 우호적인 관계를 맺도록 유도할 수 있다는 점도 중요한 평가의 의의가 될 것이다.

사실상 경제적·문화적·지리적·환경적 조건이 상이한 사회복지시설에 모두 부합할 수 있는 평가제도를 만든다는 것은 불가능에 가깝다. 그렇기 때문에 사회복지시설 평가에 대한 민원도 상당하고 사회복지시설 평가를 부정적으로 인식하는 사회복지사들도 상당수 존재한다. 그럼에도 불구하고 이제까지 실시한 사회복지시설 평가는 앞서 언급한 평가의 의의들이 대체로 반영되었다고 볼 수 있다. 평가제도 도입 이전과 비교해 볼 때 평가는 사회복지시설의 체계적 운영과 예산운영의 효율성, 합리성, 투명성을 유도하여 우리나라 사회복지시설의 수준을 어느 정도 향상시켰기 때문이다. 그러나 여전히 해결되지 않은 평가제도상의 문제점들은 사회복지시설의 보다 나은 운영과 서비스 질 향상의 걸림돌로 남아있다. 다시 말해, 지금까지 평가제도를 운영한 결과 사회복지시설이 갖춰야 할 기본적인 수준에는 도달했으나 그 이상의 발전을 이룩하기 위해서는 현재의 평가제도가 안고 있는 한계를 간과할 수 없다는 것이다.

## | 제3절 | 평가의 목적과 필요성

사회복지시설 평가의 목적은 사회복지서비스의 질 향상과 투명성을 통해 이용자와 국민들의 복지수준을 향상시키고, 평가결과를 반영하여 예산집행의 효율성과 합리성을 유도함으로써 사회복지시설 운영의 선진화를 지향하고 시설의 상향평준화와 균형적 발전을 도모하기 위해서이다(보건복지부·한국사회복지협의회, 2010). 그렇기 때문에 평가는 목적이 아니라 질 높은 사회복지를 실천하기 위한 수단이며, 평가 그 자체의 목적은 평가를 통해 얻은 결과를 잘 활용해서 보다 나은 서비스와 운영을 담보하는 것이다.

그러나 사회복지시설 평가의 목적은 평가자가 추구하는 의도나 평가대상에 따라 다양할 수 있기 때문에 단일하게 제시하기 어렵다.

성규탁(1990)은 평가의 목적에 대해 "첫째, 프로그램의 계획과 운영 과정에 필요한 정보를 제공하여 이 과정이 바람직하게 추진되도록 하는 것으로서 프로그램 과정상의 환류기능이며, 둘째, 프로그램 담당자가 프로그램 과정에서 행하는 활동에 대해 사회적 책임을 지게 하는 것으로서 프로그램 과정상의 책임성 이행의 강조이고, 셋째, 보조적인 목적으로서 프로그램 속에 내재된 변수들 간의 인과관계를 검증하여 이론형성에 기여하는 학문적 기능"이라고 제시하고 있다.

보건복지부와 한국사회복지협의회(2010)에서는 사회복지시설 평가의 목적을 크게 장기적 목적과 단기적 목적으로 구분하고, 단기적 목적은 장기적 목적을 달성하기 위한 수단으로 보았다. 사회복지시설 평가의 장기적 목적은 첫째, 사회복지시설의 투명성과 서비스의 질 향상을 통한 사회복지시설 이용자와 국민의 복지수준 향상에 기여하고, 둘째, 평가결과를 반영한 예산집행의 효율성과 합리성을 유도하고 사회복지시설 운영의 선진화를 지향함으로써 시설의 상향평준화에 기여하며, 셋째, 사회복지시설의 정보를 복지대상자 및 일반국민에게 정확하게 제공하여 국민들에게 시설에 대한 정보와 시설 선택에 관한 기초자료로 활용하도록 하고, 넷째, 전국적인 사회복지시설 평가를 통하여 사회복지시설 운영수준에 대한 지역 및 시설종별 차이를 파악하여 사회복지시설의 균형적 발전에 기여하는 것이다.

이를 달성하기 위한 평가의 단기적인 목적으로는 첫째, 입소 및 이용시설에 대한 평가를 통해 시설 간 선의의 경쟁을 유도하고, 둘째, 시설 입소 및 이용자의 인권이 보호되고 지역사회와의 긴밀한 연계 속에서 사회복지시설의 운영이 이루어질 수 있는 기반을 마련하며, 셋째, 사회복지시설 실태파악을 통해 국가지원수준에 대한 과학적인 근거자료를 제공하는 데 있다.

즉, 평가는 행정관리자가 조직의 목표들을 달성하기 위한 자원이 효과적으로 확보되어 사용되고 있는지를 확인할 수 있게 해주는 경영통제, 일선 업무자들이 자신들의 실천활동을 되돌아볼 수 있게 해주는 피드백, 서비스의 변화와 개선을 자극하는 혁신, 외부로부터 요구되는 책임성에 대한 순응 등의 기능을 한다. 그러나 평가가 지니는 여러 기능들은 모두 사회복지서비스의 질을 높이는 것에 궁극적인 목적을 두고 있다.

사회복지시설에서 제공되고 있는 서비스의 질을 높이려는 노력들은 크게 두 가지 유형으로 구분될 수 있다. 그중 하나는 정부기관에 의한 법적인 제재를 통한 것으로 강제적인 '규제'의 성격을 띠며, 우리나라의 경우에는 사회복지사업법과 그에 관련된 시행령 및 규칙들이 이에 해당된다. 특히 사회복지사업법 제43조의2와 시행규칙 제27조의2에 따른 사회복지시설의 평가제도는 신고제도와 함께 대표적인 규제의 방법이다. 이러한 규제는 전통적인 공공행정의 원리에 바탕을 두고 있는데, 이 경우 주로 프로그램의 다양화를 축소하고, 중앙통제를 통해 조직의 효과성을 높이는 데 초점을 두고 있다.

또한 평가란 단순히 수치나 자료를 생성하는 것이 아니라 평가의 목적은 그러한 자료들을 조합하고 연결해서 유용한 정보로 도출해 내는 것에 있다. 공식적이고 체계적인 평가가 필요한 이유도 이 때문이다. 사회복지조직의 관점에서 체계적 평가가 필요한 이유는 다음과 같다(김영종, 2010).

첫째, 경영통제이다. 경영통제는 '조직의 자원이 조직목표를 성취하기에 효과적으로 획득되고 사용되는지를 관리자가 확인하는 과정'이다. 설정된 계획과 기준에 따라 프로그램이 수행되고 있는지를 파악하고, 심각한 이탈이 나타나는지를 찾아내며, 필요하다면 복구행동까지도 취하는 과정들이 경영통제 활동으로 포함된다. 이 과정에서 왜곡된 의사결정을 피하고, 좋은 판단을 하기 위해 체계적인 평가정보가 필요하게 된다. 일상적 운영과 관련된 단기적 경영통제에서는 예산편성, 생산성의 일시 저하, 부서 간의 협력문제, 업무자들의 협조 등의 정보를 필요로 한다. 보다 근본적인 조직문제에 관한 장기적 경영통제에서는 서비스의 유효성에 관한 정보들을 필요로 한다. 여기에는 의도된 표적인구가 적절히 서비스를 받고 있는지, 클라이언트들의 서비스 요구는 많은지, 프로그램 자원은 충분한지, 서비스의 질은 어떠한지, 서비스 목표가 성취되고 있는지 등의 질문이 포함된다.

둘째, 업무자들에 대한 피드백이다. 일선 업무자들이 자신의 실천활동을 되돌아볼 수 있게 하는 평가정보를 제공한다. 이를 통해 업무자들은 스스로를 평가해서, 특정 훈련이나 기술 확보의 필요성 등을 감지할 수 있다. 관리자 입장에서 피드백 정보는 업무자들을 적재적소에 배치하는 데 효과적으로 사용될 수 있고, 이들에 대한 기술적 및 정서적 슈퍼비전을 제공하는 데 참고자료로 활용할 수도 있다.

셋째, 서비스 혁신이다. 평가에서 도출된 정보는 서비스의 변화와 개선을 자극하는 데 유용하게 쓰인다. 클라이언트의 변화와 관련한 정보, 서비스 기술들 간의 우월성 비교, 불충족된 욕구에 관한 자료 등을 통해서 새로운 서비스 전달 양식의 개발 필요성을 자극할 수 있다.

넷째, 책임성과 순응이다. 평가는 프로그램이 관련 법이나 규제, 절차 등을 순응하는지, 상부나 조직 외부로부터 요구되는 성과 도출의 요구수준을 충족하는지를 판단할 수 있게 한다. 이와 관련된 자료는 대개 클라이언트의 욕구, 제공된 서비스의 내용, 산출물, 지출 비용 등에서 도출한다.

다섯째, 대외관계이다. 공식적 평가를 통해서 도출된 정보는 프로그램의 성과를 외부사회에 알리는 데 사용된다. 이것은 외부환경과의 관계에서 프로그램을 방어하거나 지지를 구축하는 데 요긴하게 쓰인다. 또한 연례보고서, 소책자, 언론홍보물, 발표 등으로 평가정보를 배포해서 많은 사람들에게 프로그램을 알리는 데 도움을 준다.

한편 사회복지 영역에서 목격되는 최근 평가제의 광범위한 적용과 이에 대한 관심의 고조는 최소한 다섯 가지 정도로 그 배경이 설명된다. 첫째, 1990년대에 들어서면서 지속적으로 사회복지서비스 공급의 양적 팽창이 있어왔고, 이에 따라 책임성 검증의 압력이 나타났다는 것이다. 둘째, 사회복지사업에 할당된 자원이 효과성 있게 사용되고 있는가에 대한 전문가 및 사회의 관심이 증가했다는 것이다. 물론 이러한 관심은 복지서비스 공급의 양적 팽창과 무관하지 않다. 셋째, 효율성에 대한 질문이다. 이후의 경제위기는 전 사회에 걸쳐 효율성을 증진하기 위한 구조조정을 요구해 왔고, 사회복지 분야도 이러한 흐름에서 벗어날 수 없었던 것이다. 넷째, 개혁을 표방하는 정부의 성격에서 찾을 수 있을 것이다. 평가결과에 따른 변화를 시도하는 것은 정부가 표방하는 개혁의 연장선으로 해석될 수 있는 것이다. 보건복지부에서 사회복지사업에 대한 평가에 적극적이었던 것도 정부의 성격과 관련이 있다는 것이다. 마지막으로는 사회복지 내부에서도 평가의 필요성과 이에 대한 이해가 자생적으로 성숙되어 왔다는 자각이 나타나기 시작했던 것이다. 현장 중심의 책임성에 대한 자각은 사실 상당 기간에 평가제의 도입을 가능하게 하는 데 중요한 요인으로 작용했다.

## | 제4절 | 평가의 원리 및 원칙

일본의 특별양호노인 홈·노인보건시설 외 서비스 평가기준에서는 서비스 평가 책정에 따른 기본 이념을 세 가지로 언급하고 있다.

첫째, 자기결정으로 시설 생활자는 선택 가능한 서비스의 내용을 사전에 알고 스스로 결정하는 것에 의해 개시된 서비스를 평가하는 권리를 갖는다. 다만, 어떠한 이유로 시설 생활자가 스스로 결정할 수 없는 경우에는 개성을 존중한 개별적인 보호가 가족 또는 제3자에 의해 선택되어야 한다.

둘째, 잔존 능력의 활용으로 서비스는 시설생활자의 잔존 능력에 착안하여 자립을 원조하거나 촉진할 목적으로 제공되어야 한다. 시설 생활자는 한 번 상실한 능력을 회복하기 위한 재활노력을 함과 동시에 잔존 능력을 유지·개발하여 일상생활에 활용할 수 있어야 한다.

셋째, 서비스의 계속성으로 서비스 제공에 있어서 시설 생활자의 생활을 제한하는 것은 최소한으로 하고 가정적인 분위기를 중시하여야 한다. 더욱이 적절한 서비스 제공의 가능성을 늘 검토하여 시설보호와 재가보호와의 연계를 비롯하여, 보건·의료·복지의 연계를 적극적으로 추진하여야 한다. 어떤 서비스든 시설 생활자의 삶의 계속성을 중시하는 것으로 이루어져야 한다.

한편 한국사회복지협의회에서 조사·연구 보고서로 내놓은 사회복지시설 평가기준 및 평가체제 개발 연구에서는 평가의 이념을 여섯 가지로, 평가의 원리를 다섯 가지로 들고 있다.

시설평가의 이념은 시설 생활자 중심의 서비스 질을 보장해 주는 것으로 평가에서 의도하는 관념이 무엇이냐에 답하는 내용이 된다.

첫째, 시설의 기본 방향이 시설 생활자들의 욕구에 기초해야 한다. 획일적인 서비스가 아닌 시설 생활자의 욕구에 적절히 대응할 수 있는 다양한 서비스들이 제공되어야 한다. 또한 시설 생활자가 서비스를 선택할 수 있어야 하며 의사결정 과정에 참여할 수 있어야 한다.

둘째, 시설 생활자들에게 최고의 서비스를 제공하기 위한 것이다. 상식적이고 친절하며 애정 있는 서비스가 제공되어야 한다.

셋째, 시설 생활자가 자기존중감 혹은 편안함을 느낄 수 있는 만족한 수준에까지 도달하기 위한 것이다.

넷째, 서비스 제공자가 성실하고 양질의 업무를 수행하기 위한 것이다.

다섯째, 시설의 전체적인 효율성을 높이기 위한 것이다.

여섯째, 외부의 감독기관 및 제3자에게 합리적인 답변을 가능하게 한다.

반면에 평가의 원리는 평가의 목적이 무엇인지와 관련된 것으로 그 내용은 다음과 같다.

첫째, 평가 역시 서비스이다. 시설평가는 예산 삭감이나 처벌 등의 권력행사를 위한 것이 아니라 시설이 좀 더 좋은 서비스를 창출할 수 있도록 최대한으로 도와주기 위한 것이다.

둘째, 평가는 상호작용적인 성격을 가진다. 일방적인 평가는 그 효과가 매우 떨어진다. 평가받는 자는 정확한 평가내용과 그 객관성을 충분히 납득할 수 있어야 하고 평가 결과에 대해서도 동의할 수 있어야 한다. 이렇게 되기 위해서는 평가받는 자도 전체 평가 과정에 참여해야 하고, 필요한 경우에는 시설 생활자와 그 가족도 평가 구성에 포함되어야 한다.

셋째, 평가는 동등한 관계이며 협력적인 관계이다. 평가자와의 진정한 동반자적 관계에서 평가가 이루어지면 매우 성공적인 것이다. 이러한 분위기가 되도록 상호 간에 노력해야 한다.

넷째, 시설평가는 총체적인 성격을 가진다. 전체적인 시설보호의 질이 다차원적인 측면에서 평가될 수 있어야 한다. 총체적으로 시설보호의 질을 측정하기 위해서는 보통 평가 항목들이 150~200개 정도 된다.

다섯째, 평가 결과의 도출뿐만 아니라 평가 과정도 중요하다. 평가를 수행하는 과정에서 얻게 되는 평가에 대한 새로운 인식, 개선을 위한 자조적인 노력 등이 평가 항목에서 점수가 매겨지는 것보다 더 의미가 있을 수 있다. 체크리스트와 같은 것을 통하여 시설보호를 점검하고 이를 개선하기 위한 일련의 과정을 통하여 시설직원에게 문제에 대한 합의를 도출하도록 하고 문제해결의 의지를 갖게 하는 데 매우 중요한 동기부여가 될 수 있다.

이러한 시설보호의 기본 원리와 시설운영의 기본 원리, 시설평가의 기본 이념이나 원리는 상호 간에 유사성을 가지고 있다. 이는 시설평가가 시설보호나 시설운영에 대한 평가이므로 시설평가의 원리가 시설보호나 시설운영의 기본 원리를 크게 벗어나지는 않는 것으로 보인다.

이 외에 시설평가 시 반드시 고려되어야 하는 원리들은 다음과 같은 것이 있다(이종복 외, 2010).

첫째, 시설생활자의 권리성이다. 시설보호는 시설 생활자를 한 인간으로서의 인권과 기본권이 보장되는 형태로 제공되어야 한다. 시설 생활자가 자신의 욕구를 충분히 표현하고, 표현된 욕구에 적절한 서비스가 제공되어야 한다. 또한 서비스의 선택성이 보장되어야 하고 선택자료 가운데 희망하는 서비스가 없을 경우에는 새로운 서비스를 개발하여 제공하는 형태로 시설보호가 이루어져야 한다. 시설 생활자는 'client'의 개념보다는 'consumer'의 개념으로 접근하여야 한다. 이러한 내용이 시설평가에서 점검되고 시설 생활자의 권리성을 높일 수 있는 방향으로 평가척도가 구성되어야 할 것이다.

둘째, 서비스의 보편성이다. 시설보호는 오늘날과 같이 생활보호대상자 중심의 보호로 지속될 수는 없다. 시설보호는 누구나 언제든 필요로 할 때 이용할 수 있고 시설보다는 재가에서 생활하는 것이 더욱 효과적이라면 언제라도 재가로 되돌아올 수 있는 사회적 서비스의 연속체의 한 부분으로 바뀌어야 한다. 이러한 의미에서 서비스의 질적 향상이 수반되어야 한다. 시설보호의 질적 수준은 그 지역사회에서 생활하고 있는 주민의 생활수준과 유사한 정도 이상이어야 한다. 서비스의 보편성은 서비스 대상의 보편성과 서비스내용의 보편성을 동시에 추구하여야 하며 이러한 방향으로 시설보호가 전개되도록 시설평가척도가 구성되어야 할 것이다.

셋째, 서비스의 종합성이다. 인간의 욕구는 종합적이므로 시설 생활자의 욕구 충족에 관련된 평가척도도 종합적으로 마련되어야 한다. 시설의 환경, 시설직원, 시설보호의 질적 수준, 시설 생활자의 만족도, 운영관리의 수준 등을 종합적으로 평가할 수 있어야 한다.

넷째, 서비스의 효과성이다. 시설보호는 시설 생활자의 욕구 해결에 효과적이어야 한다. 시설 생활자의 욕구 증대와 활용 가능한 자원의 유한성으로 인하여 서비스의 효과성이 중요시된다. 시설보호가 당면한 시설 생활자의 문제해결과 더불어 장래 지역사회에서 자립생활도 정착할 수 있는 효과적인 서비스인지 그 여부를 적절히 평가할 수 있어야 할 것이다.

다섯째, 설명 가능성이다. 시설보호는 시설을 둘러싸고 있는 여러 구성원들에게 시설보호의 당위성과 필요성을 충분히 설명할 수 있는 형태로 제공되며 누구에게든지 이를 설명할 수 있는 근거를 확보하고 있어야 한다. 우선 시설보호에 일차적 책임을 지고 있는 정부에 대한 설득력 있는 자료의 제공과 아울러 후원자나 시설 생활자 및 가족, 지역주민 등 모든 관계에게 시설보호의 의의를 설명하여 투입된 사회적 자원에 대한 효과성을 적절히 설명할 수 있도록 평가척도가 구성되고 그 결과가 공개되어야 할 것이다.

그리고 사회복지시설 평가는 다음과 같은 기본 원칙하에 평가기준 및 지표의 개발, 평가의 시행, 평가결과에 대한 조치를 하도록 하고 있다(변재관 외, 2000).

첫째, 시설운영의 개선 및 서비스의 질 제고를 유도하는 수단으로서 작용해야 한다. 즉, 평가를 통해서 시설운영의 문제점을 개선하고 이용자 및 거주자에 대한 서비스의 질을 향상시키는 중요한 수단으로서 이용되어야 한다.

둘째, 평가기준은 평가 지표 개발의 의도하는 바를 모든 사람이 이해하고 수행할 수 있도록 쉽게 구성되어야 한다. 평가기준과 평가과정을 사전에 공개하여 평가 지표에 대한 이해를 명료하게 인지시킴으로써 평가절차의 투명성을 확보하여야 한다.

셋째, 평가대상 시설이 평가과정에 참여하는 참여자로서 평가과정 속에서 스스로 시설의 문제점을 객관적으로 인식하고 개선노력을 기울일 수 있도록 하여야 한다. 이러한 평가의 원칙은 사회복지시설 평가가 기존의 감사와는 달리 시설이 참여하여 평가하며 평가를 통해서 긍정적인 발전의 기회를 갖도록 하는 평가의 목적을 수행하도록 한다.

넷째, 평가의 목적은 최고의 시설을 선정하는 것이 아니라, 사회복지시설이 전체적으로 기본적인 수준 이상을 견지할 수 있도록 유도하는 것을 기본 목표로 한다.

다섯째, 사회복지시설을 이용하는 이용자 중심의 평가로서, 이용자 만족도와 서비스의 질을 고려하지 않으면 좋은 평가를 받을 수 없도록 한다. 따라서 사회복지시설은 기존의 서비스 제공자 중심의 시설에서 이용자 중심의 서비스 제공이 이루어질 수 있도록 한다.

여섯째, 사회복지시설이 지역사회와의 원활한 상호관계를 유도하는 방향으로 평가 내용을 구성함으로써 사회복지시설이 지역사회 내에서 융화될 수 있도록 하는 것을 기본 원칙으로 한다. 또한 국가의 지원뿐 아니라 민간단체의 자원 동원에 있어서도 지역사회와의 원활한 관계는 매우 중요한 것으로 여겨지며, 이는 평가에 있어서 효율성을 향상시키는 것에 부합될 것이다.

## | 제5절 | 평가의 방법

평가는 여러 가지 동기나 목적에 의하여 실시되는 것이기 때문에 이에 따른 평가방법도 다양하다. 많은 전문가들이 평가 종류를 각기 보는 관점이나 평가의 목적에 따라서 다양하게 제시하고 있다. 김형식(1997)은 '평가란 단 하나의 방법으로 개념화될 수 없으며 평가의 목적이 다양한 만큼 다양한 방법론이 동원될 수 있다'는 관점을 피력하면서 평가자가 또는 평가위임자가 필요로 하는 정보 내용에 따라 평가의 방법과 전략이 결정된다고 주장한다. 따라서 평가의 종류는 목적지향적(goal-oriented evaluation)에서부터 총괄 평가(summative evaluation)에 이르기까지 다양한 모델이 있지만 평가의 최근 동향은 활용 중심적으로 변화하고 있다는 것이다. 이와 같이 변화의 원인을 이해하기 위해서는 평가의 개념이 세대적으로 상당히 많은 변화를 거쳐온 결과이고 평가는 세대적인(generational) 요소를 가지고 있으며, 특히 활용 중심적인 평가를 차세대 평가로 정의하고 있음을 고려해야 한다.

1세대 평가는 지능테스트(IQ)를 필두로 하여 교육 관련 분야에서 발달해 온 모든 계량적 방법론을 망라하고, 평가자는 아주 공정하며 객관적인 기술전문가였으며, 계량적 측정도구를 활용할 수 있을 뿐만 아니라 권위 있는 해석을 제시할 수 있다.

2세대 평가는 주로 기술적(description) 접근방법으로 정해진 목표에 관련된 특수한 평가 방법의 강약점을 기술하였다. 1세대 평가기법에서 개발된 측정도구는 계속 그 중요성이 강조되었으며, 단 2세대에 넘어와서는 지능검사와 같은 인간 중심이 아니라 교육 프로그램에 집중되었다.

3세대 평가는 3세대에 이르러서 판단(judgement)이 중요한 과제로 부각되었으며 평가 당사자들의 역할은 프로그램의 기술에만 집착하지 않고 성취되어야 할 목표와 관련된 강약점의 관점에서 프로그램의 내재적인 가치를 판단하는 역할을 수행하게 되었다.

위의 3세대에 걸친 평가는 근본적인 세 가지 문제를 가지고 있는데, 요약하면 첫째, 모든 평가는 관리지향적인 성향이 강해서 평가를 요청한 이해당사자의 편견을 반영시키는 경향이 있었다. 둘째, 초기의 평가 방법들은 가치의 다원성을 수용하지 못하는 어려움이 있었다. 셋째, 1, 2, 3세대 평가는 계량적 분석에 치중했으며 과학적 방법론을 모방하고자 했다.

4세대 평가는 근본적으로 이해당사자들이 모두 개입이 되어 상호작용적이며 협상과정을 통해서 평가의 초점이 결정된다. 평가의 이해당사자에 의하여 미리 정해진 틀에 따라 수행되는 평가가 아니며 방법 그 자체로 평가과정에서 등장한다. 이것을 평가의 민주적·참여적 방법이라고도 하며 해석적·활용중심적이라고 소개하기도 한다(김형식, 1997).

평가는 응용사회과학에서 매우 새로운 분야로서 사회학적 연구, 고고학적 연구, 심리학적 연구, 경영학 등으로부터 그 이론과 기술을 가져왔다. 따라서 그 핵심 내용들이 하나의 통일된 이론적 체계를 갖기보다는 분절적 성격을 가지므로 많은 전문가들은 평가 종류를 각기 보는 관점이나 평가의 목적에 따라서 다양하게 제시하고 있는 것이다. 그러나 기관평가에서는 일반적으로 다음과 같은 다섯 가지 접근법을 소개하고 있다.

## 1. 실험적 접근(Experimental Approach)

실험적 접근은 평가 초기 단계의 접근방법으로 엄격한 실험설계 방법을 인간서비스 영역에 적용함으로써 통제집단과 실험집단을 상호 비교하여 인과적 관계를 도출하는 것을 통해 객관성과 과학성을 확보하려고 한다. 하지만 그 엄격한 인과관계의 도출이 인간서비스에 적용되기에는 현실적으로 어려움이 따르며 개입의 과정 자체도 무시하는 한계점이 있다.

## 2. 목적지향적 접근(Goal-oriented Approach)

목적지향적 접근은 기관의 목적을 명확히 설정하고 그 달성 여부를 평가하는 것으로 'goal attainment scaling'과 같은 것이 대표적인 예가 될 수 있다. 특히 그 목적에 따라서 측정도구의 선택이 결정된다. 하지만 너무 목표 달성에만 집착하는 비교적 좁은 측면에 국한되는 경향이 있다. 다시 말해서, 평가에 있어 다양한 측면이 반영될 수 있는 포괄적이고 체계적인 측면이 중요시됨에 따라 그 접근에 한계점이 있다. 특히 기관평가의 경우 기관 전체의 양적·질적 수준을 파악하는 데 이러한 목적지향적 접근은 매우 큰 한계를 가지게 된다.

## 3. 의사결정 중심적 접근(Decision-focused Approach)

의사결정 중심적 접근은 관리상의 의사결정과 기관 수행을 모니터링하기 위해서 체계적인 정보수집과 분석을 강조하는 접근 방법으로 평가자가 평가 과정에 심도 있게 참여하여야만 정확한 정보수집이 가능하다. 하지만 이러한 밀접성 때문에 오히려 객관성이 훼손될 수도 있다.

## 4. 사용자 지향적 접근(User-oriented Approach)

이 접근방법은 평가의 유용성 측면을 강조한다. 평가에 있어서 이해집단들의 상호관계성을 강조하고 있다. 이러한 접근은 사용자의 관점에서 기관에 접근할 수 있는 이점이 있는 반면에 이해당사자들이 기관에 대한 강한 압력단체로 부상할 수 있다. 하지만 때로는 누가 진정한 소비자인지 명확하게 규정하기가 힘든 경우가 있다.

## 5. 반응적 접근(Responsive Approach)

이 접근방법은 사용자 지향적 접근과 체계적인 방법을 합한 것으로 다양한 이해당사자들의 개인적 인지와 기대 그리고 가치들을 포함한다. 특히 방법론상으로 인터뷰, 관찰, 사회망 분석 등 질적인 방법론을 사용한다. 이러한 접근방법은 복잡하게 변화하고 있는 체계 그리고 다양한 관점들을 다룰 수 있지만 객관성이 부족하고 성과를 잘 고려하지 못한다는 단점이 있다.

# | 제6절 | 평가 영역과 내용

## 1. 한국사회복지협의회의 시설평가 영역과 내용

1998년 12월에 나온 한국사회복지협의회의 '사회복지시설 평가기준 및 평가체계 개발 연구'에서 시설평가의 영역과 평가항목(수), 평가 지표(수), 평가 척도 등이 상세하게 제시되어 있다.

시설은 생활시설과 이용시설로 대별하고, 생활시설 평가는 시설종별에 따라 구분되는 개별 영역과 공통 영역으로 나누어 평가 영역을 설정하고 있다. 공통 영역은 환경의 질, 인력의 질, 서비스의 질, 운영관리의 질, 시설생활자의 만족 수준으로 구성되어 있다.

환경의 질은 10개의 평가 항목에 58개의 평가 지표가 있으며 각 지표마다 5점 척도로 구성되어 있어서 총점수가 290점으로 구성되어 있다. 인력의 질은 10개의 평가 항목에 61개의 평가 지표가 있으며 총 315점으로 구성되어 있고, 시설 생활자의 만족 수준은 3개의 평가 항목에 30개의 평가 지표가 있으며 총 150점으로 구성되어 있다. 따라서 공통의 평가 영역은 5개 영역에서 43개 평가항목과 265개 평가 지표, 총 점수가 1,325점으로 구성되어 있다.

또한 개별 영역은 아동복지시설이 5개의 평가 항목에 10개의 평가 지표로 50점의 점수를 첨가하도록 되어있고, 여성복지시설도 2개의 평가 항목에 3개의 평가 지표가 추가되어 15점이 늘어나게 되어있다. 부랑인 복지시설은 3개의 평가 항목에 4개의 평가 지표로 인하여 20점이 추가되고, 노인복지시설은 5개의 평가 항목에 5개의 평가 지표가 추가되어 25점이 첨가되도록 되어 있다. 장애인복지시설은 4개의 평가 항목에 4개의 평가 지표가 추가되어 20점이 첨가되도록 되어 있고, 정신질환자 요양시설은 5개의 평가 항목에 5개의 평가 지표가 추가되도록 구성되어 있다.

시설평가는 공통 영역의 점수와 시설별 개별 영역의 점수를 합한 것이 그 시설의 평가 총점이 되도록 구성하고 있다. 그 평가 영역과 항목은 <표 10-1>과 같다.

〈표 10-1〉 한국사회복지협의회의 사회복지 수용시설 평가 영역과 항목

| 평가영역 | 지표 수 | 항 목 |
| --- | --- | --- |
| 환경의 질 | 58 | 시설의 설치 지역, 시설의 설계구조, 시설의 외관, 시설의 내부상태, 시설의 설비, 시설의 요건, 음식 위생, 시설의 안전 관리, 생활환경 관리, 지역사회와의 통합 |
| 인력의 질 | 61 | 직원의 충원, 업무분담과 위임, 근무환경, 교육훈련의 필요 발견, 프로그램의 이해, 교육훈련의 실시, 지도 · 감독, 팀의 개발, 관리기능 훈련, 훈련자원 |
| 서비스의 질 | 53 | 입소자 권리 존중, 입소자의 선택 자율권, 독립성과 개별성 지지, 통제와 안전, 사생활과 비밀보장, 일상생활의 융통성, 자문과 개입, 특별활동과 격려, 가족 및 관련자와의 접촉, 정서적 욕구의 권리 |
| 운영관리의 질 | 63 | 운영주체와 운영위원회의 활동, 운영방침과 절차, 보호계획과 평가의 절차, 보호실천의 관리, 약물과 의약품 관리, 기록절차 및 체계, 감시와 검토, 대외적인 관계, 재정관리, 사업계획과 개발 |
| 수혜자의 만족 수준 | 30 | 시설환경의 만족수준, 인력의 만족수준, 시설생활의 만족수준 |
| 합계 | 265 | |

한국사회복지협의회의 시설평가 영역과 항목은 1997년 사회복지사업법 및 1998년 동법 시행규칙의 개정에서 시설평가 내용이 삽입된 것이다. 앞으로 시범적 실시로 발생하는 문제점을 보완해 간다면 우리 현실에 적합한 시설평가 항목이 개발될 수 있을 것으로 생각된다.

## 2. 사회복지시설평가위원회의 평가 지표

1999년 6월 약 50명의 학계 관계자, 전문가, 시민단체, 정부의 관련 종사자 등으로 구성된 '사회복지시설평가위원회'가 구성되어 평가 지표 개발 및 일부 시설의 평가실시를 수행한 바 있다(변재관 외, 2000). 이 위원회에서는 평가 지표의 기준으로 효율성, 적절성, 효과성, 서비스의 질, 노력, 이용자의 만족도를 들고 있다.

시설유형의 평가 지표를 네 영역 또는 여섯 영역으로 구분하여 정리하고 있다. 그 내용을 보면 시설 및 환경, 운영 및 인력관리, 서비스의 질 및 인권보호, 지역사회 관계, 거주자 만족도, 기타로 구성되어 있다. 각 영역은 시설 유형에 따라 다소 차이가 나지만 가장 배점이 큰 영역이 서비스의 질 및 인권보호 영역이다. 각 시설 영역별 평가 지표 문항 수와 배점은 <표 10-2>와 같다.

〈표 10-2〉 사회복지시설 영역별 평가 지표 문항 수 및 배점(2018년 기준)

<table>
<tr><th></th><th>사회복귀시설<br>(주간<br>재활 · 종합)</th><th>노인복지<br>시설<br>(요양)</th><th>양로<br>시설</th><th colspan="2">노인복지관</th><th>정신<br>요양<br>시설</th></tr>
<tr><td>A. 시설 및 환경</td><td>5(10)</td><td>7(10)</td><td>6(7)</td><td colspan="2">8(5)</td><td>9(10)</td></tr>
<tr><td>B. 재정 및 조직 운영</td><td>6(20)</td><td>7(14)</td><td>5(11)</td><td colspan="2">8(10)</td><td>7(12)</td></tr>
<tr><td>C. 인적자원 관리</td><td>12(25)</td><td>12(22)</td><td>12(23)</td><td colspan="2">10(20)</td><td>12(24)</td></tr>
<tr><td>D. 프로그램 및 서비스</td><td>11(35)</td><td>8(30)</td><td>13(33)</td><td>가형 33<br>나형 28(27)<br>다형 22</td><td>(48)</td><td>13(34)</td></tr>
<tr><td>E. 생활인의 권리</td><td>4(5)</td><td>7(12)</td><td>7(15)</td><td colspan="2">4(5)</td><td>5(10)</td></tr>
<tr><td>F. 지역사회 관계</td><td>4(5)</td><td>6(12)</td><td>6(11)</td><td colspan="2">4(12)</td><td>5(10)</td></tr>
<tr><td>총계</td><td>42(100)</td><td>47(100)</td><td>48(100)</td><td>가형 59<br>나형 54(53)<br>다형 48</td><td>(100)</td><td>51(100)</td></tr>
</table>

## | 제7절 | 노인장기요양기관 평가

노인장기요양제도의 시행 연도가 더해가면서 서비스 수요가 증대되고, 아울러 질 높은 서비스 요구도 높아졌다. 한편 장기요양기관의 양적 증가와 이로 인한 경쟁체제로의 편입은 서비스 수요자들에게 기관 선택에 대한 지침 마련 또한 필요해졌다. 이에 국민건강보험공단에서는 서비스 질 향상 및 수급자 안전과 사회적 가치 실현을 위한 평가 체제를 구축하고 평가를 실시하고 있다. 여기서는 평가의 기본내용과 평가 지표를 살펴봄으로 노인장기요양의 평가의 이해를 돕고자 한다.

### 1. 평가의 일반원칙

첫째, 장기요양기관 평가를 실시함에 있어 그 자율성과 독립성이 보장될 수 있도록 한다.

둘째, 평가는 신뢰성과 공정성이 확보될 수 있도록 객관적이고 전문적인 방법으로 실시한다.

셋째. 장기요양기관 평가에 대한 충분한 정보제공을 통하여 평가 과정에 관련자의 참여가 원활히 이루어질 수 있도록 한다.

### 2. 평가 지표

평가 지표는 장기요양급여의 종류별로 구분하여 기관운영, 환경 및 안전, 수급자 권리보장, 급여제공과정, 급여제공결과 항목으로 구성되어 있다. 시설급여 평가 지표는 노인요양시설과 노인요양공동생활가정으로 구분한다.

## 3. 평가의 절차 및 방법

평가의 수행처는 국민건강보험공단이며 장기요양급여별로 3년마다 정기평가를 실시한다. 정기평가 결과 하위등급의 장기요양기관에 대하여는 정기평가를 실시한 다음 해에 수시평가를 실시한다.

휴업 등의 사유로 정기평가를 받지 못한 장기요양기관 및 정기평가 결과 지적된 미흡사항을 개선한 후 수시평가를 신청한 장기요양기관에 대하여는 정기평가를 실시한 다음 해에 수시평가를 실시할 수 있다.

국민건강보험공단은 정기평가 또는 수시평가 개시 30일 전까지 평가대상, 평가 기간, 평가 방법 및 절차 등에 대한 계획을 공고해야 하고, 장기요양기관의 평가에 대한 의견을 수렴하여 이를 반영할 수 있다.

## 4. 평가결과의 공표 및 상담

평가를 마친 후에 국민건강보험공단은 평가의 결과를 해당 장기요양기관 및 관할 시장·군수·구청장에게 서면, 전자매체 또는 전자문서교환 방식 등으로 통보하여야 한다. 또한 공단은 평가결과를 평가위원회에 보고하여야 하며, 평가위원회의 심의를 거쳐 공단 홈페이지 등을 통해 공표하고, 필요한 경우에는 평가결과에 대해 해당 장기요양기관과 상담을 실시하고 사후조치 등을 권고할 수 있다.

## 5. 가산 지급기준

정기평가 결과 장기요양기관에 대해 전년도에 심사하여 지급하기로 결정한 공단부담금의 일부를 가산하여 일시불로 지급한다. 다만, 직전 정기평가 결과에 의한 가산 지급일로부터 당해 정기평가 결과 가산 지급일 사이에 행정처분을 받았거나 그 밖의 사유로 가산지급이 부적절한 것으로 평가위원회가 심의·의결한 기관에 대하여는 가산지급대상에서 제외할 수 있다.

① 정기평가결과 상위 100분의 10의 범위에 속하면서, 최고등급을 받은 장기요양기관에 대해서는 공단 부담금의 100분의 2에 해당하는 가산금을 지급한다. 다만, 복지용구 사업소에 대하여는 대여 품목에 관한 공단 부담금의 100분의 1에 해당하는 가산금을 지급한다.

② 정기평가결과 상위 100분의 10 초과 20 이하 범위에 속하면서, 최고등급을 받은 장기요양기관에 대하여는 공단 부담금의 100분의 1에 해당하는 가산금을 지급한다. 다만, 복지용구사업소에 대하여는 대여품목에 관한 공단 부담금의 100분의 0.5에 해당하는 가산금을 지급한다.

③ 공단은 평가위원회의 심의를 거쳐 장기요양기관을 지역·규모 등으로 구분하여 결정하고 가산금의 최대한도를 정할 수 있고, 또한 가산금을 받는 장기요양기관에 대하여 평가위원회의 심의를 거쳐 가산금의 일정 부분을 종사자의 처우 개선을 위하여 사용하도록 할 수 있다.

④ 가산금의 지급시기는 평가결과를 공표한 날로부터 60일 내에 지급한다.

## 6. 평가 지표 내용

〈표 10-3〉 노인요양시설의 평가 지표

| 대분류 | 중분류 | 소분류 | 평가요소 | 항 목 | 점수 |
|---|---|---|---|---|---|
| 기관 운영 | 기관관리 | 운영원칙 및 체계 | 운영규정 | 기관 운영에 필요한 운영규정을 갖추고, 그에 따라 기관을 운영합니다. | 1 |
| | | | 운영계획 및 평가 | 연도별 운영계획에 따라 기관을 운영하고 평가 후 차기 연도 계획에 반영합니다. | 1 |
| | | | 운영위원회 | 운영위원회를 정기적으로 개최하고, 그 결과를 기관 운영에 반영합니다. | 1 |
| | 인적자원 관리 | 인력운영 | 인력 기준 | 인력 기준을 준수합니다. | 1 |
| | | | 인력추가배치 | 인력을 법적 기준보다 추가 배치하여 운영합니다. | 1 |
| | | | 경력직 | 해당 기관에서 2년 이상 근무한 직원의 비율이 높습니다. | 1 |
| | | | 인적자원 개발 | 직원의 역량강화를 위한 교육 등 인적자원 개발을 위해 노력합니다. | 3 |
| | | 직원의 후생복지 | 건강검진 | 직원의 건강관리를 위한 정기검진을 매년 실시합니다. | 1 |
| | | | 직원건강관리 | 직원의 건강관리를 위해 노력합니다. | 1 |
| | | | 직원복지향상 | 직원의 복지향상을 위해 노력합니다. | 2 |
| | 자원활용 | 지역사회 자원활용 | 지역사회 자원활용 및 교류 | 지역사회 자원활용 및 교류를 통해 수급자에게 다양한 서비스가 이루어지도록 노력합니다. | 2 |
| 환경 및 안전 | 시설 및 설비관리 | 시설.설비 | 시설 기준 | 시설 기준을 준수합니다. | 1 |
| | | | 특별 침실 | 노인질환의 종류 및 정도에 따른 특별 침실을 두고 있습니다. | 1 |
| | | 환경 조성 | 안전하고 쾌적한 환경 조성 | 수급자가 안전하고 쾌적한 환경에서 생활할 수 있도록 시설 환경을 조성합니다. | 3 |
| | | | 낙상예방 환경 조성 | 수급자의 낙상을 방지하기 위해 시설 환경을 조성합니다. | 3 |
| | 위생 및 감염관리 | 위생관리 | 식품위생관리 | 식품, 식당, 조리실 등을 위생적으로 관리합니다. | 2 |
| | | 감염관리 | 감염관리 활동 | 수급자와 직원의 안전을 위해 감염관리 활동을 실시합니다. | 2 |
| | | | 감염병 관리 | 수급자에 대한 감염병 건강진단을 정기적으로 실시하며, 발생 시 즉시 필요한 조치를 합니다. | 2 |
| | 안전관리 | 안전, 설비 | 소화설비 | 화재 등 재난 상황에 대비할 수 있도록 소화설비를 관리합니다. | 2 |
| | | | 전기가스 설비 | 화재 예방을 위해 전기가스 설비를 관리합니다. | 2 |

| | | | | | |
|---|---|---|---|---|---|
| | | 응급 및 재난상황 | 재난상황 대응 | 화재, 지진 등 재난 상황에 대비할 수 있도록 훈련을 실시합니다. | 3 |
| | | | 응급상황 대응 | 응급상황에 관한 대응체계를 갖추고 응급상황 발생 시 적절히 대처합니다. | 3 |
| | | | 야간보호 | 야간에 수급자의 안전을 위해 노력합니다. | 1 |
| 수급자 권리 보장 | 수급자 권리 | 수급자 알 권리 | 수급자의 알 권리 보호 | 수급자에게 급여 이용에 대한 정보를 제공하여 급여선택권 보장을 위해 노력합니다. | 2 |
| | | 수급자(보호자)참여 | 수급자(보호자)참여 강화 | 기관 운영 및 서비스 제공 과정에서 수급자와 보호자의 의견이 충분히 반영되도록 노력합니다. | 2 |
| | 수급자 존엄성 | 노인인권 | 존엄성 및 사생활 보호 | 수급자의 존엄성과 사생활 보호를 위해 노력합니다. | 3 |
| | | | 노인인권보호 | 수급자 학대를 예방하고, 신체적 구속을 하지 않는 등 노인인권보호를 위해 노력합니다. | 4 |
| 급여 제공 과정 | 급여개시 | 통합적 사정 | 통합적 사정 | 수급자의 신체 및 정신적 자립능력 등의 건강상태와 개인 특성 등 종합적 욕구사정을 실시합니다. | 4 |
| | 급여제공 | 급여계획 | 급여계획 수립 및 제공 | 종합직인 욕구사정 등을 바탕으로 개별 급여계획을 세우고, 급여계획에 따라 급여를 제공합니다. | 4 |
| | 급여제공 | 급여제공 성과평가 | 급여제공결과 평가 | 급여제공에 대한 결과를 정기적으로 평가하고 기록합니다. | 2 |
| | | 사례관리 | 사례관리 | 수급자에 대한 체계적인 사례관리를 실시합니다. | 2 |
| | | 청결도움 | 수급자 청결서비스 | 수급자의 기능 상태에 따라 세면, 구강, 몸단장(의복), 목욕서비스를 제공합니다. | 3 |
| | | 식사도움 | 식사제공 | 수급자의 기능상태에 따라 식사를 제공합니다. | 3 |
| | | 배설도움 | 배설관리 | 수급자의 기능상태에 따라 배설서비스를 제공합니다. | 3 |
| | | 욕창예방 및 관리 | 욕창 예방 | 수급자에 대한 체계적인 사례관리를 실시합니다. | 2 |
| | | | 욕창 관리 | 욕창발생 수급자에 대한 적절한 조치 및 관리를 위해 노력합니다. | 3 |
| | | 의료관리 | 간호 및 의료서비스 | 수급자에게 적정한 간호 및 의료서비스 제공을 위해 노력합니다. | 2 |
| | | | 투약 및 약품관리 | 약품을 안전하게 관리하고, 수급자의 투약 관련 정보를 숙지하여 정확하게 투약합니다. | 1 |
| | | 재활 | 기능회복훈련 | 수급자의 신체자립능력 유지를 위해 기능회복훈련을 실시합니다. | 2 |
| | | | 물리치료 | 물리(작업)치료사가 수급자의 신체기능을 파악하여 계획을 수립하고 급여를 제공합니다. | 2 |

| | | | | | |
|---|---|---|---|---|---|
| | | 프로그램 | 인지기능증진 서비스 | 치매 등 수급자의 개별 특성을 고려한 서비스 제공을 위해 노력합니다. | 3 |
| | | | 여가활동 서비스 | 수급자의 다양한 여가활동 욕구 충족을 위한 프로그램을 실시합니다. | 3 |
| 급여 제공 결과 | 수급자 상태 | 수급자 등급 | 등급 현황 | 입소 후 급여를 제공받은 수급자의 등급이 유지, 호전되었습니다. | 1 |
| | | 수급자 관리 | 욕창 현황 | 수급자의 욕창발생률이 낮으며, 치유율이 높습니다. | 2 |
| | | | 유치도뇨관 현황 | 수급자의 유치도뇨관 삽입률이 낮으며, 제거율이 높습니다. | 2 |
| | | | 배설기능 현황 | 입소 후 수급자의 배설기능상태가 유지, 호전되었습니다. | 1 |
| | 만족도 평가 | 만족도 평가 | 유선만족도 | 보호자는 기관에서 제공하는 서비스에 만족합니다. | 3 |
| | | | 평가자 의견 | 기관의 임직원은 수급자에게 최상의 서비스 제공을 위해 노력합니다. | 1 |

**〈표 10-4〉 노인요양공동시설의 평가 지표**

| 대분류 | 중분류 | 소분류 | 평가요소 | 항 목 | 점수 |
|---|---|---|---|---|---|
| 기관 운영 | 기관관리 | 운영원칙 및 체계 | 운영규정 | 기관 운영에 필요한 운영규정을 갖추고, 그에 따라 기관을 운영합니다. | 1 |
| | | | 운영계획 및 평가 | 연도별 운영계획에 따라 기관을 운영하고 평가 후 차기 연도 계획에 반영합니다. | 1 |
| | | | 운영위원회 | 운영위원회를 정기적으로 개최하고, 그 결과를 기관운영에 반영합니다. | 1 |
| | 인적자원 관리 | 인력운영 | 인력 기준 | 인력기준을 준수합니다. | 1 |
| | | | 경력직 | 해당 기관에서 2년 이상 근무한 직원의 비율이 높습니다. | 1 |
| | | | 인적자원 개발 | 직원의 역량강화를 위한 교육 등 인적자원 개발을 위해 노력합니다. | 3 |
| | | 직원의 후생복지 | 건강검진 | 직원의 건강관리를 위한 정기검진을 매년 실시합니다. | 1 |
| | | | 직원건강관리 | 직원의 건강관리를 위해 노력합니다. | 1 |
| | | | 직원복지향상 | 직원의 복지향상을 위해 노력합니다. | 2 |
| | 자원활용 | 지역사회자원활용 | 지역사회 자원활용 및 교류 | 지역사회자원 활용 및 교류를 통해 수급자에게 다양한 서비스가 이루어지도록 노력합니다. | 2 |

| | | | | | |
|---|---|---|---|---|---|
| 환경 및 안전 | 시설 및 설비관리 | 시설, 설비 | 시설 기준 | 시설 기준을 준수합니다. | 1 |
| | | | 특별 침실 | 노인질환의 종류 및 정도에 따른 특별 침실을 두고 있습니다. | 1 |
| | | 환경 조성 | 안전하고 쾌적한 환경 조성 | 수급자가 안전하고 쾌적한 환경에서 생활할 수 있도록 시설 환경을 조성합니다. | 3 |
| | | | 낙상예방 환경조성 | 수급자의 낙상을 방지하기 위해 시설환경을 조성합니다. | 3 |
| | 위생 및 감염관리 | 위생관리 | 식품위생관리 | 식품, 식당, 조리실 등을 위생적으로 관리합니다. | 2 |
| | | 감염관리 | 감염관리 활동 | 수급자와 직원의 안전을 위해 감염관리 활동을 실시합니다. | 2 |
| | | | 감염병 관리 | 수급자에 대한 감염병 건강진단을 정기적으로 실시하며, 발생 시 즉시 필요한 조치를 합니다. | 2 |
| | 안전관리 | 안전, 설비 | 소화설비 | 화재 등 재난 상황에 대비할 수 있도록 소화설비를 관리합니다. | 2 |
| | | | 전기가스설비 | 화재 예방을 위해 전기가스설비를 관리합니다. | 2 |
| | | 응급 및 재난상황 | 재난상황 대응 | 화재, 지진 등 재난 상황에 대비할 수 있도록 훈련을 실시합니다. | 3 |
| | | | 응급상황 대응 | 응급상황에 관한 대응체계를 갖추고 응급상황 발생 시 적절히 대처합니다. | 3 |
| | | | 야간보호 | 야간에 수급자의 안전을 위해 노력합니다. | 1 |
| 수급자 권리 보장 | 수급자 권리 | 수급자 알 권리 | 수급자의 알 권리 보호 | 수급자에게 급여 이용에 대한 정보를 제공하여 급여선택권 보장을 위해 노력합니다. | 2 |
| | | 수급자 (보호자) 참여 | 수급자(보호자)참여 강화 | 기관운영 및 서비스 제공 과정에서 수급자와 보호자의 의견이 충분히 반영되도록 노력합니다. | 2 |
| | 수급자 존엄성 | 노인인권 | 존엄성 및 사생활 보호 | 수급자의 존엄성과 사생활 보호를 위해 노력합니다. | 3 |
| | | | 노인인권보호 | 수급자 학대를 예방하고, 신체적 구속을 하지 않는 등 노인인권보호를 위해 노력합니다. | 4 |
| 급여 제공 과정 | 급여개시 | 통합적 사정 | 통합적 사정 | 수급자의 신체 및 정신적 자립능력 등의 건강상태와 개인 특성 등 종합적 욕구사정을 실시합니다. | 4 |
| | 급여제공 | 급여계획 | 급여계획 수립 및 제공 | 종합적인 욕구사정 등을 바탕으로 개별 급여계획을 세우고, 급여계획에 따라 급여를 제공합니다. | 4 |
| | | 급여제공성과평가 | 급여제공결과 평가 | 급여제공에 대한 결과를 정기적으로 평가하고 기록합니다. | 2 |
| | | 사례관리 | 사례관리 | 수급자에 대한 체계적인 사례관리를 실시합니다. | 2 |

| | | | | | |
|---|---|---|---|---|---|
| | | 청결도움 | 수급자 청결서비스 | 수급자의 기능 상태에 따라 세면, 구강, 몸단장(의복), 목욕서비스를 제공합니다. | 3 |
| | | 식사도움 | 식사제공 | 수급자의 기능상태에 따라 식사를 제공합니다. | 3 |
| | | 배설도움 | 배설관리 | 수급자의 기능상태에 따라 배설서비스를 제공합니다. | 3 |
| | | 욕창 예방 및 관리 | 욕창 예방 | 수급자에 대한 체계적인 사례관리를 실시합니다. | 2 |
| | | | 욕창 관리 | 욕창발생 수급자에 대한 적절한 조치 및 관리를 위해 노력합니다. | 3 |
| | | 의료관리 | 간호 및 의료서비스 | 수급자에게 정정한 간호 및 의료서비스 제공을 위해 노력합니다. | 2 |
| | | | 투약 및 약품관리 | 약품을 안전하게 관리하고, 수급자의 투약 관련 정보를 숙지하여 정확하게 투약합니다. | 1 |
| | | 재활 | 기능회복훈련 | 수급자의 신체자립능력 유지를 위해 기능회복훈련을 실시합니다. | 2 |
| | | 프로그램 | 인지기능증진 서비스 | 치매 등 수급자의 개별 특성을 고려한 서비스 제공을 위해 노력합니다. | 3 |
| | | | 여가활동 서비스 | 수급자의 다양한 여가활동 욕구 충족을 위한 프로그램을 실시합니다. | 3 |
| 급여 제공 결과 | 수급자 상태 | 수급자 등급 | 등급 현황 | 입소 후 급여를 제공받은 수급자의 등급이 유지. 호전되었습니다. | 1 |
| | | 수급자 관리 | 욕창 현황 | 수급자의 욕창발생률이 낮으며, 치유율이 높습니다. | 2 |
| | | | 유치도뇨관 현황 | 수급자의 유치도뇨관 삽입률이 낮으며, 제거율이 높습니다. | 2 |
| | | | 배설기능 현황 | 입소 후 수급자의 배설기능상태가 유지, 호전되었습니다. | 1 |
| | 만족도 평가 | 만족도 평가 | 유선만족도 | 보호자는 기관에서 제공하는 서비스에 만족합니다. | 3 |
| | | | 평가자 의견 | 기관의 임직원은 수급자에게 최상의 서비스 제공을 위해 노력합니다. | 1 |

〈표 10-5〉 주·야간보호의 평가 지표

| 대분류 | 중분류 | 소분류 | 평가요소 | 항 목 | 점수 |
|---|---|---|---|---|---|
| 기관 운영 | 기관관리 | 운영원칙 및 체계 | 기관-운영규정 | 기관은 운영규정 및 급여제공지침을 비치하고 그에 따라 기관을 운영합니다. | 2 |
| | | | 기관-운영계획 | 기관은 연도별 사업계획 및 예산을 수립합니다. | 1 |
| | 인적자원 관리 | 인력 운영 | 기관-자원봉사자 | 기관에 자원봉사자가 활동합니다. | 1 |
| | | | 기관-인력기준 | 기관은 인력 기준을 준수합니다. | 1 |
| | | | 기관-기관추가배치 | 기관은 인력을 법적 기준보다 추가 배치하여 운영합니다. | 1 |
| | | | 기관-경력직 | 기관에 2년 이상 근무한 직원의 비율은 적정합니다. (대표자가 시설장인 경우 제외) | 1 |
| | | | 기관-건강검진 | 기관은 직원의 건강검진을 정기적으로 실시합니다. | 1 |
| | | 직원의 후생복지 | 종사자-보수 | 직원은 기관과 근로계약을 체결하고 이에 따른 보수를 지급받습니다. | 2 |
| | | | 기관-직원복지향상 | 기관은 직원의 복지향상을 위해 노력합니다. | 4 |
| | 정보관리 | 개인정보 보호 | 기관-개인정보보호 | 기관은 개인정보보호를 위해 노력합니다. | 2 |
| 환경 및 안전 | 위생 및 감염관리 | 위생관리 | 종사자-복장위생 | 급여제공직원은 위생적인 복장을 착용합니다. | 2 |
| | | 감염관리 | 기관-식당 및 조리실 | 기관은 식당 및 조리실을 위생적으로 관리합니다. | 1 |
| | | | 기관-감염관리 활동 | 기관은 수급자와 직원의 안전을 위해 감염관리 활동을 실시합니다. | 2 |
| | 시설 및 설비관리 | 시설관리 | 기관-시설 기준 | 기관은 시설 기준을 준수합니다. | 1 |
| | | | 기관-실내환경 | 기관의 실내환경은 적정합니다. | 1 |
| | 안전관리 | 안전상황 | 기관-낙상예방 환경조성 | 기관은 수급자가 안전하고 편리하게 활동할 수 있는 환경을 갖추고 있습니다. | 2 |
| | | | 기관-위험도 평가 | 기관은 수급자의 낙상 및 욕창 위험도, 인지기능 상태를 정기적으로 파악합니다. | 4 |
| | | 재난 및 응급상황 | 기관-응급체계 | 기관은 응급상황에 대처할 수 있는 체계를 갖추고 있습니다. | 3 |
| | | | 기관-소방시설 | 기관은 소방시설을 갖추고 정기적으로 점검하고 있습니다. | 2 |
| | | | 기관-재난상황대응 훈련 | 기관은 재난상황 대응훈련을 정기적으로 실시합니다. | 2 |
| | | | 종사자-재난 및 응급상황 대응 | 직원은 재난 및 응급상황 발생 시 적절히 대처합니다. | 2 |

| | | | | | |
|---|---|---|---|---|---|
| 수급자 권리 보장 | 수급자 권리 | 수급자존엄성 | 종사자-수급자 존중서비스 | 직원은 수급자에게 존중 서비스 제공을 위해 노력합니다. | 2 |
| | 기관책임 | 상담관리 | 기관-수급자 상담관리 | 기관은 정기적으로 상담을 실시하고 수급자 상태를 관리합니다. | 2 |
| | | 관리자 의무 | 종사자-급여제공역량 관리 | 직원은 수급자에게 보다 나은 서비스 제공을 하기 위해 급여제공 역량 관리를 받고 있습니다. | 4 |
| | | 급여제공 성과평가 | 기관-가족과의 소통 | 기관은 수급자 가족과의 소통을 위해 노력합니다. | 1 |
| | | 사례관리 | 기관-수급자 알 권리 보장 | 기관은 수급자에게 급여 이용에 대한 정보를 제공하여 급여선택권 보장을 위해 노력합니다. | 3 |
| 급여 제공 과정 | 급여개시 | 계약체결 및 통보 | 기관-계약체결 및 통보 | 기관은 표준장기요양이용계획서를 반영하여 급여계약을 체결하고 급여내용통보서를 적기 통보합니다. | 3 |
| | | 욕구평가 | 기관-수급자 욕구평가 | 기관은 수급자의 욕구평가를 정기적으로 실시합니다. | 4 |
| | 급여계획 | 개별적 욕구반영 | 기관-급여제공계획 | 기관은 수급자별 급여제공계획을 세우고 수급자(보호자)에게 동의를 받습니다. | 4 |
| | 급여제공 | 욕구반영 급여제공 | 기관-급여제공 적절성 | 기관은 수급자별 급여제공계획에 따른 급여를 제공. 기록하고 변경된 경우 그 사유를 기록합니다. | 4 |
| | | | 수급자-욕구반영 | 수급자는 개별적인 욕구를 반영한 급여를 제공받습니다. | 4 |
| | | 급식 및 투약관리 | 종사자-급식 및 투약관리 | 직원은 수분공급 식사 및 투약을 적절히 제공합니다. | 1 |
| | | | 기관-식단표 및 음식상태 | 기관은 균형 있는 식단을 작성하여 적정한 상태로 제공합니다. | 1 |
| | | | 기관-약품관리 | 기관은 의약품을 안전하게 관리합니다. | 2 |
| | | 수급자관리 | 수급자-구강관리도움 | 수급자는 식사 후 구강관리의 도움을 받습니다. | 1 |
| | | 안전관리 | 기관-수급자 안전관리 | 기관은 수급자가 안전한 생활을 유지할 수 있도록 급여제공에 대한 설명을 합니다. | 2 |
| | | 프로그램 | 기관-프로그램 | 기관은 프로그램을 정기적으로 제공합니다. | 4 |
| | | 의사진료 및 연계 | 기관-의료기관 연계 | 기관은 응급 및 의료적인 조치가 필요한 경우 의료기관에 연계합니다. | 1 |
| | | | 기관-연계기록지 제공 | 기관은 수급자의 전원, 퇴소 시 연계기록지를 제공합니다. | 2 |
| | | 이동서비스 | 기관-이동서비스 수칙 | 기관은 이동서비스 수칙을 마련하여 수급자(보호자)에게 알립니다. | 2 |
| | | | 수급자-이동서비스 | 수급자는 기관으로부터 편리하고 안전한 이동서비스를 받습니다. | 2 |

| | | | | | |
|---|---|---|---|---|---|
| 급여 제공 결과 | 수급자 상태 | 사례관리 회의 | 기관-사례관리 회의 | 기관은 사례관리 회의를 정기적으로 실시합니다. | 3 |
| | | 수급자 관리 | 수급자-노인인권보호 | 수급자의 노인인권보호를 위해 노력합니다. | 5 |
| | | | 기관-등급 현황 | 기관의 급여를 제공받은 수급자의 등급이 유지, 호전되었습니다. | 1 |
| | 만족도 평가 | 만족도 평가 | 수급자-서비스만족도 조사(유선) | 수급자는 기관의 급여에 대해 만족합니다. | 4 |
| 별도 가점 | 가점 | | 기관-제도 및 정책참여도 | 기관은 노인장기요양보험제도 내실화에 기여합니다. | 4 |

## 〈표 10-6〉 방문요양의 평가 지표

| 대분류 | 중분류 | 소분류 | 평가요소 | 항 목 | 점수 |
|---|---|---|---|---|---|
| 기관 운영 | 기관관리 | 운영원칙 및 체계 | 기관-운영규정 | 기관은 운영규정 및 급여제공 지침을 비치하고 그에 따라 기관을 운영합니다. | 2 |
| | 인적자원 관리 | 인력운영 | 기관-자원봉사자 | 기관은 직원회의를 정기적으로 실시합니다. | 3 |
| | | | 기관-경력직 | 기관에 2년 이상 근무한 직원의 비율은 적정합니다. (대표자가 시설장인 경우 제외) | 3 |
| | | | 기관-건강검진 | 기관은 직원의 건강검진을 정기적으로 실시합니다. | 1 |
| | | 직원의 후생복지 | 종사자-보수 | 직원은 기관과 근로계약을 체결하고 이에 따른 보수를 지급받습니다. | 2 |
| | | | 기관-직원복지향상 | 기관은 직원의 복지향상을 위해 노력합니다. | 4 |
| | | 직원교육 | 기관-직무교육 | 기관은 요양보호사가 직무교육에 참여할 수 있도록 노력합니다. | 2 |
| | | | 종사자-업무범위 교육 | 직원은 기관으로부터 업무범위 및 부당한 요구에 대처하는 교육을 받습니다. | 2 |
| | 정보관리 | 개인정보 보호 | 기관-개인정보보호 | 기관은 개인정보 보호를 위해 노력합니다. | 2 |
| 환경 및 안전 | 위생 및 감염관리 | 위생관리 | 수급자-생활환경 | 수급자의 생활환경은 청결합니다. | 4 |
| | | | 종사자-복장위생 | 급여제공직원은 위생적인 복장을 착용합니다. | 2 |
| | 안전관리 | 안전상황 | 기관-위험도 평가 | 기관은 수급자의 낙상 및 욕창 위험도, 인지기능 상태를 정기적으로 파악합니다. | 4 |
| 수급자 권리 보장 | 수급자 권리 | 수급자 알 권리 | 수급자-급여제공 안내 | 수급자는 기관으로부터 급여제공에 대한 안내와 급여계약서 부본을 받습니다. | 4 |

| | | | | | |
|---|---|---|---|---|---|
| | 기관책임 | 상담관리 | 기관-방문상담관리 | 기관은 정기적으로 방문상담을 실시하고 수급자 상태를 관리합니다. | 4 |
| | | 관리자 의무 | 종사자-급여제공 역량관리 | 직원은 수급자에게 보다 나은 서비스 제공을 하기 위해 급여제공 역량관리를 받고 있습니다. | 4 |
| | | 윤리적 운영 | 기관-재가관리 시스템 | 기관은 재가급여전자관리시스템(RFID)를 활용합니다. | 4 |
| | | | 수급자-시간준수 | 급여제공직원은 급여제공 시간을 준수합니다. | 4 |
| | | 정보제공 | 기관-수급자 알 권리보장 | 기관은 수급자에게 급여 이용에 대한 정보를 제공하여 급여선택권 보장을 위해 노력합니다. | 3 |
| 급여 제공 과정 | 급여개시 | 계약체결 및 통보 | 기관-계약체결 및 통보 | 기관은 표준 장기요양이용계획서를 반영하여 급여계약을 체결하고 급여내용통보서를 적기 통보합니다. | 3 |
| | | 욕구평가 | 기관-수급자 욕구 평가 | 기관은 수급자의 욕구평가를 정기적으로 실시합니다. | 4 |
| | 급여계획 | 개별적 욕구반영 | 기관-급여제공계획 | 기관은 수급자별 급여제공계획을 세우고 수급자(보호자)에게 동의를 받습니다. | 4 |
| | 급여제공 | 욕구반영 급여제공 | 기관-급여제공 적절성 | 기관은 수급자별 급여제공계획에 따른 급여를 제공.기록하고 변경된 경우 그 사유를 기록합니다. | 4 |
| | | | 수급자-욕구반영 | 수급자는 개별적인 욕구를 반영한 급여를 제공받습니다. | 4 |
| | | 질 보장 | 수급자-직원변경 | 수급자는 급여제공직원이 바뀌어도 동일한 수준의 급여를 제공받습니다. | 4 |
| | | 급여정보 제공 | 수급자-자료제공 | 수급자는 탈수예방, 배변도움, 노인학대예방, 관절구축예방 등에 대한 설명을 듣고 자료를 제공받습니다. | 4 |
| | | 기능향상 | 수급자-기능회복 훈련 | 수급자는 신체기능유지, 향상을 위한 급여를 제공받습니다. | 3 |
| | | 사례관리 회의 | 기관-사례관리회의 | 기관은 사례관리회의를 정기적으로 실시합니다. | 3 |
| 급여 제공 결과 | 수급자 상태 | 사례관리 회의 | 기관-사례관리회의 | 수급자의 인권 보호를 위해 노력합니다. | 5 |
| | | 수급자관리 | 수급자-노인인권 보호 | 수급자의 신체청결상태는 양호합니다. | 3 |
| | | | 기관-등급 현황 | 기관의 급여를 제공받은 수급자의 등급이 유지, 호전되었습니다. | 1 |
| | 만족도 평가 | 만족도평가 | 수급자-서비스만족도조사(유선) | 수급자는 기관의 급여에 대해 만족합니다. | 4 |
| 별도 가점 | 가점 | | 기관-제도 및 정책참여도 | 기관은 노인장기요양보험제도 내실화에 기여합니다. | 5 |

CHAPTER 11

# 아동복지시설

CHAPTER

# 11 아동복지시설

## | 제1절 | 아동복지시설의 설치신고

아동복지법 제50조 규정에 의하여 국가 또는 지방자치단체 외의 자가 시설을 설치하고자 할 때에는 다음의 서류를 첨부하여 시장·군수·구청장에게 제출하여야 한다.

① 정관(법인인 경우에 한한다) 1부

② 시설운영에 필요한 재산목록(소유 또는 사용에 관한 권리를 증명하는 서류를 포함하며, 행정정보의 공동이용을 통하여 소유 또는 사용에 관한 권리를 확인할 수 있는 경우에는 그 확인으로 첨부 서류를 갈음한다) 각 1부

③ 사업계획서 및 예산서 각 1부

④ 재산의 평가조서 및 재산수익조서 각 1부

⑤ 시설의 평면도(시설의 층별 및 구조별 면적을 표시하여야 한다) 및 건물의 배치도 각 1부

⑥ 시설에 종사할 직원의 명단과 자격증 사본(자격증이 필요한 직원에 한하되, 자격증을 확인한 경우에는 이를 첨부하지 아니한다) 각 1부

# | 제2절 | 아동복지시설의 시설기준(아동복지법 시행규칙 제24조)

## 1. 아동복지시설의 공통 시설기준

### 1) 시설의 입지조건

시설은 보건·위생·급수·안전·환경 및 교통편의 등을 충분히 고려하여 쾌적한 환경의 부지를 선정하여야 한다.

### 2) 시설의 구조 및 설비

시설의 구조 및 설비는 그 시설을 이용하는 아동의 성별·연령별 특성에 맞도록 하여야 한다.

① 아동 30인 이상을 수용하는 시설에는 다음의 설비를 갖추어야 한다. 다만, 지역아동센터의 경우에는 사무실·양호실·상담실의 설비 상호 간에는 이를 겸용할 수 있도록 설치할 수 있고, 아동이 상시 생활하지 아니하는 시설의 경우에는 거실·조리실·목욕실·세탁장 및 건조장의 설비를 갖추지 아니할 수 있다.

- 거실
  - 적당한 난방 및 통풍 시설을 하고 상당 기간의 일조량을 확보할 수 있도록 하여야 한다.
  - 출입구는 비상재해 시 대피에 용이하도록 복도 또는 넓은 공간에 직접 면하게 하여야 한다.
  - 복도·다락 등을 제외한 거실의 실제 면적이 아동 1인당 3세 미만의 경우에는 2.5m² 이상, 3세 이상의 경우에는 6.6m² 이상으로 하고, 침실 1실의 정원은 아동의 특성을 고려하여 6인 이하로 할 수 있다.
  - 7세 이상의 아동을 수용하는 거실은 남녀별로 설치하여야 한다.

- 허약아·미숙아·질병이환아 등을 격리하여 수용할 수 있는 격리실을 따로 두어야 한다.

- 사무실
  - 사무를 위한 적당한 설비를 갖추어야 한다.
- 양호실
  - 진찰·건강상담 및 치료를 위한 적당한 설비를 갖추어야 한다.
- 상담실
  - 상담을 위한 적당한 설비를 갖추어야 한다.
- 조리실
  - 채광 및 환기가 잘 되도록 하고 창문에는 방충망을 설치하여야 한다.
  - 식기를 소독하고 위생적으로 취사 및 조리할 수 있는 설비를 갖추어야 한다.
- 목욕실
  - 욕탕·샤워 및 세면 설비를 갖추어야 한다.
- 세탁장
  - 세탁에 필요한 기계·기구 등 설비를 갖추어야 한다.
- 건조장

- 세탁물을 건조할 수 있는 설비를 갖추어야 한다.

- 화장실
  - 수세식 화장실을 원칙으로 하되, 수세식이 아닌 화장실은 방수처리를 하고 소독수와 살충제를 비치하여야 한다.
  - 변기의 수는 아동 5인당 1개 이상으로 설치하여야 한다. 다만, 지역아동센터의 경우에는 변기를 1개 이상 설치할 수 있다.
- 급 · 배수시설
  - 급·배수시설은 상수도에 의한다. 다만, 상수도에 의할 수 없는 경

우에는 먹는물 관리법 제5조의 규정에 의한 먹는 물의 수질기준에 적합한 지하수 등을 공급할 수 있는 시설을 갖추어야 한다.

- 지하수 등을 사용하는 경우 취수원은 화장실, 폐기물처리시설, 동물 사육장, 기타 지하수가 오염될 우려가 있는 장소로부터 20m 이상 떨어진 곳에 위치하여야 한다.
- 빗물·오수 등의 배수에 지장이 없도록 배수설비를 하여야 한다.

• 비상재해대비시설

- 「소방시설 설치·유지 및 안전관리에 관한 법률」 시행령에서 정하는 바에 의하여 소화용 기구를 비치하고, 비상구를 설치하며 비상재해에 대비한 시설을 갖추어야 한다.

② 아동 10인 이상을 30인 미만 수용하는 시설과 아동 10인 미만을 수용하는 시설에는 앞의 각 설비를 갖추어야 한다. 다만, 사무실·양호실·상담실의 설비 상호 간 및 목욕실·세탁장·건조장·화장실의 설비 상호 간에는 이를 겸용할 수 있도록 설치할 수 있고, 아동이 상시 생활하지 아니하는 시설의 경우에는 거실, 조리실, 목욕실, 세탁장 및 건조장의 설비를 갖추지 아니할 수 있다.

### 3) 시설별 기준

① 아동양육시설·아동일시보호시설

다음의 설비를 갖추어야 한다.

- 강당 또는 오락실 : 66m² 이상으로 오락용구를 비치하여야 한다.
- 도서실 : 열람석과 아동의 정서 함양을 위한 도서류를 비치하여야 한다.
- 심리검사·치료실 : 16.5m² 이상으로 심리검사·치료를 위한 적당한 설비를 갖추어야 한다.

② 아동보호치료시설 : 아동양육시설에 준하되, 심리검사·치료실은 16.5㎡ 이상으로 설비를 갖추어야 한다.

③ 공동생활가정 : 전용면적 82.5㎡ 이상의 주택형 숙사를 갖추어야 한다.

④ 자립지원시설 : 복도·목욕실 등을 제외한 거실의 실제 면적은 아동 1인당 9.9㎡ 이상으로 하며, 1실의 정원은 2인 이하로 한다.

⑤ 아동상담소

- 상담실 : 16.5㎡ 이상
- 심리검사 · 치료실 : 16.5㎡ 이상으로 하되, 2개실 이상을 갖출 것
- 집단지도실 : 33㎡ 이상
- 사무실 : 16.5㎡ 이상
- 자료실 또는 대기실 : 16.5㎡ 이상(30인 이상 시설만 해당한다)

⑥ 지역아동센터 : 사무실, 조리실, 식당 및 집단지도실을 각각 갖추되, 해당 시설을 모두 합한 면적이 전용면적 82.5㎡ 이상이고, 아동 1인당 전용면적 3.3㎡ 이상이어야 한다. 다만, 집단 지도실은 2개실 이상 갖추어야 한다.

⑦ 통합하여 설치하는 경우 : 앞의 시설별 기준을 각각 갖추어야 한다. 다만, 강당, 오락실, 집단지도실, 도서실은 공동으로 사용할 수 있다.

### 4) 아동복지사업별 시설기준

아동복지시설이 고유사업 외에 아동복지법 제52조 제3항의 규정에 의한 사업을 실시하고자 하는 때에는 해당 사업에 필요한 시설을 별도로 갖추어야 한다.

이러한 규정에도 불구하고 고유사업 외에 추가로 실시하는 사업이 1개인 경우에는 사무실, 상담실, 심리검사·치료실, 조리실·식당 및 도서실을 고유사업 운영에 필요한 시설과 공동으로 사용할 수 있다.

① 아동가정지원사업

- 사무실 : 16.5m² 이상
- 상담실 : 16.5m² 이상

② 아동주간보호사업

- 사무실 : 16.5m² 이상
- 거 실 : 33m² 이상

③ 아동전문상담사업

- 사무실 : 16.5m² 이상
- 상담실 : 16.5m² 이상으로 하며, 2개실 이상을 갖출 것
- 심리검사·치료실 : 33m² 이상

④ 학대아동보호사업

- 사무실 : 16.5m² 이상
- 상담실 : 16.5m² 이상
- 심리검사·치료실 : 16.5m² 이상

⑤ 공동생활가정사업 : 전용면적 82.5m² 이상의 주택형 숙사를 갖추어야 한다.

⑥ 방과 후 아동지도사업 : 사무실, 조리실, 식당 및 집단지도실을 각각 갖추되, 해당 시설을 모두 합한 면적이 전용면적 82.5m² 이상으로 한다. 다만, 해당 시설을 이용하는 1일 평균 아동의 수가 20인 미만인 시설은 전용면적 60m² 이상으로 한다.

## 2. 아동복지시설의 운영기준

### 1) 건강관리

① 아동의 입소 시에는 반드시 건강진단을 하여야 한다.

② 보호아동 및 직원에 대하여는 연 1회 이상의 건강진단을 하여야 한다.

③ 건강진단 결과 건강이 좋지 아니한 자에 대하여는 그 치료를 위하여 필요한 조치를 취하여야 한다.

### 2) 급식위생

① 급식은 필요한 영양을 섭취할 수 있도록 식단을 작성하고, 그에 따라 시행되어야 한다.

② 식단은 영양사가 작성하되, 영양사가 없는 시설은 보건소의 지도를 받아 식단을 작성하여야 한다.

③ 전염성 질환, 화농성창상 등을 가진 자는 아동의 식사를 조리하여서는 아니 된다.

④ 상수도 외의 음용수를 사용하는 경우에는 적어도 연 2회 이상 수질검사를 받아야 한다.

### 3) 관리규정

조직, 인사, 급여, 회계, 물품 및 기타 시설의 관리에 관한 필요한 규정을 제정·시행하여야 한다.

### 4) 장부 등의 비치

시설에는 다음의 장부 및 서류를 비치하여야 한다.

① 시설의 연혁에 관한 기록부

② 재산목록과 그 소유 또는 사용권 증명서
③ 시설운영일지
④ 시설장 및 직원의 인사카드(이력서 및 사진을 포함한다)
⑤ 예산서 및 결산서
⑥ 총계정원장 및 수입·지출 보조부
⑦ 금전 및 물품의 출납부와 그 증명 서류
⑧ 보고서철 및 관계 관청과의 문서철
⑨ 소속 법인의 정관 및 관계 의결서류
⑩ 입·퇴소 아동의 명단 및 관계 서류

### 5) 아동복지시설에서의 기거자

① 시설의 장은 아동의 거실이 있는 건물마다 생활지도원, 보육사, 기타 필요한 직원 중 1인을 보호아동과 함께 기거하게 하여야 한다.
② 시설 안에서는 보호아동 및 아동복지시설 종사자 외에는 거주하지 못한다.

### 6) 아동의 보호조치

① 아동양육시설 및 일시보호시설의 장은 아동이 입소한 때에는 입소한 날부터 2주 동안 그 심신상태를 관찰하여야 한다.
② 아동양육시설의 장은 학대받은 아동에 대한 보호조치를 의뢰받은 때에는 육체적·정신적으로 정상생활을 할 수 있을 때까지 특별지도를 위하여 다른 아동과 분리하여 수용할 수 있다.

## 3. 아동복지시설 종사자의 자격기준

〈표 11-1〉 아동복지시설 종사자의 자격기준(아동복지법 시행령 별표 15)

| 직종별 | 자격기준 |
|---|---|
| 아동복지 시설의 장 | 1. 사회복지사업법에 따른 사회복지사 2급 이상의 자격 취득 후 아동과 관련된 사회복지사업에 3년 이상 또는 사회복지사업에 5년 이상 종사한 경력이 있는 사람<br>2. 학대아동보호사업과 관련된 기관에서 3년 이상 근무한 경력이 있는 사람<br>3. 7급 이상 공무원으로서 국가나 지방자치단체에서 사회복지사업에 관한 행정업무에 5년 이상 종사한 경력이 있는 사람<br>4. 의료법에 따른 의사 · 한의사 또는 치과의사 면허 취득 후 3년 이상 진료 경력이 있는 사람<br>5. 정신보건법에 따른 정신보건전문요원 자격 취득 후 사회복지사업에 5년 이상 종사한 경력이 있는 사람<br>6. 영유아보육법에 따른 보육교사 1급 자격 취득 후 사회복지사업에 5년 이상 종사한 경력이 있는 사람<br>7. 유치원, 초등학교 또는 중등학교 교사 자격증 취득 후 사회복지사업에 5년 이상 종사한 경력이 있는 사람<br>8. 직업훈련교사, 간호사, 영양사 자격 취득 후 사회복지사업에 5년 이상 종사한 경력이 있는 사람 |
| 사무 국장 | 1. 사회복지사업법에 따른 사회복지사 2급 이상의 자격 취득 후 아동과 관련된 사회복지사업에 1년 이상 또는 사회복지사업에 3년 이상 종사한 경력이 있는 사람<br>2. 학대아동보호사업과 관련된 기관에서 1년 이상 근무한 경력이 있는 사람<br>3. 9급 이상 공무원으로서 국가나 지방자치단체에서 사회복지사업에 관한 행정업무에 3년 이상 종사한 경력이 있는 사람<br>4. 정신보건법에 따른 정신보건전문요원 자격 취득 후 사회복지사업에 3년 이상 종사한 경력이 있는 사람<br>5. 영유아보육법에 따른 보육교사 1급 자격 취득 후 사회복지사업에 3년 이상 종사한 경력이 있는 사람<br>6. 유치원, 초등학교 또는 중등학교 교사 자격증 취득 후 사회복지사업에 3년 이상 종사한 경력이 있는 사람<br>7. 직업훈련교사, 간호사, 영양사 자격 취득 후 사회복지사업에 3년 이상 종사한 경력이 있는 사람 |

| | |
|---|---|
| 보육사 | 1. 사회복지사업법에 따른 사회복지사 3급 이상 자격이 있는 사람<br>2. 영유아보육법에 따른 보육교사 자격이 있는 사람<br>3. 유치원, 초등학교 또는 중등학교교사 자격이 있는 사람 |
| 생활복지사 또는 상담지도원 | 1. 사회복지사업법에 따른 사회복지사 2급 이상 자격이 있는 사람<br>2. 유치원, 초등학교 또는 중등학교 교사 자격이 있는 사람<br>3. 영유아보육법에 따른 보육교사 1급 자격이 있는 사람 |
| 직업훈련 교사 | 1. 근로자직업능력 개발법에 따른 직업능력개발훈련교사 자격이 있는 사람<br>2. 학원의 설립 · 운영 및 과외교습에 관한 법률」에 따른 학원강사 자격이 있는 사람 |
| 임상심리 상담원 | 1. 고등교육법에 따른 대학 또는 이와 같은 수준 이상의 학력이 있다고 교육부장관이 인정하는 학교의 심리 관련 학과를 졸업한 사람<br>2. 국가기술자격법 시행령 제12조의2 제1항 및 별표 1에 따른 임상심리사 2급 이상의 자격이 있는 사람 |
| 자립지원 전담요원 | 1. 근로자직업능력 개발법에 따른 직업능력개발훈련교사 자격이 있는 사람<br>2. 사회복지사업법에 따른 사회복지사 2급 이상의 자격이 있는 사람<br>3. 초등학교 또는 중등학교 교사 자격이 있는 사람<br>4. 대학 또는 이와 같은 수준 이상의 학력이 있다고 교육부장관이 인정하는 학교 졸업자(다른 법령에서 이와 동등 이상의 학력이 인정된 사람을 포함한다)로서 아동복지 또는 사회복지 관련 학과를 졸업하고 1년 이상 아동복지 업무에 종사한 경력이 있는 사람 |

## 4. 아동복지시설의 종사자의 직종 · 수 및 배치기준(제52조 관련)

1. 법 제52조 제1항 각 호에 따른 고유 업무에 필요한 아동복지시설 종사자의 직종 · 수 및 배치기준

| 시설별 \ 직종별 | | 아동복지시설의 장 | 사무국장 | 의사(또는 촉탁의사) | 간호사 또는 간호조무사 | 사무원 | 영양사 | 보육사 | 생활복지사 | 직업훈련교사 | 상담지도원 | 임상심리상담원 | 조리원 | 위생원 | 안전관리원 | 자립지원전담요원 |
|---|---|---|---|---|---|---|---|---|---|---|---|---|---|---|---|---|
| 아동양육시설 | 아동 30명 이상 | 1명 | 1명 | 1명 | 1명 | 1명 | 1명 | · 0~2세까지 : 아동 2명당 1명<br>· 3~6세까지 : 아동 5명당 1명<br>· 7세 아동 : 아동 7명당 1명 | 1명 (30명초과 시 1명 추가) | 필요 인원 | 필요 인원 | 1명 | 1명 (30명 초과 시 1명 추가) | 1명 | | 1명 (100명 초과 시 1명 추가) |
| | 아동 30명 미만 10명 이상 | 1명 | | | | 1명 | | · 0~2세까지 : 아동 2명당 1명<br>· 3~6세까지 : 아동 5명당 1명<br>· 7세 아동 : 아동 7명당 1명 | | | | | 1명 | | | 1명 |
| | 아동 10명 미만 | 1명 | | | | | | · 0~2세까지 : 아동 2명당 1명<br>· 3~6세까지 : 아동 5명당 1명 | | | | | | | | |

| | | | | | | | | | | | | | | | | |
|---|---|---|---|---|---|---|---|---|---|---|---|---|---|---|---|---|
| | | | | | | | | · 7세 아동 : 아동 7경당 1명 | | | | | | | | |
| 아동일시보호시설 | 아동 30명 이상 | 1명 | 1명 | 1명 | 1명 | 1명 | 1명 | · 0~2세까지 : 아동 2명당 1명<br>· 3~6세까지 : 아동 5명당 1명<br>· 7세 아동 : 아동 7명당 1명 | 1명 (30명초과 시 1명 추가) | | 필요 인원 | 1명 | 1명 (30명초과 시 1명 추가) | 1명 | | |
| | 아동 30명 미만 10명 이상 | 1명 | | | | 1명 | | · 0~2세까지 : 아동 2덩당 1명<br>· 3~6세까지 : 아동 5명당 1명<br>· 7서 아동 : 아동 7명당 1명 | | | | | 1명 | | | |
| | 아동 10명 미만 | 1명 | | | | | | · 0~2세까지 : 아동 2명당 1명<br>· 3~6세까지 : 아동 5명당 1명<br>· 7세 아동 : 아동 7명당 1명 | | | | | | | | |

| | | | | | | | | | | | | | | | | |
|---|---|---|---|---|---|---|---|---|---|---|---|---|---|---|---|---|
| 아동보호치료시설 | 아동 30명 이상 | 1명 | 1명 | 1명 | 1명 | 1명 | 1명 | · 0~2세까지 : 아동 2명당 1명<br>· 3~6세까지 : 아동 5명당 1명<br>· 7세 아동 : 아동 7명당 1명 | 1명 | 필요 인원 | | 1명 | 1명 (30명 초과 시 1명 추가) | | 2명 (아동 40명 이상 4명) | 1명 |
| | 아동 30명 미만 10명 이상 | 1명 | | | | 1명 | | · 0~2세까지 : 아동 2명당 1명<br>· 3~6세까지 : 아동 5명당 1명<br>· 7세 아동 : 아동 7명당 1명 | | | | 1명 | 1명 | | | 1명 |
| | 아동 10명 미만 | 1명 | | | | | | · 0~2세까지 : 아동 2명당 1명<br>· 3~6세까지 : 아동 5명당 1명<br>· 7세 아동 : 아동 7명당 1명 | | | | 1명 | | | | |
| 공동생활가정 (아동 3명 미만) | | 1명 | | | | | | · 0~2세까지 : 아동 2명당 1명<br>· 3~6세까지 : 아동 5명당 1명 | | | | | | | | 필요 인원 |

| | | | | | | | | | | | | | | | | |
|---|---|---|---|---|---|---|---|---|---|---|---|---|---|---|---|---|
| | | | | | | | | · 7세 아동 : 아동 7명당 1명 | | | | | | | | |
| 자립지원시설 | 아동 30명 이상 | 1명 | 1명 | | | 1명 | | | | | 3명 | | | | | 1명 |
| | 아동 30명 미만 10명 이상 | 1명 | 1명 | | | | | | | | 2명 | | | | | |
| | 아동 10명 미만 | 1명 | | | | | | | | | 1명 | | | | | |
| 아동상담소 | 아동 30명 이상 | 1명 | 1명 | | 1명 | 1명 | | | | | 필요 인원 | 1명 | | | | |
| | 아동 30명 미만 10명 이상 | 1명 | | | | | | | | | 필요 인원 | | | | | |

| | | | | | | | | | | | | | | | | |
|---|---|---|---|---|---|---|---|---|---|---|---|---|---|---|---|---|
| | 아동 10명 미만 | 1명 | | | | | | | | | 필요 인원 | | | | | |
| 아동전용시설 | 아동 30명 이상 | 1명 | | | | 1명 | | | 필요 인원 | | | | | | 1명 | |
| | 아동 30명 미만 10명 이상 | 1명 | | | | | | | 필요 인원 | | | | | | | |
| | 아동 10명 미만 | 1명 | | | | | | | | | | | | | | |
| 지역아동센터 | 아동 30명 이상 | 1명 | | | | | 1명 (아동 50명 이상인 경우만 해당함) | | 2명 (아동 50명 초과 시 1명 추가) | | | | | | | |

| | | | | | | | | | | | | | | | | |
|---|---|---|---|---|---|---|---|---|---|---|---|---|---|---|---|---|
| | 아동 30명 미만 10명 이상 | 1명 | | | | | | 1명 | | | | | | | | |

2. **법 제52조 제2항에 따라 시설을 통합하여 설치하는 경우의 아동복지시설 종사자 수**

법 제52조 제1항 각 호에 따른 아동복지시설을 통합하여 설치하는 경우에는 제1호게 따른 시설별 종사자를 각각 배치하여야 한다. 다만, 아동복지시설의 장 외의 종사자 2명 이상이 근무하는 시설 간에는 어느 한 시설의 장이 다른 시설의 장을 겸임할 수 있다.

3. **법 제52조 제3항에 따른 아동복지사업에 필요한 아동복지시설 종사자 수**

가. 법 제52조 제3항 제1호부터 제3호까지의 사업 : 상담지도원 또는 생활복지사(사회복지사 자격이 있는 사람으로 한정한다) 1명 이상을 추가로 배치 · 운영하여야 한다.

나. 법 제52조 제3항 제4호의 사업 : 상담지도원(별표 7 제2호에 따른 상담원의 자격이 있는 사람으로 한정한다) 1명 이상을 추가로 배치 · 운영하여야 한다.

다. 법 제52조 제3항 제5호의 사업 : 생활복지사(사회복지사의 자격이 있는 사람으로 한정한다) 1명 이상 및 보육사 1명 이상을 추가로 배치 · 운영하여야 한다.

라. 법 제52조 제3항 제6호의 사업 : 제1호에 따른 지역아동센터 종사자(시설의 장은 제외한다)를 추가로 배치 · 운영하여야 한다.

## | 제3절 | 아동보호전문기관의 설치

### 1. 아동보호전문기관의 지정요건

아동학대예방사업을 목적으로 하는 비영리법인이 아동복지법 제45조 제4항에 따라 아동보호전문기관의 운영 위탁을 받을 수 있는 법인으로 지정받으려면 보건복지부령으로 정하는 바에 따라 보건복지부장관, 시·도지사 또는 시장·군수·구청장에게 신청하여야 한다.

아동보호전문기관의 운영 위탁을 신청하려는 비영리법인은 아동복지법 시행령 제44조 제2항에 따라 다음 각 호의 요건을 갖추어야 한다.

① 3년 이상 아동복지업무를 수행한 실적이 있을 것
② 아동보호전문기관의 설치기준과 상담원의 배치기준을 갖출 것
③ 아동복지법 제46조에 따른 업무를 수행하는 데 필요한 예산을 확보할 수 있을 것

### 2. 아동보호전문기관의 지정절차

중앙아동보호전문기관 또는 지역아동보호전문기관의 운영을 위탁받고 비영리법인으로 지정받으려는 자는 아동보호전문기관 운영위탁지정신청서 아동복지법 시행규칙 별지 제17호 서식에 다음 각 호의 서류를 첨부하여 보건복지부장관, 시·도지사 또는 시장·군수·구청장에게 제출하여야 한다.

① 비영리법인의 정관
② 아동보호전문기관 운영에 필요한 재산목록(소유 또는 사용에 관한 권리를 증명하는 서류를 첨부하되, 보건복지부장관, 시·도지사 또는 시장·군수·구청장이 전자정부법 제36조 제1항에 따른 행정정보의 공동이용을 통하여 소유 또는 사용에 관한 권리를 확인할 수 있는 경우에는 그 확인으로 첨부서류를 갈음한다)

③ 아동복지업무 수행실적

④ 사업계획서 및 예산서

⑤ 종사할 직원의 명단과 자격증 사본(자격증이 필요한 직원만 해당하며, 자격증을 확인한 경우에는 이를 첨부하지 아니한다)

## 3. 아동보호전문기관의 지정취소

보건복지부장관, 시·도지사 또는 시장·군수·구청장은 아동복지법 제45조 제4항에 따라 지정된 비영리법인이 다음 각 호의 어느 하나에 해당하면 그 지정을 취소할 수 있다.

① 속임수나 그 밖의 부정한 방법으로 보조금의 교부를 받은 경우

② 보조금의 교부조건을 위반한 경우

③ 아동복지법 제46조에 따른 업무실적이 저조한 경우

## 4. 아동보호전문기관 직원의 자격기준

아동보호전문기관의 장의 자격기준은 아동복지시설장의 자격기준으로 한다. 또한 아동보호전문기관의 상담원은 다음 각 호의 어느 하나에 해당하는 자로서 대학 또는 보건복지부장관이 인정하는 비영리법인에서 개설·운영하는 아동보호전문기관 상담원의 교육과정을 수료(아동복지법 시행령 별표 18)한 자로 한다. 다만, 대학에서 교과목의 일부를 이수한 경우에는 그 이수과목에 대한 교육을 면제할 수 있다.

① 사회복지사업법에 의한 사회복지사 1급 이상의 자격을 가진 자

② 대학 또는 이와 동등 이상의 학력이 있다고 교육부장관이 인정하는 학교에서 심리학과(복지심리학과를 포함한다) 또는 보건복지부령이 정하는 아동복지 또는 사회복지 관련 교과목을 이수하고 졸업한 자

〈표 11-2〉 아동보호전문기관 상담원의 교육과정

| 단 계 | 교육과목(시간) | 이수시간(총 100시간) |
|---|---|---|
| 기본교육 | 1. 아동복지의 기본 가치 이해(4)<br>2. 아동복지법의 이행(4)<br>3. 아동학대 원인 및 영향(8)<br>4. 아동보호체계에 대한 이해(8)<br>5. 가족보존서비스의 이론과 실제(8) | 32시간 |
| | 1. 초기 조사와 사례계획(8)<br>2. 위기 개입(6)<br>3. 아동분리와 배치(6)<br>4. 학대유형별 개입방법(12) | 32시간 |
| | 1. 아동학대와 방임에 대한 생태학적 관점(8)<br>2. 통합적 접근방법(8) | 16시간 |
| 전문교육 | 1. 아동학대와 관련된 특수한 문제와 개입방법(8)<br>2. 학대유형별 상담사례 실습(12) | 20시간 |

아동보호전문기관의 임상심리치료 전문인력은 임상심리사 자격이 있거나 놀이치료, 미술치료, 음악치료, 심리상담 등 전문적인 치료를 할 수 있는 등 학대아동의 심리치료를 할 수 있는 사람으로 한다.

## 5. 아동보호전문기관의 설치기준

### 1) 설치기준

① 사무실

- 아동학대 관련 사무를 처리할 수 있는 적당한 설비를 갖추어야 한다.

② 상담실

- 16.5㎡ 이상의 규모로 상담 내용이 드러나지 아니하고 자연스러운 분위기에서 상담할 수 있는 구조를 갖추어야 한다.

- 효과적인 상담을 위하여 녹취기, 무인카메라 등 필요한 장비를 갖추어야 한다.

③ 심리검사·치료실

- 16.5㎡ 이상의 규모로 아동의 심리치료에 적합한 구조와 설비를 갖추어야 한다.
- 놀이치료·미술치료·음악치료, 심리상담 등 전문적인 치료를 위하여 필요한 설비를 갖추어야 한다.
- 가족에 대한 상담·치료·교육에 적합한 구조와 설비를 갖추어야 한다.

④ 그 밖의 사항

- 16.5㎡ 이상의 자료실 또는 대기실 등을 갖추어야 한다.

### 2) 직원의 배치기준

① 아동보호전문기관에는 아동복지법 제46조의 업무수행에 필요한 기관의 장 1명, 임상심리치료 전문인력 1명 및 상담원 6명 이상을 두어야 한다. 다만, 아동보호전문기관의 장이 별표 7 제2호 상담원의 자격을 갖춘 경우에는 상담원을 겸할 수 있다.

② 학대받은 아동의 신고·접수, 긴급 출동 등 아동학대 관련 업무 수행에 필요한 사무원 등 필요 인력 1명 이상을 두어야 한다.

## 6. 아동보호전문기관의 운영기준

### 1) 관리규정

아동보호전문기관의 장은 조직, 인사, 급여, 회계 물품 및 그 밖에 운영에 필요한 규정을 제정·시행하여야 한다.

### 2) 장부 등의 비치

아동보호전문기관에는 다음의 장부 및 서류를 갖추어 두어야 한다.

① 시설 연혁에 관한 기록부
② 재산목록과 그 소유권 또는 사용권에 대한 증명서
③ 아동보호전문기관의 운영일지
④ 아동보호전문기관의 장 및 직원의 인사카드
⑤ 예산서 및 결산서
⑥ 총계정 원장 및 수입·지출 보조부
⑦ 금전·물품의 출납부와 그 증빙서류
⑧ 보고서철 및 관계 행정기관과의 문서철
⑨ 피해아동 사례관리기록과 관련 서류

### 3) 그 밖의 사항

① 아동보호전문기관은 지역사회에서 발생하는 아동학대와 방임의 문제에 전문적으로 개입할 때에는 가정보존과 가족기능의 회복에 우선을 두어야 한다.
② 아동보호전문기관은 학대받은 아동과 관련된 부모 또는 그 가족을 대상으로 정기적으로 가정상담 및 치료를 실시하여야 한다.
③ 아동보호전문기관은 신고된 아동학대나 방임에 대한 현장 조사 등 사례관리를 철저히 하여야 한다.
④ 아동보호전문기관은 지역사회 주민, 신고의무자, 아동학대 행위자 등을 대상으로 아동학대의 예방을 위한 교육을 실시하여야 한다.

# | 제4절 | 가정위탁지원센터의 지정

## 1. 가정위탁지원센터의 지정요건

아동복지법 제48조에 의하여 가정위탁지원센터의 운영자로 지정받고자 하는 자는 다음의 요건을 모두 갖추어야 한다.

① 다음 각 목의 어느 하나에 해당하는 비영리법인일 것

- 법 제52조 제1항 제1호, 제2호, 또는 제6호에 따른 아동양육시설, 아동일시보호시설, 또는 아동상담소 중 하나 이상의 시설을 설치, 운영하고 있는 비영리법인
- 사회복지사업법에 따라 설립된 사회복지법인
- 그 밖에 보건복지부장관, 시·도지사 또는 시장·군수·구청상이 인정하는 비영리법인

② 다음 각 목에 정하는 실적·기준 및 자금 능력을 모두 갖출 것

- 3년 이상 아동복지 업무를 수행한 실적이 있을 것
- 별표 11에 따른 가정위탁지원센터의 설치기준 및 상담원 등 직원의 배치기준을 갖출 것
- 별표 13에 따른 가정위탁지원센터의 상담원 등 직원의 자격기준을 갖출 것
- 법 49조에 따른 업무를 수행하는 데 필요한 자금을 확보할 수 있을 것

## 2. 가정위탁지원센터의 지정절차

아동복지법 시행령 제44조 제1항의 규정에 따라 가정위탁지원센터를 지정받고자 하는 자는 아동복지법 시행규칙 제21조 제1항에 명시된 다음 각 호의 서류를 첨부하여 시장·군수·구청장을 거쳐 시·도지사에게 제출하여야 한다.

① 정관

② 센터운영에 필요한 재산목록(소유 또는 사용에 관한 권리를 증명하는 서류를 첨부하되, 보건복지부장관 또는 시·도지사가 전자정부법 제36조 제1항에 따른 행정정보의 공동이용을 통하여 소유 또는 사용에 관한 권리를 확인할 수 있는 경우에는 그 확인으로 첨부 서류를 갈음한다)

③ 아동복지업무 수행실적

④ 사업계획서 및 예산서

⑤ 센터에 종사할 직원의 명단과 자격증 사본(자격증이 필요한 직원에 한하되, 자격증을 확인한 경우에는 이를 첨부하지 아니한다)

## 3. 가정위탁지원센터 직원의 자격기준

아동복지법 제48조의 규정에 의한 가정위탁지원센터의 센터장 자격기준은 아동복지시설 시설자의 자격기준과 같다. 가정위탁지원센터의 상담원은 다음 각 목의 어느 하나에 해당하는 사람으로 한다.

① 사회복지사업법에 따른 사회복지사 1급 자격이 있는 사람

② 대학 또는 이와 같은 수준 이상의 학력이 있다고 교육부장관이 인정하는 학교에서 심리학과(복지심리학과를 포함한다) 또는 보건복지부령으로 정하는 아동복지 또는 사회복지 관련 교과목을 이수하고 졸업한 사람

〈표 11-3〉 가정위탁지원센터 상담원의 교육과정

| 단 계 | 교육과목(시간) | 이수시간(총 100시간) |
|---|---|---|
| 기본교육 | 1. 아동복지의 기본 가치 이해(4)<br>2. 아동복지법의 이행(4)<br>3. 아동권리의 이해(6)<br>4. 아동보호체계에 대한 이해(8)<br>5. 상담심리학 개론(6)<br>6. 아동복지실천 기술론(8)<br>7. 가족보존서비스의 이론과 실태(8)<br>8. 아동학대에 대한 이해(6) | 50시간 |
| 전문교육 | 1. 위탁아동 양육 프로그램(3)<br>2. 위탁부모 및 친부모 교육(3)<br>3. 가정위탁보호사업의 이해(8)<br>4. 아동심리평가의 이해(8)<br>5. 아동상담이론(8)<br>6. 가족보존을 위한 사례관리(8)<br>7. 가정위탁 상담사례 실습(12) | 50시간 |

## 4. 가정위탁지원센터의 설치기준 및 운영기준

### 1) 설치기준

① 시설기준 : 사무실과 16.5㎡ 이상 면적의 상담실을 갖추어야 한다.

② 직원 배치기준 : 가정위탁지원센터의 장 1명, 상담원 6명 이상, 임상심리치료 전문인력 1명, 자립지원 전담요원 1명 및 사무원 1명 이상을 둔다. 다만, 관할 지역의 위탁아동 수가 400명을 초과할 때에는 200명 초과 시마다 상담원 1명을 추가로 배치하고, 15세 이상의 아동 수가 100명을 초과할 때에는 100명 초과 시마다 자립지원 전담요원 1명을 추가로 배치한다.

### 2) 운영기준

① **관리규정** : 센터장은 조직, 인사, 급여, 회계, 물품, 그 밖에 운영에 필요한 규정을 제정·시행하여야 한다. 다만, 가정위탁지원센터로 지정받은 법인이 별도의 관련 규정이 있는 경우에는 해당 규정에 따르되, 아동복지법령 또는 관련 지침에서 정하고 있는 사항에 관하여는 해당 법령 또는 지침을 우선 적용하여야 한다.

② **장부 등의 비치** : 가정위탁지원센터에는 다음의 장부 및 서류를 비치하여야 한다.

- 센터(법인)의 연혁에 관한 기록부
- 재산목록과 그 소유권 또는 사용권에 대한 증명서
- 센터운영일지
- 센터장 및 직원의 인사카드
- 예산서 및 결산서
- 총계정원장 및 수입지출 보조부
- 금전 및 물품의 출납부와 그 증빙서류
- 보고서철 및 관계 관청과의 문서철
- 요보호아동 위탁가정 조사 및 상담기록과 관련된 서류
- 가정위탁보호조치 아동 및 귀가 아동의 명단 및 관련 서류

③ 기타

- 가정위탁지원센터는 지역사회에서 발생하는 위탁아동 및 원가족의 문제에 전문적으로 개입할 때에는 가정 보존과 가족 기능의 회복, 아동의 이익에 우선을 두어야 하며, 조속한 시일 내에 아동이 친가정으로 복귀할 수 있도록 최선을 다해야 한다.
- 가정위탁 시 아동에 대한 계획 및 아동배치 후의 아동에게 적절하고 필요한 조치를 취하였는가에 대한 지속적인 사례관리와 평가가 이루

어져야 한다.

- 친부모와 아동이 재결합할 수 있도록 개별 아동 계획을 세워야 한다.
- 친부모와 아동의 재결합을 돕기 위하여 친부모와 정기적인 접촉을 하도록 노력하여야 하며 이에 대한 기록을 남겨두어야 한다.
- 시·도(시·군·구), 가정위탁지원센터, 위탁아동, 가정위탁보호 의뢰가정 및 위탁가정은 서로 협력하여야 한다.

## | 제5절 | 지역아동센터의 설치

### 1. 선정절차 및 방법

시장·군수·구청장은 지원대상 시설 선정 시 해당 지역에 선정계획을 사전에 통보하거나 홈페이지 등에 게시하여 공정한 기회를 제공하도록 조치해야 하며, 지역아동센터는 시·군·구청에 지역아동센터 운영비 지원 신청서와 관련 첨부서류를 제출해야 한다.

시장·군수·구청장은 지역아동센터에서 제출한 신청서와 관련 첨부서류에 대해 서면조사와 현장방문조사를 실시한 후 지역아동센터 운영비 지원 선정기준표를 작성하여 선정위원회의 심사를 거쳐 최종 결정한다.

### 2. 시설기준 및 신고절차

#### 1) 시설 및 설비기준

사무실·조리실·식당 및 집단지도실·화장실을 각각 갖추되 해당 시설을 모두 합한 면적이 전용면적 82.5㎡ 이상으로 한다. 다만, 지역아동센터를 이용하는 1일 평균 아동의 수가 20인 미만의 시설은 전용면적 60㎡ 이상으로 한다.

### 2) 시설설치 구비서류(아동복지법 시행규칙 제23조)

① 정관(법인의 경우에 한함)

② 시설운영에 필요한 재산목록(소유 또는 사용에 관한 권리를 증명하는 서류를 포함)

③ 사업계획서 및 예산서

④ 재산의 평가조서 및 재산의 수익조서

⑤ 시설의 평면도(시설의 층별 및 구조별 면적을 표시) 및 건물의 배치도

⑥ 시설에 종사할 직원의 명단과 자격증 사본(자격증이 필요한 직원에 한하되, 자격증을 확인한 경우에는 이를 첨부하지 아니함)

### 3) 시설안전 및 운영

지역아동센터는 사회복지사업법 제34조3과 제34조의4, 아동복지법 시행령 제28조(아동의 안전에 대한 교육) 규정에 의거 아동의 안전사고 예방을 위해 정기적(필요한 경우 수시 포함)으로 시설의 안전점검과 안전교육을 실시해야 한다.

또한 아동의 실내·외 활동 시 안전을 위해 아동에 대한 지도·감독을 철저히 수행하며 만일의 사태에 대비하여 응급처치에 대한 요령을 숙지하고 필요한 구급약과 비상의약 장비를 비치하는 등 아동에 대한 안전 확보를 위해 시설 및 환경을 조성하고 관리하는 일에 만전을 기해야 한다.

### 4) 종사자 기준

① 아동 30인 이상 : 시설장 1인, 영양사 1인(아동 50인 이상인 시설인 경우), 생활복지사 2인(아동 50인 초과 시 1인 추가)

② 아동 30인 미만 10인 이상 : 시설장 1인, 생활복지사 1인

### 5) 지역아동센터 세부운영

① 운영시간

운영시간은 하루 8시간 이상 주 5일 이상을 원칙으로 하되, 지역의 여건과 실정(아동의 귀가시간 등)을 감안하여 신축적으로 운영시간을 조정할 수 있으며, 토·일요일 등의 운영은 지역 여건과 지역아동센터(공부방) 실정에 따라 운영하되, 빈곤·결손·방임아동을 위하여 운영하는 방향으로 추진하고 상·하반기 단기방학이 이루어지는 시기에는 운영시간을 조정하여 아동들이 방학으로 인해 방임되지 않도록 한다.

② 사업운영

- 생활지도(보호) 프로그램 : 지역사회 내 방임아동보호, 일상생활지원, 건강생활지도, 위생지도, 안전지도, 급식제도 등
- 이용자 사례관리 : 상담, 부모교육, 가족상담, 결연후원, 아동사례관리, 가족 지원하기 등
- 지역자원 연계 프로그램 : 지역 내 인적자원 확보 및 관리, 물적자원 확보 및 관리, 관련 기관 연계 프로그램, 홍보 등

③ 프로그램

- 학습지원 프로그램 : 학교생활 준비 지원, 학년별 학습 지도하기, 학습부진아 지도, 학습지원 성과 평가하기, 숙제지도, 예체능 교육 등
- 놀이 및 특별활동 지원 : 문화체험, 견학, 캠프, 공동체 활동, 놀이 활동 지원, 특기적성 프로그램 등

CHAPTER 12

# 장애인복지시설

CHAPTER

# 12 장애인복지시설

## | 제1절 | 장애인복지시설의 설치

장애인복지법 제59조 제2항 본문에 따라 국가 또는 지방자치단체 외의 자가 장애인복지시설을 설치·운영하려는 경우에는 장애인복지법 시행규칙 <별지 제20호> 서식의 신고서에 다음의 서류를 첨부하여 관할 시장·군수·구청장에게 제출하여야 한다.

① 정관(법인인 경우에 한한다) 1부
② 시설운영에 필요한 재산목록 1부
③ 사업계획서 및 예산서 각 1부
④ 시설의 운영에 관한 규정 각 1부
⑤ 시설의 평면도(시설의 층별 및 구조별 면적을 표시하여야 한다)와 설비구조 내역서 각 1부

## | 제2절 | 장애인복지시설의 공통기준

### 1. 시설의 입지조건

시설은 그 분포의 적정성과 보건, 위생, 급수, 안전, 환경 및 교통편의 등을 충분히 고려하여 장애인이 쉽게 접근하고 편리하게 이용할 수 있는 쾌적한 환경을 갖춘 부지를 선정하여야 한다.

## 2. 시설의 규모

상시 10명 이상이 생활할 수 있는 시설을 갖추어야 한다. 다만, 시설 종류별 개별 기준에서 10명 미만의 소규모 시설을 따라 정하고 있는 경우와 장애인이 상시 생활하지 아니하는 시설은 예외로 한다.

## 3. 시설의 구조 및 설비

시설의 구조와 설비는 그 시설을 이용하는 장애인의 장애유형별 · 성별 · 연령별 특성에 맞도록 하여야 한다. 다만, 6세 미만의 장애영유아를 위한 시설은 이 기준에 따른 구조 및 설비 외에 아동복지법에 따른 아동복지시설 중 영아시설에 준하는 설비를 따라 갖추어야 한다.

시설에는 「장애인 · 노인 · 임산부 등의 편의증진 보장에 관한 법률」에 따른 편의시설을 갖추어야 한다.

### 1) 장애인이 30명 이상 거주하는 시설

장애인이 30명 이상 거주하는 시설에는 다음의 설비를 갖추어야 한다. 이 경우 지체장애인이나 뇌병변장애인의 생활시설은 1명당 21.78m² 이상, 청각 · 언어장애인 생활시설은 1명당 21.78m² 이상, 시각장애인 생활시설은 1명당 19.8m² 이상, 지적장애인 또는 자폐성장애인 생활시설은 1명당 21.12m² 이상, 중증장애인 생활시설은 1명당 18.48m² 이상 및 장애영유아 생활시설은 1명당 18.48m² 이상으로 한다. 다만, 장애인이 상시 생활하지 아니하는 시설에는 거실, 의무실 또는 의료재활실, 조리실, 목욕실, 세탁장 및 건조장의 설비를 갖추지 아니할 수 있다. 장애인 직업재활시설 중 장애인 보호작업장, 장애인 근로사업장, 장애인 생산품 판매시설의 경우에는 집단활동실과 자원봉사자실의 설비 중 하나의 설비로 다른 설비를 겸하여 운영할 수 있다.

① 거실

- 겨울에도 상당한 시간의 일조량을 확보할 수 있도록 하여야 한다.
- 출입구는 비상재해 시 대피하기 쉽도록 복도나 넓은 공간에 직접 연결되게 설계하여야 한다.
- 적당한 난방장치 및 통풍장치를 갖추어야 한다.
- 복도·다락 등을 제외한 바닥의 면적은 6세 미만의 경우 시설거주자 1명당 2.0㎡ 이상, 6세 이상의 경우 시설거주자 1명당 3.3㎡ 이상으로 하고, 1실의 정원은 6세 미만의 경우 10명 이상, 6세 이상의 경우 8명 이하로 한다.
- 6세 이상의 장애인이 생활하는 시설의 경우에는 남녀별로 거실을 구분하여 설치하여야 한다.

② **사무실** : 사무를 위한 적당한 집기, 설비를 갖추어야 한다.

③ **의무실** : 건강상담 등을 위한 적당한 설비를 갖추어야 한다.

④ **재활상담실** : 거실 가까운 곳에 설치하되 비밀을 보장하기 위하여 필요한 방음설비를 갖추어야 한다.

⑤ **집단활동실** : 여가, 체력단련, 재활 프로그램 등을 실시할 수 있는 시설과 설비를 갖추어야 한다.

⑥ **자원봉사자실** : 자원봉사자, 후원자 등 지역사회 자원 활용 프로그램을 실시할 수 있는 시설과 설비를 갖추어야 한다.

⑦ 조리실

- 채광과 환기가 잘 되도록 하고, 창문에는 방충망을 설치하여야 한다.
- 식기를 소독할 수 있고, 위생적으로 취사와 조리를 할 수 있는 설비를 갖추어야 한다.

⑧ **목욕실** : 남자용과 여자용으로 구분하여 설치하되, 욕탕, 샤워기 및 세면설비와 깨끗한 물을 사용할 수 있는 설비를 갖추어야 한다.

⑨ **세탁장** : 세탁에 필요한 기계·기구를 갖추어야 한다.

⑩ 건조장 : 세탁물을 건조할 수 있는 설비를 갖추어야 한다.

⑪ 화장실 : 남자용과 여자용으로 구분하여 설치하여야 한다.

⑫ 급수·배수시설

- 급수시설은 상수도로 한다. 다만, 상수도로 할 수 없는 경우에는 먹는 물 관리법 제5조에 따른 먹는 물의 수질기준에 적당한 지하수 등을 공급할 수 있는 시설을 갖추어야 한다.
- 지하수 등을 사용하는 경우 취수원은 화장실, 폐기물처리시설, 동물사육장이나, 그 밖에 지하수가 오염될 우려가 있는 장소로부터 20m 이상 떨어진 곳에 위치하여야 한다.
- 빗물·오수 등의 배수에 지장이 없도록 배수설비를 하여야 한다.

⑬ 비상재해 대비시설

「화재예방, 소방시설 설치·유지 및 안전관리에 관한 법률」 제9조에 따른 화재안전기준에 따라 소화용 기구를 갖추어 두고, 비상구를 설치하여 비상재해에 대비한 시설을 갖추어야 한다.

### 2) 장애인이 30명 미만 거주하는 시설

30명 미만의 장애인이 거주하는 시설은 1명당 9.37㎡ 이상으로 하고 다음의 설비를 갖추어야 한다. 다만, 사무실, 의무실의 설비와 목욕실, 세탁장의 설비는 하나로 다른 설비를 겸하여 운영할 수 있다.

① 거실

- 겨울에도 상당한 시간의 일조량을 확보할 수 있도록 하여야 한다.
- 출입구는 비상재해 시 대피하기 쉽도록 복도나 넓은 공간에 직접 연결되게 설계하여야 한다.
- 적당한 난방장치 및 통풍장치를 갖추어야 한다.
- 복도, 다락 등을 제외한 바닥의 면적은 6세 미만의 경우 시설거주자 1명당 2.0㎡ 이상, 6세 이상의 경우 시설거주자 1명당 3.3㎡ 이상으로

하고, 1실의 정원은 6세 미만의 경우 10명 이하, 6세 이상의 경우 8명 이하로 한다.

- 6세 이상의 장애인이 생활하는 시설의 경우에는 남녀별로 거실을 구분하여 설치하여야 한다.

② 사무실 : 사무를 위한 적당한 집기, 설비를 갖추어야 한다.

③ 의무실 : 건강상담 등을 위한 적당한 설비를 갖추어야 한다.

④ 조리실

- 채광과 환기가 잘 되도록 하고, 창문에는 방충망을 설치하여야 한다.
- 식기를 소독할 수 있고, 위생적으로 취사와 조리를 할 수 있는 설비를 갖추어야 한다.

⑤ 목욕실 : 남자용과 여자용으로 구분하여 설치하되, 욕탕, 샤워기 및 세면설비와 깨끗한 물을 사용할 수 있는 설비를 갖추어야 한다.

⑥ 세탁장 : 세탁에 필요한 기계·기구를 갖추어야 한다.

⑦ 건조장 : 세탁물을 건조할 수 있는 설비를 갖추어야 한다.

⑧ 화장실 : 남자용과 여자용으로 구분하여 설치하여야 한다.

⑨ 급수·배수시설

- 급수시설은 상수도로 한다. 다만, 상수도로 할 수 없는 경우에는 먹는물 관리법 제5조에 따른 먹는 물의 수질기준에 적당한 지하수 등을 공급할 수 있는 시설을 갖추어야 한다.
- 지하수 등을 사용하는 경우 취수원은 화장실, 폐기물처리시설, 동물사육장이나, 그 밖에 지하수가 오염될 우려가 있는 장소로부터 20m 이상 떨어진 곳에 위치하여야 한다.
- 빗물, 오수 등의 배수에 지장이 없도록 배수설비를 하여야 한다.

⑩ 비상재해 대비시설

「화재예방, 소방시설 설치·유지 및 안전관리에 관한 법률」 제9조에 따른 화재안전기준에 따라 소화용 기구를 갖추어 두고, 비상구를 설치하여 비상재해에 대비한 시설을 갖추어야 한다.

## 4. 관리 및 운영요원의 배치기준

시설에는 다음의 관리 및 운영요원을 두어야 한다. 다만, 장애인이 입소하여 생활하지 아니하는 시설의 경우에는 의사 또는 촉탁의사, 간호사 또는 간호조무사, 생활지도원, 영양사, 사회재활교사, 조리원 및 위생원에 해당하는 요원을 두지 아니할 수 있다.

① 시설의 장 : 1명
② 총무 : 1명. 다만, 시설거주자가 30명 이상인 시설만 해당한다.
③ 의사 또는 촉탁의사(시간제 계약에 따른 의사를 포함한다) : 1명 이상. 다만, 시설의 장이 의사인 경우에는 의사를 따로 두지 아니할 수 있다.
④ 간호사 또는 간호조무사 : 1명 이상. 다만, 중증장애인 요양시설과 장애영유아 생활시설의 경우에는 시설거주자 50명당 1명 이상으로 하며, 2명 이상인 경우 1명은 간호사이어야 한다.
⑤ 생활지도원 : 시설거주자가 18세 이상의 성인인 경우 10명당 1명 이상, 아동과 지적장애인 또는 자폐성장애인의 경우 시설거주자 5명당 1명 이상, 시각장애인의 경우 시설거주자 4명당 1명 이상, 중증장애인 요양시설 및 장애영유아 생활시설의 경우 시설거주자 3명당 1명 이상.
⑥ 영양사 : 1명 이상. 다만, 시설거주자가 50명 이상인 시설만 해당한다.
⑦ 사무원 : 1명 이상. 다만, 시설거주자가 100명 이상인 시설만 해당한다.
⑧ 사회재활교사 : 1명 이상. 다만, 시설거주자가 30명 이상인 시설만 해당한다. 이 경우 시각장애인을 위한 시설의 경우에는 점자 해독이 가능한 자, 청각장애인과 언어장애인을 위한 시설의 경우에는 한국수어 통역이 가능한 자이어야 하며, 여성장애인이 생활하는 시설에는 적어도 1명의 여성교사를 두어야 한다.
⑨ 직업훈련교사 : 직업훈련 또는 작업과목에 따라 필요한 인원

⑩ **시설관리인** : 1명 이상. 다만, 입소하여 생활하는 장애인이 200명 이상인 시설만 해당한다.

⑪ **조리원** : 시설당 1명. 다만, 시설거주자가 50명 이상인 시설의 경우에는 50명을 초과할 때마다 1명을 추가한다.

⑫ **위생원** : 시설당 1명 이상. 다만, 시설거주자가 30명 이상인 시설만 해당하며, 시설거주자가 100명 이상인 시설의 경우에는 100명을 초과할 때마다 1명을 추가한다.

## 5. 관리 및 운영요원의 자격기준

〈표 12-1〉 장애인복지시설의 종사자 자격기준

| 직종별 | 자격기준 |
| --- | --- |
| 시설의 장 | 1. 의사(한의사 · 치과의사를 포함한다)로서 장애 관련 분야에서 3년 이상 진료한 경력이 있는 자<br>2. 특수학교의 교장 또는 교감이었던 자 및 초 · 중등교육법에 따른 특수학교교사(교사자격증 소지자)로서 해당 시설 입소대상 장애인의 교육에 3년 이상 종사한 경력이 있는 자<br>3. 사회복지사업법에 따른 사회복지사 자격증을 가진 자로서 사회복지사업에 3년 이상 종사한 경력이 있는 자<br>4. 위 각 호에 준하는 학식과 경력이 있다고 인정되는 자 |
| 총 무 | 1. 사회복지사업법에 의한 사회복지사 자격증을 가진 자<br>2. 제1호에 준하는 자격이 있다고 인정되는 자 |
| 사회재활교사 | 1. 사회복지사업법에 따른 사회복지사<br>2. 고등교육법에 따른 전문대학 이상의 학교에서 심리학 · 교육학이나 장애인 재활 관련학을 전공하고 졸업한 자 |
| 시설훈련교사 | 1. 고등교육법에 따른 대학에서 직업재활 또는 특수교육을 전공하고 졸업한 자<br>2. 사회복지사업법에 따른 사회복지사<br>3. 장애인 직업재활시설 운영 직종과 관련된 자격증을 취득한 후 장애인복지사업에 2년 이상 종사한 경력이 있는 자 |
| 시설관리기사 | 전기, 소방설비, 건축설비, 산업안전, 배관설비, 열관리 등 시설관리와 관련된 분야의 면허 또는 자격증 소지자 |

다른 장애인복지시설을 병설하는 경우에는 주된 시설의 설비 및 직원의 일부로 하여금 병설하는 시설의 설비 및 직원을 겸하게 할 수 있다. 다만, 시설거주 장애인의 재활지도를 담당하고 있는 직원에 대하여는 그러하지 아니한다.

# | 제3절 | 장애인복지시설별 설비기준

## 1. 설비기준

공통사항에서 정한 기준 외에 다음 각 목의 구분에 따른 설비를 갖추어야 한다. 다만, 다른 장애인복지시설을 병설하는 경우에는 주된 시설의 설비 일부로 병설하는 시설의 설비를 겸하게 할 수 있다.

### 1) 장애인 생활시설(거주자가 30명 이상인 경우에만 해당) 및 장애인 유료복지시설

〈표 12-2〉 유형별 설비기준

| 시설별 | 설비기준 |
|---|---|
| 장애유형별<br>생활시설 | 1. 지체장애인 · 뇌병변장애인을 위한 시설<br>시설에서 시행하려는 재활사업별로 물리치료실, 작업치료실, 직업훈련실 및 보장구 제작실 등 필요한 설비와 지체장애인의 치료 및 훈련에 필요한 기계류 · 기구류를 갖추어야 한다.<br>2. 시각장애인을 위한 시설<br>1) 재활사업별로 그 사업의 목적을 달성하기 위하여 필요한 시설과 설비를 갖추어야 한다.<br>2) 2층 이상의 건물에는 1개소 이상의 피난설비를 설치하여야 한다.<br>3. 청각장애인 · 언어장애인을 위한 시설<br>1) 직업훈련사업을 하는 경우 직업훈련실과 작업훈련용 기계류 · 기구류를 갖추어 두어야 한다.<br>2) 가능한 한 청능훈련실 · 언어치료실과 필요한 기계 · 기구를 갖추어 두어야 한다.<br>4. 지적장애인 및 자폐성장애인을 위한 시설<br>1) 작업치료실을 설치하되 작업치료의 종류, 기계기구의 종류 및 작업인원에 따라 필요한 면적을 확보하여야 한다.<br>2) 중증의 지적장애인을 수용하는 거실은 1층에 설치되어야 한다.<br>3) 필요에 따라 1인용 거실과 2인용 거실을 설치할 수 있다. |

| | |
|---|---|
| 중증장애인 생활시설 | 1. 시설의 구조와 설비는 중증장애인들이 생활하기에 불편함이 없도록 하여야 한다.<br>2. 유행성 질환 감염에 대비하여 격리보호실을 1개 이상 설치하여야 한다. 격리보호실에는 산소호흡기 및 흡인기(가래제거용)를 사용할 수 있는 시설물이 설치되어 있어야 한다.<br>3. 거실을 중심으로 화장실 · 욕실이 설치되어 있어야 한다.<br>4. 남아 있는 기능의 유지 및 향상을 위하여 훈련 · 재활을 할 수 있는 물리치료실, 작업치료실 및 언어치료실 등 필요한 설비와 기자재를 갖추어야 한다.<br>5. 중증장애인의 의료적 진단 및 치료에 필요한 각종 기구와 진료실, 간호실을 갖추어야 한다. |
| 장애영유아 생활시설 | 1. 시설의 구조와 설비는 장애영유아들이 생활하기에 불편함이 없도록 하여야 한다.<br>2. 장애영유아들이 휠체어 · 유모차 등을 사용하는 데에 불편함이 없도록 이동공간 및 주거공간 등 생활공간이 확보되어야 하고 각종 편의시설이 설치되어야 한다.<br>3. 허약아, 미숙아 및 전염 가능 아동을 격리 · 보호할 수 있는 격리보호실이 1개 이상 있어야 한다.<br>4. 신생아를 치료 · 보호할 수 있는 관계 장비와 설비를 갖추어야 한다.<br>5. 거실을 중심으로 화장실 · 욕실이 설치되어 있어야 한다.<br>6. 남아 있는 기능을 향상시키기 위하여 훈련 · 치료를 할 수 있고, 물리치료실, 작업치료실, 언어치료실 등의 필요한 설비와 기자재를 갖추어야 한다. |

## 2) 장애인 지역사회재활시설

〈표 12-3〉 지역사회재활시설 설비기준

| 시설별 | 설비기준 |
|---|---|
| 장애인 복지관 | 1. 건축물 연면적 : 최소 1,000㎡ 이상<br>2. 공통기준 외 추가 설비<br>1) 강당 또는 회의실<br>2) 의무실 또는 의료재활실<br>3) 휴게실(또는 쉼터)<br>4) 직업재활실<br>5) 장애인보호자 및 자원봉사자 대기실<br>6) 그 밖에 장애인에 대한 재활서비스 제공에 필요한 설비 |

| | |
|---|---|
| 장애인 의료 재활시설 | 의료법의 관련 규정에 따른다. |
| 장애인 주간 또는 단기 보호시설 | 1. 건축물 연면적 : 최소 66㎡ 이상<br>2. 기본 설비 : 1), 3) 5)는 겸용할 수 있다.<br>1) 거실<br>2) 조리실<br>3) 의무실 또는 의료재활실<br>4) 사무실<br>5) 집단활동실<br>6) 화장실<br>7) 비상재해 대비시설<br>8) 그 밖에 장애인의 주간 또는 단기 보호에 필요한 설비 |
| 장애인 공동생활 가정 | 1. 기본 설비<br>1) 거실(1명당 최소 3.3㎡ 이상)<br>2) 조리실<br>3) 화장실<br>4) 그 밖에 장애인의 공동생활에 필요한 장비 |
| 장애인 체육시설 | 1. 건축물 연면적 : 최소 900㎡ 이상<br>2. 기본 설비<br>1) 체련실<br>2) 경기장<br>3) 의무실 또는 의료재활실<br>4) 사무실<br>5) 화장실<br>6) 그 밖에 장애인의 체육재활에 필요한 설비 |
| 장애인 수련시설 | 1. 대지 및 연면적 : 최소 1,000㎡ 이상<br>2. 기본 설비<br>1) 강당 또는 회의실<br>2) 숙소(100명 이상의 동시 수용이 가능하여야 한다)<br>3) 의무실 또는 의료재활실<br>4) 사무실<br>5) 조리실<br>6) 목욕실<br>7) 화장실<br>8) 그 밖에 장애인의 심신수련에 필요한 설비 |

| 점자도서관 | 도서관법 제5조에 따른 시설 및 자료를 갖추어야 한다. |
| --- | --- |
| 점자도서 및 녹음서 출판시설 | 1. 기본 설비 : 사무실, 제판실, 인쇄실, 교정실, 제본실, 창고<br>2. 기본 장비 : 제판기, 교정대, 인쇄기, 원판호책 제본가공용 기구, 제본작업대, 점자용지 재단기, 종이 절단기 |

### 3) 장애인 생산품 판매시설

〈표 12-4〉 장애인 생산품 판매시설 설비기준

| 시설별 | 설비기준 |
| --- | --- |
| 장애인 생산품 판매시설 | 1. 생산품 판매장의 면적은 50㎡ 이상이어야 한다.<br>2. 부대시설은 상담 및 판매 내용에 따라 적합한 곳에 설치하여야 한다. |

## 2. 관리 및 운영요원의 배치기준

### 1) 장애인 생활시설(시설거주자가 30명 이상인 경우를 말한다) · 장애인 유료복지시설

〈표 12-5〉 장애인 생활시설 인력 배치기준

| 구분<br>시설별 | 물리 치료사 | 작업 치료사 | 상담 평가요원 | 청능 치료사 | 언어 치료사 | 보행 훈련사 |
| --- | --- | --- | --- | --- | --- | --- |
| 1. 장애유형별 생활시설<br>1) 지체장애인 · 뇌병변장애인을 위한 생활시설 | 1명 이상. 다만, 시설거주장애인이 30명을 초과할 때마다 1명을 추가한다. | 1명 이상. 다만, 다른 전문요원이 이를 겸하고 있을 때에는 그러하지 아니하다. | 1명. 다만, 다른 전문요원이 이를 겸하고 있을 때에는 그러하지 아니하다. | | | |
| 2) 시각장애인을 위한 생활시설 | | | 위와 같음 | | | 1명 |

| 3) 청각장애인 · 언어장애인을 위한 생활시설 | | | 위와 같음 | 1명 이상 | 1명 이상 | |
|---|---|---|---|---|---|---|
| 4) 지적장애인 및 자폐성 장애인을 위한 생활시설 | 지체장애인 또는 뇌병변 장애인을 위한 생활시설의 경우와 같음 | 지체장애인을 위한 생활시설의 경우와 같음 | 위와 같음 | | 1명 이상 | |
| 2. 중증장애인 요양시설 | 위와 같음 | 위와 같음 | 위와 같음 | | 1명 이상 | |
| 3. 장애영유아 생활시설 | 위와 같음 | 위와 같음 | 위와 같음 | | 1명 이상 | |
| 4. 장애인 단기거주시설 | 관리 및 운영 요원 3명 이상 | | | | | |
| 5. 장애인 공동생활가정 | 입주장애인 4명당 사회재활교사 1명 | | | | | |

### 2) 장애인 지역사회재활시설

① 관리 및 운영요원의 배치기준

- 장애인복지관 : 20명 이상
- 장애인 주간보호시설 : 3명 이상
- 장애인 체육시설 : 3명 이상
- 장애인 수련시설 : 5명 이상
- 장애인 심부름센터 : 운전원을 포함하여 3명 이상
- 수화통역센터 : 3명 이상
- 점자도서관 : 관장, 사서, 점자지도원, 대출열람원, 교정원 각 1명 이상. 다만, 교정원은 점자지도원이 겸할 수 있다.
- 점자도서 및 녹음서 출판시설 : 소장, 편집인, 제판원, 교정원, 인쇄원, 제본원 각 1명 이상

② 관리 및 운영요원의 자격기준

- 장애인복지관

〈표 12-6〉 장애인복지관 인력 자격기준

| 직종별 | 자격기준 |
|---|---|
| 관 장 | 1. 6급 이상의 공무원으로 5년 이상 재직한 경력이 있는 자<br>2. 사회복지사 · 특수학교교사 · 치료사 등 장애인재활 관련 자격증을 취득한 후 해당 분야에서 8년 이상 근무한 경력이 있는 자<br>3. 고등교육법에 따른 대학을 졸업한 후 장애인복지 분야에서 10년 이상 근무한 경력이 있는 자<br>4. 장애인복지 분야 박사학위 취득자 또는 대학에서 전임강사 이상으로 2년 이상 재직한 경력이 있는 자<br>5. 그 밖에 위와 동등 이상의 자격이 있다고 사회복지사업법 제36조에 따른 운영위원회(이하 "운영위원회"라 한다)에서 인정한 자 |
| 사무국장 | 1. 7급 이상의 공무원으로 5년 이상 재직한 경력이 있는 자<br>2. 사회복지사 · 특수학교교사 · 치료사 등 장애인재활 관련 자격증을 취득한 후 해당 분야에서 6년 이상 근무한 경력이 있는 자<br>3. 고등교육법에 따른 대학을 졸업한 후 장애인복지 분야에서 8년 이상 근무한 경력이 있는 자<br>4. 그 밖에 위와 동등 이상의 자격이 있다고 운영위원회에서 인정한 자 |
| 1급 | 1. 7급 이상의 공무원으로 3년 이상 재직한 경력이 있는 자<br>2. 사회복지사 · 특수학교교사 · 치료사 등 장애인재활 관련 자격증을 취득한 후 해당 분야에서 4년 이상 근무한 경력이 있는 자<br>3. 고등교육법에 따른 대학을 졸업한 후 장애인복지 분야에서 6년 이상 근무한 경력이 있는 자<br>4. 그 밖에 위와 동등 이상의 자격이 있다고 운영위원회에서 인정한 자 |
| 2급 | 1. 8급 이상의 공무원으로 3년 이상 재직한 경력이 있는 자<br>2. 사회복지사 · 특수학교교사 · 치료사 등 장애인재활 관련 자격증을 취득한 후 해당 분야에서 3년 이상 근무한 경력이 있는 자<br>3. 고등교육법에 따른 대학을 졸업한 후 장애인복지 분야에서 4년 이상 근무한 경력이 있는 자<br>4. 그 밖에 위와 동등 이상의 자격이 있다고 운영위원회에서 인정한 자 |

| | |
|---|---|
| 3급 | 1. 8급 이상의 공무원으로 1년 이상 재직한 경력이 있는 자<br>2. 사회복지사 · 특수학교교사 · 치료사 등 장애인재활 관련 자격증을 취득한 후 해당 분야에서 2년 이상 근무한 경력이 있는 자<br>3. 고등교육법에 따른 대학을 졸업한 후 장애인복지 분야에서 3년 이상 근무한 경력이 있는 자<br>4. 그 밖에 위와 동등 이상의 자격이 있다고 운영위원회에서 인정한 자 |
| 4급 | 1. 9급 이상의 공무원으로 3년 이상 재직한 경력이 있는 자<br>2. 사회복지사 · 특수학교교사 · 치료사 등 장애인재활 관련 자격증을 소지한 자<br>3. 고등교육법에 따른 대학을 졸업한 후 장애인복지 분야에서 2년 이상 근무한 경력이 있는 자<br>4. 그 밖에 위와 동등 이상의 자격이 있다고 운영위원회에서 인정한 자 |
| 5급 | 초 · 중등교육법에 따른 고등학교를 졸업하였거나 이와 동등 이상의 학력이 있는 자 |
| 기능직 | 운전 · 타자 · 열관리 및 전산 등 해당 기능 분야의 면허 또는 자격증을 소지한 자 |
| 고용직 | 청소 · 취사 및 세탁 등 해당 업무 수행이 가능하다고 인정되는 자 |

- 점자도서관과 점자도서 및 녹음서 출판시설

〈표 12-7〉 **점자도서관과 점자도서 및 녹음 출판시설의 인력기준**

| 직종별 | 자격기준 |
|---|---|
| 시설의 장 | 1. 도서관법 시행령 제4조에 따른 정사서의 자격을 취득한 후 3년 이상 근무한 경력이 있는 자<br>2. 사회복지사업에 5년 이상 종사한 경력이 있는 자 |
| 사 서 | 도서관법 시행령 제4조에 따른 사서직원의 자격이 있는 자 |
| 점자지도원, 대출열람원, 편집원, 제판원, 교정원, 인쇄원 | 관련 업무에 대한 전문적 지식과 경험이 있는 자 |

# | 제4절 | 장애인복지시설의 운영기준

## 1. 시설의 운영기준

### 1) 시설거주자 또는 이용자의 요건

① 국민기초생활 보장법에 따른 수급자로서 장애인복지법 제2조에 따른 장애인이어야 한다.

② 국민기초생활 보장법에 따른 수급자가 아닌 경우에는 장애인복지법 제2조에 따른 장애인으로서 부양의무자가 없거나, 부양의무자가 있어도 부양능력이 없거나 부양을 받을 수 없는 자이어야 한다.

③ 입소 또는 이용 시설은 장애유형·장애 정도 및 연령 등을 고려하여 결정되어야 한다.

### 2) 건강관리

① 장애인 생활시설에는 시설거주자의 건강을 관리할 책임자를 두고 의사·간호사나 그 밖의 자격이 있는 자가 항상 그 임무를 수행하여야 한다.

② 위의 내용에 따른 전담의사를 두지 아니한 시설은 시간제로 계약한 의사를 두어야 한다.

③ 생활시설에 입소하는 자에 대하여는 건강진단을 하여야 한다.

④ 생활시설의 시설거주자 및 직원에 대하여는 연 1회 이상의 건강진단을 하여야 한다. 다만, 건강진단 결과 건강이 좋지 아니한 자에 대하여는 그 치료를 위하여 필요한 조치를 하여야 한다.

⑤ 시설거주자 또는 이용자에 대하여 그 건강상태에 따라 적절한 훈련과 휴식을 하도록 하여야 한다.

⑥ 시설거주자 또는 이용자의 생활환경을 항상 청결하게 하고 그 위생관리에 유의하여야 한다.

#### 3) 급 식

생활시설의 장은 시설거주자가 필요한 영양을 섭취할 수 있도록 영양사가 작성한 식단에 따라 급식을 하여야 한다.

#### 4) 생활지도

① 시설거주자 또는 이용자가 자유롭게 이용할 수 있도곡 신문·잡지·라디오·도서(특히 시각장애인 생활시설에는 점자도서 등)를 갖추어 두고 이들이 사회에 적응할 수 있도록 지도하여야 한다.

② 시설거주자 또는 이용자의 정서 함양을 위한 프로그램을 지속적으로 개발하여 실시하고 적절한 오락용품도 갖추어 시설거주자 등의 재활에 도움이 되도록 지도하여야 한다.

#### 5) 관리규정

다음 사항에 관한 규정을 제정·시행하여 시설을 적정하게 운영하도록 하여야 한다.

① 시설의 운영방침
② 직제·정원 및 직원 업무분장
③ 시설거주(이용)자의 처우요령
④ 시설거주(이용)자의 생활수칙
⑤ 재활 프로그램의 내용
⑥ 시설 이용 장애인 인권지킴이단 운영
⑦ 그 밖에 시설의 관리에 관한 중요한 사항

#### 6) 장부 등의 비치

시설에는 다음의 장부 및 서류를 갖추어 두어야 한다.

① 관리에 관한 장부

- 직원 관계철
- 회의록철
- 사업일지
- 문서철
- 문서 접수·발송대장
- 차량 운행일지
- 안전점검표

② 사업에 관한 장부

- 시설거주(이용)자 관계 서류(신상조사서, 명부, 건강기록부, 입·퇴소자의 명단, 보호의 경과, 지도, 개별 상담 등 관계철)
- 재활 프로그램 관리대장
- 교육·훈련 관계 서류(훈련일지 및 평가 관계 서류)
- 급식 관계 대장

③ 재무·회계에 관한 장부

- 총계정원장 및 수입·지출보조부
- 금전출납부 및 그 증명 서류
- 예산서 및 결산서
- 비품수불대장
- 비품(장비)대장
- 재산대장·재산목록과 그 소유권에 관한 증명 서류
- 시설거주자의 비용부담 관계 서류
- 각종 증명 서류와 그 밖의 필요한 서류

### 7) 장애인 생활시설의 거주자

① 시설의 장은 시설거주자의 거실마다 또는 시설거주자의 거실이 있는 건물마다 사회재활교사나 그 밖의 필요한 직원 중 1명을 시설거주자와 함께 기거하게 하여야 한다.

② 시설에는 시설거주자 외에 시설의 장 및 직원과 그 가족이 아닌 자는 거주하지 못한다.

### 8) 시설의 개방 운영

① 시설 운영위원회에 주민의 참여를 유도하고, 시설의 기재와 설비 등을 지역사회에 최대한 개방함으로써 지역사회와의 연계를 활성화하고, 지역사회 주민이 시설의 기능과 사업에 대하여도 충분히 이해할 수 있도록 하여야 한다.

② 시설거주자의 인권을 보호하고 그들이 지역사회와의 원활한 관계를 정립·유지할 수 있도록 시설거주자들이 원하는 지역사회 활동에 자유롭게 참여할 수 있는 기회를 보장하여야 한다.

### 9) 사 업

① 시설은 시설거주자 또는 이용자가 스스로 장애를 극복하고 지장 없이 사회경제 활동에 참여하도록 하기 위하여 필요한 교육적, 의학적, 심리적 및 직능적 훈련을 실시하여야 한다.

② 재활훈련은 장애인의 유형별·연령별 특성에 따라 계획을 세워야 한다.

③ 재활훈련은 시설 안에서 하는 것을 원칙으로 하되 훈련효과를 높이기 위하여 필요한 경우에 사업장이나 그 밖의 시설 외의 훈련기관에 의뢰하여 할 수 있다.

## 2. 장애인복지시설별 재활사업

〈표 12-8〉 장애인복지시설별 재활사업의 내용

| 시설별 | 재활사업 |
|---|---|
| 장애인 생활시설 | 〈지체장애인 · 뇌병변장애인을 위한 시설〉<br><br>1. 의학적 진단 및 재활치료<br>거주시설 이용 장애인의 장애유형, 연령 등을 고려하여 지역사회 관련시설을 통해 의학적 진단 및 재활치료를 제공해야 한다.<br><br>2. 심리 · 사회적 재활<br>심리 · 사회적 재활은 다음의 방법으로 실시하여야 한다. 이 경우 시설거주자의 심리적 특성을 정확히 진단하여 각 개인에게 알맞은 적절한 조치와 시기를 놓치지 아니하도록 하여야 한다.<br>1) 심리 · 사회적 진단<br>① 심리 · 사회적 진단은 각종 검사의 방법으로 실시하고 생활력에 대한 관찰 및 연구도 병행한다.<br>② 재활치료가 인격형성에 미칠 영향을 고려하여 지도방침을 결정하여야 한다.<br>2) 심리 · 사회적 재활조치<br>① 집단지도로서 연극 · 레크리에이션, 각종 그룹활동 및 토론 등을 실시한다.<br>② 개별 지도로서 심리요법적 상담지도를 할 때에는 그 심리적 재활 효과를 크게 하기 위하여 의학적 처치, 기능회복 훈련 등 재활지도와 관련하여 적절한 시기에 실시하도록 유의하여야 한다.<br><br>3. 직업재활<br>직업훈련은 장애인의 장애유형별 특성을 고려하여 다음 사항에 유의하여 실시하여야 한다.<br>1) 시설거주자의 적성에 따라 순비훈련 및 응용훈련을 나누어 실시한다.<br>2) 직업훈련을 통하여 장애를 극복하고 근로활동을 할 수 있도록 지도한다.<br>3) 훈련과목은 시설의 작업환경, 지역 특성 등을 고려하여 선택하되, 장애인의 희망, 적성, 경험 등을 종합적으로 고려하여 그 장애인에게 가장 적합한 과목을 선정하여 시행하여야 한다.<br><br>4. 교육재활<br>교육재활은 해당 장애인의 연령과 특성에 따라 「장애인 등에 대한 특수교육법」에 따른 교육기회가 제공될 수 있도록 이루어져야 한다. |

〈시각장애인을 위한 시설〉

1. 의학적 진단 및 재활치료
   거주시설 이용 장애인의 장애유형, 연령 등을 고려하여 지역사회 관련시설을 통해 의학적 진단 및 재활치료를 제공해야 한다.

2. 심리 · 사회적 재활
   지체장애인 생활시설에서 하는 심리 · 사회적 재활에 준하여 실시하여야 한다.

3. 직업재활
   시각장애인에게 적합한 과목의 직업훈련을 하도록 노력하고 다음의 준비훈련 및 기본훈련을 실시하여야 한다.
   1) 생활훈련
      시설거주자의 일상생활에 필요한 여러 가지 동작이 숙달되도록 지도하여야 한다.
   2) 보행훈련
      시각장애인의 안전보행에 필요한 훈련을 실시하여야 한다.
   3) 의사소통 훈련
      점자, 통신, 컴퓨터 등 의사소통 훈련을 실시하여야 한다.
   4) CCTV 사용 훈련
      저시력자의 시력 활용 증진에 관한 훈련 및 보조기기 활용에 관한 훈련을 실시하여야 한다.

〈청각장애인 · 언어장애인을 위한 시설〉

1. 의학적 진단 및 재활치료
   거주시설 이용 장애인의 장애유형, 연령 등을 고려하여 지역사회 관련시설을 통해 의학적 진단 및 재활치료를 제공해야 한다.
2. 청력검사 및 말소리명료도 검사
   청력검사는 주로 순음청력검사에 의하여 하되, 난청의 종류 · 청력손실 · 연령 등에 따라 타각적 청력검사 · 어음명료도 검사 등도 함께 할 수 있다. 또한 청력검사는 청능훈련 및 독화훈련 중에도 정기적으로 하도록 한다.

3. 청각훈련
   1) 보청기 사용 훈련
      보청기 사용 훈련은 보청기의 일일 사용시간을 점진적으로 증가시키는 방법으로 실시하여야 한다. 다만, 보청기의 검사 및 선정은 다음의 방법으로 한다.
      ① 보청기 검사는 그 출력 · 감도 · 주파수의 특성 · 음량압축 · 내구력 등 그 성능에 관하여 상세히 하여야 한다.

② 보청기 선정은 청력측정 및 어음명료도 검사 등으로 청력장애의 상태를 정확히 파악하고 각종 보청기를 착용하여 어음명료도 및 어음 쾌적도 검사를 한 후 장애인에게 가장 적합한 것을 선정하여야 한다.

2) 청능훈련

청능훈련은 남아있는 청력을 훈련하여 건청인과의 의사소통이 가능하거나 쉽게 되도록 하는 것을 목적으로 청능훈련 기재 등을 이용하여 음성 및 언어에 따라 판별능력을 훈련함과 동시에 도로 · 집회장 등 소음이 많은 장소에서의 훈련도 실시하여야 한다.

3) 독화훈련

독화훈련은 청각을 대신하여 회화의 이해를 쉽게 하는 것으로 청능훈련과 함께 실시하여야 한다.

4) 운동기능 훈련

평행기능장애를 가진 자에 대하여는 그 장애의 원인 및 종류에 따라 운동기능 훈련을 실시하여야 한다.

4. 음성 · 언어기능 재활훈련

시각적 방법, 촉각적 방법 등과 특수한 기계장치 활용에 의한 언어기능 재활훈련을 실시하되, 청능훈련 및 독화훈련과 관련시켜 실시하여야 한다.

5. 심리 · 사회적 재활

지체장애인 생활시설에서 하는 심리 · 사회적 재활에 준하여 실시하여야 한다.

6. 직업재활

직업훈련은 다음 사항에 유의하여 실시하여야 한다.

1) 보청기 등의 활용으로 직업적응이 쉽도록 지도하여야 한다.
2) 시설거주자의 재활 · 자립에 필요한 기술을 습득시킴과 아울러 건청인과의 의사소통 방법 등 사회적 개발에 특별히 유의하여야 한다.
3) 직업훈련 과목은 그 지역의 실정과 시설거주자의 특성을 충분히 고려하여 직종을 광범위하게 선정하도록 노력하여야 한다.

〈지적장애인 및 자폐성장애인을 위한 시설〉

1. 생활지도

시설거주자가 일상생활에서 좋은 습관을 가지고 사회생활에 대한 적응을 쉽게 하도록 모든 기회를 통하여 생활지도를 하여야 한다.

2. 작업지도

필요한 경우 시설거주자가 자립하여 사회생활을 할 수 있도록 작업지도를 하되, 1일 8시간, 1주당 44시간을 초과하여서는 아니 된다.

3. 심리 · 사회적 재활 및 의료적 재활

지적장애인 또는 자폐성장애인의 정신적 · 신체적 특수성을 고려하여 심리 · 사회적 및 의료적 재활사업에 특히 유의하여야 한다.

1) 심리 · 사회적 진단

① 심리 · 사회적 진단은 각종 검사의 방법으로 실시하고 생활력에 대한 관찰 및 연구도 병행된다.

② 재활치료가 인격형성에 미칠 영향을 고려하여 지도방침을 결정하여야 한다.

2) 심리 · 사회적 재활조치

지체장애인 생활시설에서 하는 심리 · 사회적 재활에 준하여 실시하되, 특히 지적장애인 또는 자폐성장애인의 정신적 · 신체적 특수성이 고려되어야 한다.

4. 직업생활 지도

시설거주자가 직업생활에 잘 적응할 수 있도록 모든 기회를 통하여 직업생활지도를 하여야 한다.

〈중증장애인 요양시설〉

1. 보호조치

1) 시설에 응급조치 및 후송체계를 갖추어 중증장애인의 응급상황에 적절히 대처할 수 있어야 하며, 신체적 손상과 감염을 예방하기 위하여 격리보호실을 활용하는 등 특별 관리하여야 한다.

2) 시설거주자의 개인별 장애상태와 특성을 파악하여 그 정도에 알맞은 개별 프로그램이 실시되어야 한다.

3) 입소 장애인의 사생활을 보장할 수 있도록 집단보호와 함께 개별 보호 프로그램이 실시되어야 하며 시설거주자의 의견을 최대한 반영함으로써 시설거주자의 권익이 부당하게 침해되는 일이 없도록 하여야 한다.

2. 의학적 진단 및 재활

시설거주자의 장애유형, 연령 등을 고려하여 지역사회 관련시설을 통해 다음의 사업을 제공해야 한다.

1) 남아있는 기능의 퇴화 방지와 기능 향상을 위한 치료(재활의학치료, 소아과치료, 물리치료, 언어치료, 작업치료 등)사업이 실시되어야 한다.

2) 건강한 삶을 누릴 수 있도록 질병에 대한 예방 및 치료사업이 실시되어야 한다.

3) 특수 보장구를 이용하여 대체 기능을 개발하고 활용할 수 있게 하여야 한다.

3. 생활지도
   1) 일상생활에 필요한 동작훈련, 감각훈련 등 정서안정 및 자립생활을 위한 기초생활지도사업이 실시되어야 한다.
   2) 전인적 생활을 해나갈 수 있도록 사회적응훈련이 실시되어야 한다.
   3) 일상생활에서 좋은 습관을 형성하고 다양한 경험과 정서적 안정을 꾀할 수 있도록 생활지도사업이 실시되어야 한다.
   4) 시설거주자 및 보호자 가족의 심리 · 사회재활을 위한 상담활동사업이 실시되어야 한다.

4. 특수교육
   유치원 입학연령에 해당하는 유아 및 초등학교 · 중학교 · 고등학교 과정의 학령기에 해당하는 자에게 「장애인 등에 대한 특수교육법」에 따른 교육기회가 제공되어야 한다.

5. 다른 시설로의 이동
   시설거주자 중 남아있는 능력이 향상되어 재활의 가능성이 있으면 그에 적합한 다른 시설로 옮기는 등 필요한 조치를 하여야 한다.

〈장애영유아 생활시설〉

1. 보호조치
   1) 시설에 응급조치 및 후송체계를 갖추어 장애영유아의 응급상황에 적절히 대처할 수 있어야 하며, 신체적 손상과 감염을 예방하기 위하여 격리보호실을 활용하는 등 특별 관리하여야 한다.
   2) 시설거주자의 개인별 장애상태와 특성을 파악하여 그 정도에 알맞은 개별 프로그램이 실시되어야 한다.

2. 의료재활 및 생활지도
   중증장애인 요양시설에서 하는 의료재활 및 생활지도에 준하여 실시한다.

3. 조기 특수교육
   조기 특수교육이 필요하다고 인정되는 3세 미만의 영유아에 대하여는 조기 특수교육사업이 전개되도록 하여야 한다.

4. 다른 시설로의 이동
   장애영유아의 남아있는 능력이 향상되어 재활의 가능성이 있는 경우, 또는 유아기가 지나 7세 이상이 된 경우에는 장애유형에 알맞는 다른 생활시설로 옮기는 등 필요한 조치를 하여야 한다.

<table>
<tr><td></td><td>〈장애인 단기거주시설〉<br>시설거주자의 장애유형, 연령 등을 고려하여 계약된 기간 동안 거주 및 생활지원서비스를 제공하고, 재활치료, 교육재활, 의료재활, 심리 · 사회적 재활 등의 서비스는 지역사회 관련시설을 이용하여 제공해야 한다.<br><br>〈장애인 공동생활가정〉<br>시설거주자가 자립할 수 있도록 다음의 지원을 제공해야 한다.<br>1. 일상생활지원<br>신변처리를 스스로 할 수 있도록 하기 위한 개인위생관리, 건강관리, 식생활관리, 가사관리 및 지역사회 체험 기회 등<br>2. 사회적응활동지원<br>장애인의 지역사회적응을 위한 사회편의시설, 대중교통수단 활용 및 체험교육 등<br>3. 직업생활지원<br>장애인에 대한 취업알선 및 교육 등<br>4. 그 밖의 자립지원<br>그 밖에 자립을 위하여 필요한 다양한 지원</td></tr>
<tr><td>장애인 지역사회 재활시설</td><td>장애인 지역사회재활시설은 지역의 특성과 장애인의 복지욕구를 고려하여 사회 · 심리 · 교육 · 직업 · 의료재활 등 장애인의 지역사회 생활에 필요한 재활서비스를 제공하되, 세부사항은 보건복지부장관이 정하는 바에 따른다.</td></tr>
<tr><td>장애인 의료재활 시설</td><td>장애인 의료재활시설 이용자격 및 서비스 등은 의료법에 따른다.</td></tr>
<tr><td>장애인 생산품 판매시설</td><td>1. 사업내용<br>판매시설은 장애인 생산품의 판매를 촉진하기 위한 다음 각 호의 사업을 하여야 한다.<br>1) 상담사업 : 재가장애인 및 생산시설에 대한 상담 및 관리<br>2) 판촉사업 : 생산품의 전시 · 판매, 특별판매 행사, 조달 관련 사업 등<br>3) 홍보사업 : 홍보물의 제작 · 배포<br>4) 개발사업 : 개인 · 단체별 판로 개척<br>2. 생산품 선정 및 관리<br>1) 판매시설은 장애인복지 시설 및 단체에서 생산하는 물품과 재가장애인이 생산하는 물품을 선정하여 판매하여야 한다.<br>2) 판매제품은 시장성과 소비자의 이용 편익성을 고려하여 선정하되, 장애인의 생산수준과 지역성을 고려하여야 한다.</td></tr>
</table>

3) 판매제품을 선정할 때에는 지역시장의 여건 및 판로 구축 방안을 고려하여 선정하여야 한다.
4) 작업공정 및 생산품의 성격상 직업재활시설 외의 시설에 하청을 주어 생산하는 경우에는 그 생산과정에 70퍼센트 이상의 장애인근로자가 참여하여야 한다.
5) 판매수익금은 장애인 생산제품의 구입비, 관리운영비, 자원봉사관리비 등 장애인의 생산품 판매를 촉진하기 위한 사업 외에는 사용할 수 없다.

3. 판매기술의 확보

1) 판매시설은 장애인 생산품의 판매를 위한 상담, 판촉, 홍보 등의 기술을 습득하기 위하여 노력하여야 한다.
2) 소비계층별 취향과 장애인 생산수준의 적정성 등을 고려한 마케팅 전략을 수립하여 장애인 생산품의 판로 개척에 노력하여야 한다.

CHAPTER 13

# 노인복지시설

CHAPTER

# 13 노인복지시설

## | 제1절 | 노인복지시설의 이해

### 1. 개 념

노인복지는 노인의 복지를 증진시키기 위한 사회적 노력으로 "모든 노인이 최저수준 이상의 생활을 유지하고 사회적 욕구를 충족시키고 생활상의 문제를 예방·해결하며, 노후생활에 대한 적응과 사회통합을 이루는 데 필요한 급여와 서비스를 제공하는 공공과 민간부문의 조직적이고 전문적인 제반활동"이라고 정의할 수 있다(권중돈, 2004).

사회복지사업법의 사회복지시설에 대한 정의 "사회복지시설이란 사회복지사업을 할 목적으로 설치된 시설을 말한다"로 볼 때 노인복지시설이란 "노인복지사업을 수행할 목적으로 설치된 모든 시설"이라고 할 수 있다. 그러므로 노인복지시설은 자립이 곤란한 요보호노인뿐만 아니라 일정 연령 이상의 모든 노인들에게 가정과 사회를 대신하여 경제적·신체적·정신적·환경적 사항을 고려하여 욕구에 따른 각각의 다양한 서비스를 제공하는 기관이라 할 수 있다.

급속한 노인인구 증가와 함께 베이비붐 세대의 가세를 눈앞에 둔 시점에서 노인복지시설은 노인의 보호만이 아닌 노인의 삶의 질을 위한 다양한 변화와 방향성을 염두에 두면서 노인복지시설의 유형과 종류로 이해를 돕고자 한다.

## 2. 유형과 종류

### 1) 유 형

우리나라의 노인복지는 시설보호에서 시작되었다고 할 수 있는데, 1981년 노인복지법의 제정으로 비록 선언적이었으나 시설이 제도화되었다고 볼 수 있다.

이후 수차례에 걸친 개정과 2008년 7월 노인장기요양보험법 시행에 따라서 노인복지시설의 비용수급체계가 전면 수정됨으로써 노인복지시설의 구분에 관한 내용이 전면적으로 개정되었다.

노인복지법에 의하면, 국가와 지방자치단체는 노인의 보건 및 복지 증진의 책임이 있으며, 이를 위한 시책을 강구하여 추진해야 하며, 노인의 일상생활에 관련되는 사업을 경영하는 자는 그 사업을 경영함에 있어 노인의 보건복지가 증진되도록 노력해야 함을 규정하고 있다(노인복지법 제4조).

현재 우리나라는 지난 2011년 6월의 노인복지법 개정으로 노인의료복지시설의 노인전문병원과 노인여가복지시설의 노인휴양소가 삭제되어 노인복지시설은 크게 다섯 가지 유형에 따른 12개 시설로 다음의 표와 같다.

단, 2004년에 노인복지법에 신설된 노인보호전문기관은 시설유형으로만 대별되나, 노인복지실천현장에서의 이해를 돕기 위해 다음의 표와 같이 시설종류에 중앙노인보호전문기관과 지역노인보호전문기관 그리고 지역노인보호전문기관에서 2011년부터 부설로 운영하고 있는 학대피해노인전용쉼터도 포함시켰다.

〈표 13-1〉 노인복지시설의 유형

| 구 분 | 시설유형 | 시설종류 |
|---|---|---|
| 생활 시설 | 노인주거복지시설 | 양로시설, 노인공동생활가정, 노인복지주택 |
| | 노인의료복지시설 | 노인요양시설, 노인요양공동생활가정 |
| 이용 시설 | 노인여가복지시설 | 노인복지관, 경로당, 노인교실 |
| | 재가노인복지시설 | 방문요양서비스기관, 방문목욕서비스기관, 주 · 야간보호서비스기관, 단기보호서비스기관 |
| | 노인보호전문기관 | 중앙노인보호전문기관, 지역노인보호전문기관(학대피해노인 전용쉼터) |

출처 : 보건복지부(2012) 재구성.

### 2) 종 류

① 노인주거복지시설

노년기의 주거환경은 안정된 삶을 결정하는 중요한 요소 중 하나이기에 가정을 대신하는 노인주거복지시설은 다음과 같다.

- 양로시설 : 노인을 입소시켜 급식과 그 밖에 일상생활에 필요한 편의를 제공함을 목적으로 하는 시설로 입소정원 10명 이상(입소정원 1인당 연면적 15.9㎡ 이상의 공간을 확보)
- 노인공동생활가정 : 노인들에게 가정과 같은 주거여건과 급식, 그 밖에 일상생활에 필요한 편의를 제공함을 목적으로 하는 시설로 입소정원 5명 이상 9명 이하(입소정원 1명당 연면적 15.9㎡ 이상의 공간을 확보)
- 노인복지주택 : 노인에게 주거시설을 분양 또는 임대하여 주거의 편의, 생활지도, 상담 및 안전관리 등 일상생활에 필요한 편의를 제공함을 목적으로 하는 시설(30세대 이상)

② 노인의료복지시설

노인인구의 증가와 고령화로 사회적 부양체계의 요구가 증가하면서 도입된 노인장기요양보험제도로 노인의료복지시설의 욕구는 더욱 높아지면서 다양화될 것이며, 노인의료복지시설은 다음과 같다.

- 노인요양시설 : 치매·중풍 등 노인성 질환 등으로 심신에 상당한 장애가 발생하여 도움을 필요로 하는 노인을 입소시켜 급식·요양과 그 밖에 일상생활에 필요한 편의를 제공함을 목적으로 하는 시설로 입소정원 10명 이상(입소정원 1명당 연면적 23.6m² 이상의 공간을 확보). 다만, 노인요양시설 안에 치매전담실을 두는 경우에는 치매전담실 1실당 정원을 16명 이하로 한다.
- 노인요양공동생활가정 : 치매·중풍 등 노인성 질환 등으로 심신에 상당한 장애가 발생하여 도움을 필요로 하는 노인에게 가정과 같은 주거여건과 급식·요양, 그 밖에 일상생활에 필요한 편의를 제공함을 목적으로 하는 시설로 입소정원 5명 이상 9명 이하(입소정원 1명당 연면적 20.5m² 이상의 공간을 확보)

③ 노인여가복지시설

인간수명 연장과 고령사회의 신노년 증가에 따른 노년기 여가의 중요성이 강조되면서 비교적 건강한 노인을 대상으로 하는 노인여가복지시설은 다음과 같다.

- 노인복지관 : 노인의 교양·취미생활 및 사회참여 활동 등에 대한 각종 정보와 서비스를 제공하고 건강 증진 및 질병예방과 소득보장·재가복지, 그 밖에 노인의 복지 증진에 필요한 서비스를 제공함을 목적으로 하는 시설로 연면적 500m² 이상
- 경로당 : 지역노인이 자율적으로 친목도모·취미활동·공동작업장 운영 및 각종 정보교환과 기타 여가활동을 할 수 있도록 장소를 제공함을 목적으로 하는 시설로 이용정원 20명 이상(읍지역의 경우에는 10명 이상)

- 노인교실 : 노인들에 대하여 사회활동 참여 욕구를 충족시키기 위하여 건전한 취미생활, 노인건강 유지, 소득보장, 기타 일상생활과 관련한 학습 프로그램을 제공함을 목적으로 하는 시설로 이용정원 50명 이상

④ 재가노인복지시설

생활시설에 입소된 노인을 제외하고 지역사회 내에서 신체적·정신적 장애로 일상생활을 영위하기 어려운 노인들에게 서비스를 제공하는 기관으로 다음과 같다.

- 방문요양서비스기관 : 가정에서 일상생활을 영위하고 있는 노인으로서 신체적·정신적 장애로 어려움을 겪고 있는 노인에게 필요한 각종 편의를 제공하여 지역사회 안에서 건전하고 안정된 노후를 영위하도록 하는 서비스를 제공하는 시설로 시설전용면적 16.5㎡ 이상(연면적 기준)
- 방문목욕서비스기관 : 목욕장비를 갖추고 재가노인을 방문하여 목욕서비스를 제공하는 시설로 시설전용면적 16.5㎡ 이상(연면적 기준)
- 주·야간보호서비스기관 : 부득이한 사유로 가족의 보호를 받을 수 없는 심신이 허약한 노인과 장애노인을 주간 또는 야간 동안 보호시설에 입소시켜 필요한 각종 편의를 제공하여 이들의 생활 안정과 심신기능의 유지·향상을 도모하고, 그 가족의 신체적·정신적 부담을 덜어주기 위한 서비스를 제공하는 시설로 시설 연면적 90㎡ 이상(이용정원이 6명 이상인 경우에는 1명당 6.6㎡ 이상의 생활실 또는 침실 공간을 추가로 확보). 다만, 주·야간 보호시설 안에 치매전담실을 두는 경우에는 치매전담실 1실당 이용정원을 25명 이하로 하여야 한다.
- 단기보호서비스기관 : 부득이한 사유로 가족의 보호를 받을 수 없어 일시적으로 보호가 필요한 심신이 허약한 노인과 장애노인을 보호시설에 단기간 입소시켜 보호함으로써 노인 및 노인가정의 복지 증진을 도모하기 위한 서비스를 제공하는 시설로 시설연면적 90㎡ 이상(이용정원이 6명 이상인 경우에는 1명당 6.6㎡ 이상의 생활실 또는 침실 공간을 추가로 확보)

⑤ 노인보호전문기관

우리 사회의 학대받는 노인을 위한 전문적인 상담과 서비스 제공을 통한 노인의 권익 증진, 학대행위자 등에 대한 교육·홍보를 통하여 노인학대에 대한 인식을 개선하며, 노인학대예방사업을 통해 학대 없는 가정과 사회를 조성하기 위한 목적으로 사업을 실시하는 기관으로 다음과 같다.

- 중앙노인보호전문기관 : 노인학대 예방 및 노인 인식 개선 등을 통한 노인의 삶의 질 향상 도모를 위해 노인학대예방사업의 총괄적 관리·조정과 노인인권보호 관련 사업 그리고 지역노인보호전문기관 지원 및 관리 등을 행하는 시설로 보건복지부에서 위탁기관을 지정한다.
- 지역노인보호전문기관 : 각 지역의 노인학대 사례현장 신속한 대응 등 적극적인 노인보호 업무를 수행하는 시설로 각 시·도가 위탁기관을 지정하며 분관실시도 가능하다.
- 학대피해노인전용쉼터 : 학대피해노인에 대한 일정 기간 보호조치 및 심신치유 프로그램 제공을 통한 학대피해 노인의 보호를 강화하고 학대행위자 및 그 가족들에 대해 전문상담서비스를 제공함으로써 재학대 발생 예방 및 원가정 회복을 지원하는 시설로 1인당 연면적 15.9㎡, 공용 99㎡ 이상의 공간이 확보될 수 있도록 노력해야 한다(시설 및 설비기준은 노인복지법상 노인공동생활가정 규정에 따름).

# | 제2절 | 설치 및 운영

## 1. 설 치

### 1) 설치기준

노인복지시설의 설치기준은 노인복지법에 명시되어 있으며, 유형의 분류에 따라서 생활시설과 이용시설의 설치기준으로 정리하고자 한다.

① 생활시설

우리 사회의 전반적인 의식 변화와 핵가족화의 심화, 여성의 사회참여 증가 등으로 가족에 의한 보호기능이 점차 약화되고 있는 시점에서 가정의 적절한 보호를 받을 수 없는 독거노인, 만성 질환노인, 거동불능 및 치매노인 등의 증가로 생활시설의 필요성이 부각되고 있으며, 생활시설 설치기준은 다음과 같다.

〈표 13-2〉 생활시설의 설치기준

| 유형 | 시설별 | 구분 | 침실 | 사무실 | 요양보호사실 | 자원봉사자실 | 의료 및 간호사실 | 물리(작업)치료실 | 체력단련실 및 프로그램실 | 식당 및 조리실 | 비상재해대비시설 | 화장실 | 세면장 및 목욕실 | 세탁장 및 세탁물 건조장 |
|---|---|---|---|---|---|---|---|---|---|---|---|---|---|---|
| 노인주거복지시설 | 양로시설 | 입소자 30명 이상 | ○ | ○ | ○ | ○ | ○ | – | ○ | ○ | ○ | ○ | ○ | ○ |
| | | 입소자 30명 미만 10명 이상 | ○ | ○ | | | ○ | – | ○ | ○ | ○ | ○ | ○ | |
| | 노인공동생활가정 | | ○ | ○ | | | | – | – | ○ | ○ | ○ | ○ | |
| | 노인복지주택 | | 침실 1, 관리실 1(사무실 · 숙직실 포함), 식당 및 조리실 1, 체력단련실 및 프로그램실 1, 의료 및 간호사실 1, 식료품점 또는 매점 1, 비상재해대비시설 1, 경보장치 1 | | | | | | | | | | | |
| 노인의료복지시설 | 노인요양시설 | 입소자 30명 이상 | ○ | ○ | ○ | ○ | ○ | ○ | ○ | ○ | ○ | ○ | ○ | ○ |
| | | 입소자 30명 미만 10명 이상 | ○ | ○ | | | ○ | ○ | ○ | ○ | ○ | ○ | ○ | |
| | 노인요양공동생활가정 | | ○ | ○ | | | | ○ | | ○ | ○ | ○ | | |

비고 : ① 세탁물을 전량 위탁 처리하는 경우에는 세탁장 및 세탁물 건조장을 두지 아니할 수 있다.
② 의료기관의 일부를 시설로 신고하는 경우에는 물리(작업)치료실, 조리실, 세탁물 건조장을 공동으로 사용할 수 있다. 다만, 공동으로 사용하려는 물리(작업)치료실이 시설의 침실과 다른 층에 있는 경우에는 입소자의 이동이 가능하도록 경사로 또는 엘리베이터를 설치해야 한다.

② 이용시설

현재 규정이 없는 노인보호전문기관을 제외하고 노인여가복지시설과 재가노인복지시설은 여러 면에서 차이가 많아 시설의 대비가 어렵지만 같은 유형의 이용시설이므로 다음의 표와 같이 정리한다.

노인복지관은 오락실에 인터넷 등을 통하여 전자정보의 접근이 가능한 컴퓨터를 설치할 수 있으며, 노인복지관의 분관은 최근 노인복지관이 있으나 접근성이 좋지 않은 지역의 노인을 위하여 운영 가능하다.

〈표 13-3〉 이용시설의 설치기준

| 유형 | 구분 / 시설별 | 사무실 | 식당 및 조리실 | 상담실 또는 면회실 | 집회실 또는 강당 | 프로그램실 | 화장실 | 물리치료실 | 비상재해 대비시설 | 거실 또는 휴게실 | 전기시설 | 강의실 | 휴게실 | 객실 | 공동목욕장 | 기타 부대시설 |
|---|---|---|---|---|---|---|---|---|---|---|---|---|---|---|---|---|
| 노인여가복지시설 | 노인복지관 | ○ | ○ | ○ | ○ | ○ | ○ | ○ | ○ | | | | | | | |
| | 경로당 | | | | | | ○ | | | ○ | ○ | | | | | |
| | 노인교실 | ○ | | | | | ○ | | | | | ○ | ○ | | | |

<table>
<tr><th>유형</th><th colspan="2">구 분</th><th>생활실</th><th>침실</th><th>사무실/<br>의료 및<br>간호사실</th><th>프로그램실<br>물리(작업)<br>치료실</th><th>식당<br>및<br>조리실</th><th>화장실</th><th>세면장<br>및<br>목욕실</th><th>세탁장<br>및<br>건조장</th><th>통신설비,<br>집기 등<br>사업에 필요한<br>설비 및 비품</th><th>이동용<br>욕조 또는<br>이동목욕<br>차량</th></tr>
<tr><td rowspan="6">재가<br>노인<br>복지<br>시설</td><td colspan="2">방문요양서비스</td><td></td><td></td><td>○</td><td></td><td></td><td></td><td></td><td></td><td>○</td><td></td></tr>
<tr><td colspan="2">방문목욕서비스</td><td></td><td></td><td>○</td><td></td><td></td><td></td><td></td><td></td><td>○</td><td>○</td></tr>
<tr><td rowspan="2">주 · 야간<br>보호<br>서비스</td><td>이용자<br>10명 이상</td><td>○</td><td></td><td>○</td><td>○</td><td>○</td><td>○</td><td colspan="2">○</td><td></td><td></td></tr>
<tr><td>이용자<br>10명 미만</td><td>○</td><td></td><td>○</td><td>○</td><td>○</td><td colspan="3">○</td><td></td><td></td></tr>
<tr><td rowspan="2">단기보호<br>서비스</td><td>이용자<br>10명 이상</td><td></td><td>○</td><td>○</td><td>○</td><td>○</td><td>○</td><td colspan="2">○</td><td></td><td></td></tr>
<tr><td>이용자<br>10명 미만</td><td></td><td>○</td><td>○</td><td>○</td><td>○</td><td colspan="3">○</td><td></td><td></td></tr>
</table>

비고 : ① 주 · 야간보호 이용자가 10명 이상인 경우, 사무실과 의료 및 간호사실은 공간을 함께 사용할 수 있으나 각각의 시설에 대한 기능은 모두 갖추고 있어야 한다.
② 주 · 야간보호시설 내 치매전담실에는 프로그램실을 두어야 한다.
③ 주 · 야간보호시설 내 치매전담실 입구에는 출입문을 두어 공간을 구분하되, 화재 등 비상시에 열 수 있도록 하여야 한다.

출처 : 보건복지부(2012) 재구성.

### 2) 직원의 배치기준 및 자격

고령화사회에서 노인복지시설의 인식 변화와 질적 수준을 향상·유지하기 위해서는 핵심 인력의 배치와 자격기준이 중요하므로 생활시설의 직원 배치기준 및 자격과 이용시설의 직원 배치기준 및 자격으로 정리한다.

① 생활시설

시설 직원의 배치기준과 직원의 자격을 시설유형으로 대비하면서 노인주거복지시설과 노인의료복지시설의 핵심 인력의 배치와 자격을 살펴보면 다음과 같다.

〈표 13-4〉 생활시설의 직원 배치기준 및 자격

| 유형 | 시설별 \ 직종별 | | 시설장 | 사무국장 | 사회복지사 | 의사(한의사 포함) 또는 촉탁의사 | 간호사 또는 간호조무사 | 물리치료사 또는 작업치료사 | 요양보호사 | 사무원 | 영양사 | 조리원 | 위생원 | 관리인 |
|---|---|---|---|---|---|---|---|---|---|---|---|---|---|---|
| 노인주거복지시설 | 양로시설 | 입소자 30명 이상 | 1명 | 1명 | 1명 | 1명 이상 | 50명당 1명 | | 12.5명당 1명 | 1명 (100명 이상인 경우로 한정함) | 1명 (50명 이상인 경우로 한정함) | 2명 (100명 초과할 때마다 1명 추가) | 50명당 1명 | |

| | | | | | | | | | | | | | | |
|---|---|---|---|---|---|---|---|---|---|---|---|---|---|---|
| | | 입소자 30명 미만 10명 이상 | 1명 | 1명 | | | 1명 | | 12.5 명당 1명 | | | 1명 | 1명 | |
| 노인공동생활가정 | | | 1명 | | 입소자 4.5명당 1명 이상 | | 입소자 4.5명당 1명 이상 | | 입소자 4.5명당 1명 이상 | | | 입소자 4.5명당 1명 이상 | | |
| 노인복지주택 | | | 1명 | | 1명 | | | | | | | | | 1명 |
| 노인 의료 복지 시설 | 노인 요양 시설 | 입소자 30명 이상 | 1명 | 1명 (50명 이상인 경우로 한정) | 1명 (100명 초과할 때마다 1명 추가) | 1경 이상 | 25명당 1명 | 1경 (100명 초과할 때마다 1명 추가) | 2.5명당 1명 (치매전담실은 2명당 1명) | 1명 (50명 이상인 경우로 한정) | 1명 (1회 급식인원이 50명 이상인 경우로 한정함) | 25명당 1명 | 1명 (100명 초과할 때마다 1명 추가) | 1명 (50명 이상인 경우로 한정) |
| | | 입소자 30명 미만 10명 이상 | 1명 | 1명 | | 1명 | 1명 | | 2.5명당 1명 (치매전담실은 2명당 1명) | | | 1명 | 삭제 | |

② 이용시설

노인이용시설 직원배치 기준 및 직원의 자격은 노인여가복지시설과 재가노인복지시설, 노인보호전문기관을 대비하면 다음과 같다. 단, 노인복지관 분관은 운영을 위한 최소 직원기준 3~4명을 원칙으로 하되 지역의 실정에 맞게 조정 가능하므로 표에서 제외한다.

〈표 13-5〉 이용시설의 직원 배치기준 및 자격

| 유형 | 직종별 / 시설별 | 시설의 장 | 사회복지사 | 강사(외부강사 포함) | 간호사 또는 간호조무사 | 물리치료사 또는 작업치료사 | 치과위생사 | 요양보호사 | 사무원 | 조리원 | 보조원 | 관리인 |
|---|---|---|---|---|---|---|---|---|---|---|---|---|
| 노인여가복지시설 | 노인복지관 | 1명 | 2명 이상 | | | 1명 | | | 1명 | 1명 | | 1명 |
| | 노인교실 | 1명 | | 1명 | | | | | | | | |
| 재가노인복지시설 | 방문요양 | 1명 | 1명 (수급자 15명 이상) | | | | | 15명 이상 (농어촌지역의 경우에는 5명 이상) | | | | |
| | 방문목욕 | 1명 | | | | | | 2명 이상 | | | | |

| | | | | | | | | | | | | |
|---|---|---|---|---|---|---|---|---|---|---|---|---|
| 방문간호 | | 1명 | | | 1명 이상 | | 1명 이상 (구강 위생을 제공하는 경우로 한정함) | | | | | |
| 주 · 야간 보호 | 이용자 10명 이상 | 1명 | 1명이상 | | 1명 이상 | | | 이용자 7명당 1명 이상 (치매전담 형의 경우에는 4명당 1명 이상) | 1명 (이용자 25명 이상) | 1명 | 1명 | |
| | 이용자 10명 미만 | 1명 | | | 1명 이상 | | | | 1명 이상 | 1명 | | |
| 단기 보호 | 이용자 10명 이상 | 1명 | 1명이상 | | 이용자 30경당 1명 | 1명 (이용자 30명 이상) | | 이용자 4명당 1명 이상 | 이용자 25명당 1명 | 1명 (이용자 30명 이상) | | |
| | 이용자 10명 미만 | 1명 | | | 1경 | | | | 1명 | | | |
| 노인보호전문기관 | | 1명 | 6명 이상 | | | | | | | | | |

비고 : ① "농어촌지역"이란 지방자치법 제2조 제1항 제2호에 따른 시 · 군의 읍 · 면 전 지역 또는 동 중 「국토의 계획 및 이용에 관한 법률」 제36조 제1항 제1호에 따라 지정된 주거지역, 상업지역 및 공업지역을 제외한 지역을 말한다.

② 시설장은 이용자별 재가노인복지 제공계획 수립 및 복지증진에 관한 상담 · 지도, 직원에 대한 교육 및 관리 등의 업무를 수행한다.

③ 사회복지사는 이용자의 건강 유지, 여가선용 등 노인의 복지서비스 제공계획을 수립하고 복지증진에 관하여 상담 및 지도 등의 업무를 수행한다.

④ 요양보호사는 이용자에게 신체활동 지원, 가사활동 지원 등의 업무를 수행한다. 다만, 방문요양, 방문목욕, 주 · 야간보호 및 단기보호서비스 중 장기요양급여수급자에 대한 신체활동 지원서비스는 요양보호사 1급만이 제공할 수 있다.

⑤ 치매전담형 주 · 야간보호서비스 제공 시설의 경우에는 보건복지부장관이 정하여 고시하는 자격을 갖춘 프로그램 관리자를 두어야 한다.

⑥ 시설장, 요양보호사 및 프로그램 관리자는 보건복지부장관이 정하여 고시하는 치매전문교육을 이수하여야 한다.

⑦ 주 · 야간보호서비스 이용자가 10명 이상인 경우에는 간호사, 간호조무사, 물리치료사 또는 작업치료사 중 1명 이상을 배치하여야 한다.

출처 : 보건복지부령 제380호(노인복지법 개정령안 2017. 1. 1. 시행).

## 2. 운 영

노인복지시설의 안정된 운영을 위하여 운영기준에서 운영규정, 건강관리, 급식위생관리를 살펴보고, 시설 운영을 위한 장부 등의 비치를 살펴보면 다음과 같다.

### 1) 노인주거복지시설

① 운영규정

- 시설의 장은 조직, 인사, 급여, 회계, 물품, 그 밖에 시설의 운영에 관하여 필요한 규정을 작성하여 시장·군수·구청장에게 제출해야 한다.
- 양로시설·노인공동생활가정 및 노인복지주택의 운영규정에는 다음의 사항이 포함되어야 한다.
  - 입소정원 및 모집방법 등에 관한 사항
  - 입소계약에 관한 사항(계약기간, 계약목적, 입소보증금, 월 이용료, 그 밖의 비용부담액, 신원인수인의 권리·의무, 계약의 해제, 입소보증금의 반환 등에 관한 사항을 포함)
  - 입소보증금, 이용료 등 비용에 대한 변경방법 및 절차 등에 관한 사항
  - 서비스의 내용과 그 비용의 부담에 관한 사항
  - 특별한 보호를 필요로 하는 경우에는 그 서비스 기준과 비용에 관한 사항
  - 의료를 필요로 하는 경우에는 그 구체적인 처리절차
  - 시설물 사용상의 주의사항 등에 관한 사항
  - 서비스 제공자의 배상책임, 면책범위에 관한 사항
  - 운영규정의 개정방법 및 절차 등에 관한 사항
  - 운영위원회 또는 운영간담회의 설치·운영에 관한 사항

- 입소예정자 또는 입소자가 사망 또는 보건복지부장관이 정하는 중대한 질병으로 인하여 계약을 해지하는 경우 위약금의 감면에 관한 사항
- 시설 설치자의 입소보증금 반환보증과 관련된 내용의 설명, 그 사실의 계약서에의 기재 및 서명 등에 관한 사항

- 시설의 장은 운영규정에서 정한 바에 따라 해당 시설을 운영해야 한다.
- 모든 종사자는 시설의 장과 근로계약이 체결된 자이어야 한다.

② 건강관리

- 노인주거복지시설에는 입소자 건강관리를 위한 책임자를 두고 의사(한의사 포함), 간호사, 그 밖의 자격이 있는 자가 그 임무를 수행해야 한다.
- 전담의사(한의사를 포함한다)를 두지 아니한 시설은 계약의사(시간제 계약에 의한 의사 또는 한의사를 포함한다)를 두거나 의료기관과 협약을 체결하여 의료연계체계를 구축하여야 한다.
- 계약의사를 두거나 의료기관과 협약을 체결한 경우 해당 계약의사 또는 의료기관의 의사는 매월 시설을 방문하여 입소자의 건강상태를 확인하고 건강상태가 악화된 입소자에 대하여 적절한 조치를 하여야 한다. 이 경우 시설의 입소정원에 따른 방문횟수 등 세부적인 사항은 보건복지부장관이 정한다.
- 입소자 및 직원에 대하여는 연 1회 이상의 결핵 검진을 포함한 건강진단을 해야 하며, 건강진단 결과 건강이 좋지 아니한 자에 대하여는 그 치료를 위하여 필요한 조치를 해야 한다.
- 직원을 신규로 채용할 때에는 건강진단서를 확인하여야 하며, 이 경우 건강진단은 신규 채용 전 1년 이내에 받은 것이어야 한다.
- 입소자에 대하여 그 건강상태에 따라 적절한 훈련과 휴식을 하도록 해야 한다.

- 시설의 환경을 항상 청결하게 하고 그 위생관리에 유의해야 한다.
  ※ 노인복지주택의 경우는 제외한다.

③ 급식위생관리

- 시설의 장은 입소자가 필요한 영양을 섭취할 수 있도록 영양사가 작성한 식단에 따라 급식을 행해야 한다. 다만, 영양사가 없는 시설의 경우에는 소재지를 관할하는 보건소장 또는 다른 시설 등 영양사의 지도를 받아 식단을 작성하고 이에 따라 급식해야 한다.
- 전염성 질환, 화농성창상 등이 있는 자는 입소자의 식사를 조리해서는 아니 된다.
- 시설에서 사용되는 음용수의 경우에는 수도법 및 먹는물 관리법이 정하는 바에 따라 수질검사를 받아야 한다.
- 입소자의 식사를 조리하는 자는 항상 청결을 유지해야 한다.

## 2) 노인의료복지시설

① 운영규정

- 시설의 장은 조직, 인사, 급여, 회계, 물품, 그 밖에 시설의 운영에 관하여 필요한 규정(이하 "운영규정"이라 함)을 작성하여 시장·군수·구청장에게 제출해야 한다.
- 시설의 운영규정에는 다음 각 호의 사항이 포함되어야 한다.
  - 입소정원 및 모집방법 등에 관한 사항
  - 입소계약에 관한 사항(계약기간, 계약목적, 입소보증금, 월이용료, 그 밖의 비용부담액, 신원인수인의 권리·의무, 계약의 해제, 입소보증금의 반환 등에 관한 사항을 포함)
  - 입소보증금, 이용료 등 비용에 대한 변경방법 및 절차 등에 관한 사항

- 서비스의 내용과 그 비용의 부담에 관한 사항
- 특별한 보호를 필요로 하는 경우에는 그 서비스 기준과 비용에 관한 사항
- 의료를 필요로 하는 경우에는 그 구체적인 처리절차
- 시설물 사용상의 주의사항 등에 관한 사항
- 서비스 제공자의 배상책임, 면책범위에 관한 사항
- 운영규정의 개정방법 및 절차 등에 관한 사항
- 운영위원회 설치·운영에 관한 사항

• 시설의 장은 운영규정에서 정한 바에 따라 해당 시설을 운영해야 한다.

② 건강관리

• 노인의료복지시설에는 입소자 건강관리를 위한 책임자를 두고 의사(한의사 포함), 간호사, 그 밖의 자격이 있는 자가 그 임무를 수행해야 한다.

• 전담의사(한의사를 포함한다)를 두지 아니한 시설은 가급적 신경과, 정신과 또는 한방신경정신과 등 노인의 질환과 관련한 전문의로서의 계약의사(시간제 계약에 의한 의사, 한의사 또는 치과의사를 포함한다)를 두거나 의료기관과 협약을 체결하여 의료연계체계를 구축하여야 한다.

• 계약의사를 두거나 의료기관과 협약을 체결한 경우 해당 계약의사 또는 의료기관의 의사는 매월 시설을 방문하여 입소자의 건강상태를 확인하고 건강상태가 악화된 입소자에 대하여 적절한 조치를 하여야 한다. 이 경우 시설의 입소정원에 따른 방문횟수 등 세부적인 사항은 보건복지부장관이 정한다.

• 입소자 및 직원에 대하여는 연 1회 이상의 결핵 검진을 포함한 건강진단을 해야 하고, 매월 입소자의 구강건강상태를 확인하여야 하며 건강진단 결과 건강이 좋지 아니한 자에 대하여는 그 치료를 위하여 필요한 조치를 해야 한다.

- 입소자에 대하여 그 건강상태에 따라 적절한 훈련과 휴식을 하도록 해야 한다.
- 시설의 환경을 항상 청결하게 하고 그 위생관리에 유의해야 한다.

③ 급식위생관리

- 시설의 장은 입소자가 필요한 영양을 섭취할 수 있도록 영양사가 작성한 식단에 따라 급식을 행해야 한다. 다만, 영양사가 없는 시설의 경우에는 소재지를 관할하는 보건소장 또는 다른 시설 등 영양사의 지도를 받아 식단을 작성하고 이에 따라 급식을 해야 한다.
- 전염성 질환, 화농성창상 등이 있는 자는 입소자의 식사를 조리해서는 아니 된다.
- 시설에서 사용되는 음용수의 경우에는 수도법 및 먹는물 관리법이 정하는 바에 따라 수질검사를 받아야 한다.
- 입소자의 식사를 조리하는 자는 항상 청결을 유지해야 한다.

### 3) 노인여가복지시설

① 운영규정

- 노인여가복지시설의 장은 그 시설의 운영방법, 이용자의 준수사항, 기타 시설의 운영에 관하여 필요한 규정을 작성하여 시장·군수·구청장에게 제출해야 한다.
- 노인복지관 및 노인교실 운영규정에는 다음 각 호의 사항이 포함되어야 한다.
  - 이용정원 등에 관한 사항
  - 이용계약에 관한 사항(계약기간, 이용료 및 기타 비용부담액 등에 관한 사항을 포함)
  - 이용료 등 비용에 대한 변경방법 및 절차 등에 관한 사항

- 서비스의 내용과 그 비용의 부담에 관한 사항
- 시설물 사용상의 주의사항 등에 관한 사항
- 서비스 제공자의 배상책임, 면책범위에 관한 사항
- 운영규정의 개정방법 및 절차 등에 관한 사항

② 급식위생관리(노인복지관)

- 시설의 장은 이용자가 필요한 영양을 섭취할 수 있도록 영양사가 작성한 식단에 따라 급식을 행해야 한다. 다만, 영양사가 없는 시설의 경우에는 소재지를 관할하는 보건소장 또는 다른 시설 등 영양사의 지도를 받아 식단을 작성하고 이에 따라 급식해야 한다.
- 전염성 질환, 화농성창상 등이 있는 자는 입소자의 식사를 조리해서는 아니 된다.
- 시설에서 사용되는 음용수의 경우에는 수도법 및 먹는물 관리법이 정하는 바에 따라 수질검사를 받아야 한다.
- 이용자의 식사를 조리하는 자는 항상 청결을 유지해야 한다.

### 4) 재가노인복지시설

① 운영규정

- 시설의 장은 조직, 인사, 급여, 회계, 물품, 그 밖에 시설의 운영에 관하여 필요한 규정을 작성하여 시장·군수·구청장에게 제출해야 한다.
- 시설의 운영규정에는 다음 각 호의 사항이 포함되어야 한다.
  - 이용정원(주·야간보호서비스 및 단기보호서비스의 경우에만 해당) 및 모집방법 등에 관한 사항
  - 입소계약에 관한 사항(계약기간, 계약목적, 입소보증금, 월 이용료, 그 밖의 비용부담액, 신원인수인의 권리·의무, 계약의 해제 등에 관한 사항을 포함)

- 이용료 등 비용에 대한 변경방법 및 절차 등에 관한 사항
- 서비스의 내용과 그 비용의 부담에 관한 사항
- 특별한 보호를 필요로 하는 경우에는 그 서비스 기준과 비용에 관한 사항
- 의료를 필요로 하는 경우에는 그 구체적인 처리절차
- 시설물 사용상의 주의사항 등에 관한 사항
- 서비스 제공자의 배상책임, 면책범위에 관한 사항
- 운영규정의 개정방법 및 절차 등에 관한 사항
- 운영위원회 설치·운영에 관한 사항
- 그 밖에 운영에 필요한 중요한 사항

• 시설의 장은 운영규정에서 정한 바에 따라 해당 시설을 운영해야 한다.

② 급식위생관리(급식을 제공하는 경우에만 해당)

• 시설의 장은 이용자가 필요한 영양을 섭취할 수 있도록 영양사가 작성한 식단에 따라 급식을 행해야 한다. 다만, 영양사가 없는 시설의 경우에는 소재지를 관할하는 보건소장 또는 다른 시설 등 영양사의 지도를 받아 식단을 작성하고 이에 따라 급식해야 한다.
• 전염성 질환, 화농성창상 등이 있는 자는 이용자의 식사를 조리해서는 아니 된다.
• 시설에서 사용되는 음용수의 경우에는 수도법 및 먹는물 관리법이 정하는 바에 따라 수질검사를 받아야 한다.
• 이용자의 식사를 조리하는 자는 항상 청결을 유지해야 한다.

### 5) 노인보호전문기관

① 노인보호전문기관의 장은 조직, 인사, 급여, 그 밖에 시설의 운영에 관하여 필요한 규정을 두고 이에 따라 운영해야 한다.

② 예산·회계·물품 등에 관한 사항은 사회복지법인 및 사회복지시설 재무·회계 규칙을 준용해야 한다.

③ 지역노인보호전문기관의 경우에는 다음의 사항을 지켜야 한다.

- 학대받은 노인의 부양의무자 및 가족을 대상으로 정기적으로 가정상담 등의 프로그램을 실시할 것
- 노인학대행위자, 노인복지법 제39조의6 제2항에 따른 신고의무자, 지역주민 등을 대상으로 노인학대의 예방을 위한 교육을 실시할 것
- 학대받은 노인에게 필요한 지역사회의 보건복지서비스가 제공될 수 있도록 연계하거나 관련 정보를 제공할 것

### 6) 장부 등의 비치

노인복지시설 운영의 중요한 자료인 장부 및 서류는 생활시설과 이용시설의 유형에 따라 유사하며 다음과 같이 시설에 비치해야 한다.

〈표 13-6〉 장부 및 서류

<table>
<tr><th>유형</th><th>종 류</th><th>장부 및 서류</th></tr>
<tr><td rowspan="2">생활<br>시설</td><td>노인<br>주거<br>복지<br>시설</td><td rowspan="2">1. 시설의 연혁에 관한 기록부<br>2. 재산목록과 재산의 소유권 또는 사용권을 증명할 수 있는 서류<br>3. 시설운영일지<br>4. 예산서 및 결산서<br>5. 총계정원장 및 수입 · 지출보조부<br>6. 금전 및 물품의 출납부와 증빙서류<br>7. 보고서철 및 행정기관의 협의 등 관련 문서철<br>8. 정관(법인의 경우에만 해당) 및 관계 질의서류<br>9. 입소자 관리카드(입소계약 체결일, 입소보증금, 이용료, 그 밖에 비용부담 관계 등에 관한 내용을 포함)<br>10. 연계 의료시설과의 제휴계약서<br>11. 촉탁의사 근무상황부(촉탁의사가 있는 경우에만 해당)</td></tr>
<tr><td>노인<br>의료<br>복지<br>시설</td></tr>
<tr><td rowspan="3">이용<br>시설</td><td>노인<br>여가<br>복지<br>시설</td><td rowspan="2">1. 시설의 연혁에 관한 기록부<br>2. 재산목록과 재산의 소유권 또는 사용권을 증명할 수 있는 서류<br>3. 시설운영(교육)일지<br>4. 예산서 및 결산서<br>5. 이용(회원)일지<br>6. 금전 및 물품의 출납부와 증빙서류<br>7. 보고서철 및 행정기관의 협의 등 관련 문서철<br>8. 정관(법인의 경우에만 해당) 및 관계 질의서류, 제반규정<br>9. 입소자 관리카드(입소계약 체결일, 입소보증금, 이용료, 그 밖에 비용부담 관계 등에 관한 내용을 포함, 재가노인복지시설)<br>10. 수입 · 지출장부와 그 증빙서류(노인여가복지시설)</td></tr>
<tr><td>재가<br>노인<br>복지<br>시설</td></tr>
<tr><td>노인<br>보호<br>전문<br>기관</td><td>1. 기관의 연혁 및 운영에 관한 기록부<br>2. 재산목록과 그 소유권 또는 사용권에 대한 증명서<br>3. 기관의 장 및 직원의 인사카드<br>4. 금전 및 물품의 출납부와 증빙서류<br>5. 보고서철 및 행정기관의 협의 등 관련 문서철<br>6. 노인학대의 조사 및 상담에 관한 기록(작성일로부터 5년간 보존해야 함)</td></tr>
</table>

출처 : 보건복지부(2012).

## | 제3절 | 주요 사업과 서비스

노인복지의 궁극적 목적은 우리나라 헌법에 명시된 대로 노인이 인간다운 생활을 영위하도록 하는 것이다. 그러므로 노인의 존엄성 유지와 삶의 질 향상이 목적이라 할 수 있다. 따라서 노인복지시설의 주요 사업과 서비스 역시 이 중요성을 인식하면서 유형에 의거 생활시설과 이용시설로 나누어 설명하고자 한다.

### 1. 생활시설

노인생활시설의 사업과 서비스는 노인을 위한 주거 공간이나 여가활용 공간 등이 갖추어진 시설에서 제공되는 제반 프로그램을 말한다. 이용시설의 경우에는 다양한 프로그램이 있으나 생활시설의 경우에는 시설보호(생계보호)가 주된 내용이기에 노인주거복지시설의 사업내용은 다음과 같다.

#### 1) 양로시설, 노인공동생활가정

첫째, 입소자의 생활의욕 증진 등을 도모하기 위하여 입소자의 신체적·정신적 상태에 따라 그 기능을 회복하게 하거나 기능의 감퇴를 방지하기 위한 훈련에 참가할 기회를 제공해야 한다.

둘째, 교양·오락설비 등을 구비하고 적절한 레크리에이션을 실시해야 한다.

#### 2) 노인복지주택

첫째, 입주자의 거주에 불편함이 없도록 생활편의를 위한 체육시설, 여가 및 오락 시설 등 부대시설 및 각종 복지시설을 설치하여 직접 또는 위탁하여 운영해야 한다.

둘째, 사회복지사는 순회서비스를 제공하는 등 항상 입주자의 안전을 위하여 세심한 배려를 해야 하며 생활지도·상담, 문안, 긴급사태 대처, 의료기관 등과의 연계, 일상생활상 필요한 원조서비스를 제공해야 한다.

셋째, 필요한 경우 재가노인복지시설의 방문요양과 주·야간보호서비스 등을 활용할 수 있도록 노인보건 및 복지에 관련된 사업기관과의 연계를 도모해야 한다.

생활시설의 서비스는 노인장기요양보험제도가 실시되면서 노인생활시설(노인주거복지시설, 노인의료복지시설) 운영이 이원화되었기에 사회보험방식에 입각하여 운영되는 노인의료복지시설 '서비스 제공의 기본 원칙'을 보면 ① 인권보호, ② 자기결정, ③ 자립생활, ④ 재가요양 우선, ⑤ 사례관리, ⑥ 비밀보장, ⑦ 기록 및 공개, ⑧ 사회통합, ⑨ 전문서비스와 효율성, ⑩ 부당청구 금지, ⑪ 알선행위 등의 금지이다.

그리고 표준서비스 분류는 신체활동 지원, 간호처치, 기능회복훈련, 시설환경관리, 치매관리 지원, 응급서비스, 기타 제공서비스 지원으로 다음과 같다.

〈표 13-7〉 **표준서비스 분류**

| 유 형 | 표준서비스 내용 |
|---|---|
| 신체활동지원서비스 | 세면 도움, 구강관리, 몸단장, 머리 감기기, 옷 갈아입히기, 목욕 도움, 화장실 이용하기, 식사 도움, 체위변경, 이동 도움, 신체기능의 유지 및 증진 |
| 간호처치서비스 | 관찰 및 측정(혈압 · 체중 등), 투약 및 주사, 호흡기 간호, 피부간호, 통증간호, 영양간호, 배설간호, 기타 처치, 의사진료 보조 |
| 기능회복훈련서비스 | 신체기능의 훈련, 기본동작훈련, 일상생활동작훈련, 물리치료, 언어치료, 작업치료, 인지 및 정신 기능 훈련, 기타 재활치료 |
| 시설환경관리서비스 | 침구 · 린넨 교환 및 정리, 환경관리, 물품관리, 세탁물 관리 |
| 치매관리지원서비스 | 행동변화 대처 |
| 응급서비스 | 응급상황 대처 |
| 기타 제공서비스 지원 | 외출 시 동행, 의사소통 도움 |

출처 : 보건복지부(2010).

## 2. 이용시설

노인인구의 증가와 평균수명의 연장으로 노년기가 길어짐에 따라 보다 안전하면서 활기차고 보람 있게 노년을 보낼 수 있도록 하는 노인이용시설의 수요와 욕구가 계속 늘어나고 있다. 이에 노인이용시설의 유형에 따른 노인여가복지시설은 노인복지관만을, 재가노인복지시설과 노인보호전문기관은 시설 전반적으로 살펴보고자 한다.

### 1) 노인복지관

노인복지관은 고령화사회에서 60세 이상의 비교적 건강한 노인들을 대상으로 성공적인 노후가 실현될 수 있도록 지원하는 종합적 노인복지서비스 전달기관으로 주요 사업은 다음과 같다.

노인복지법 시행규칙 제26조 제2항에 의거 사업을 실시하되, 이용노인의 여가욕구 사정 및 지역 특성을 반영하고 기본사업과 선택사업으로 구분하여 다음과 같이 실시한다.

- 기본사업 : 종합복지센터로서의 기능과 역할을 수행하기 위해 기본적으로 제공해야 할 사업(평생교육지원사업, 취미여가지원사업, 고용지원사업, 기능회복지원사업, 정서생활지원사업, 사회참여지원사업, 경로당혁신 프로그램)
- 선택사업 : 기본사업 이외의 사업으로 지역 또는 노인복지관의 특성을 반영하여 개발·추진 가능한 사업(건강생활지원사업, 주거지원사업, 소득지원사업, 가족기능지원사업, 가족통합지원사업, 지역자원개발사업, 지역복지연계사업, 권익증진사업 등)

### 2) 재가노인복지시설

재가노인복지시설의 사업장별 특성에 따른 주요 사업은 다음과 같으며, 재가지원서비스는 예방적 사업(직접서비스)과 사회안전망구축사업(간접서비스),

긴급지원사업(긴급서비스)으로 다음과 같다.

재가노인복지시설의 주요 사업은 다음과 같다.

- 방문요양서비스 : 방문요양에 관한 사항(신체활동지원서비스, 가사활동지원서비스, 개인활동지원서비스, 정서지원서비스) 상담 및 교육에 관한 사항(노인생활 및 신상에 관한 상담서비스, 장애노인 및 보호자의 교육), 노인결연에 관한 사항(무의탁노인의 후원을 위한 결연사업)
- 방문목욕서비스 : 목욕준비, 입욕 시 이동보조, 몸 씻기, 머리 말리기, 옷 갈아입히기 등이며 목욕 후 주변 정리까지 포함
- 주·야간보호서비스 : 생활지도 및 일상동작훈련 등 심신의 기능 회복을 위한 서비스, 급식 및 목욕 서비스, 노인 가족에 대한 교육 및 상담 등
- 단기보호서비스 : 급식, 치료 그 밖에 일상생활에 필요한 편의를 제공하는 서비스, 그 외 노인요양 시설 또는 노인요양공동생활가정의 사업에 준하는 서비스이다.

〈표 13-8〉 재가지원서비스

| 서비스 | 내 용 |
|---|---|
| 예방적 사업<br>(직접서비스) | 일상생활 지원(방문요양서비스 내용 제외), 정서 지원, 주거환경 개선 지원, 여가활동 지원, 상담 지원, 지역사회 자원 개발 |
| 사회안전망구축사업<br>(간접서비스) | 연계 지원, 교육 지원, 지역사회 네트워크 지원 |
| 긴급지원사업<br>(긴급서비스) | 긴급 지원 |

출처 : 보건복지부(2012) 재구성.

### 3) 노인보호전문기관

급속한 인구고령화와 핵가족화 등에 따라서 가족 간의 갈등 및 노인부양부담의 증대 등으로 노인학대 사례가 계속 증가하고 있다.

이를 전문적이고 체계적으로 대처하여 노인권익을 보호하는 한편, 노인학대 예방 및 노인 인식 개선 등을 통한 노인의 삶의 질 향상 도모를 위한 노인보호전문기관 그리고 학대피해노인에 대한 일정 기간 보호조치 및 심신치유 프로그램 제공을 통한 학대피해노인 보호 강화를 위해 2011년 1월 지역의 노인보호전문기관 부설사업으로 시행되고 있는 학대피해노인전용쉼터의 주요 사업은 다음과 같다.

〈표 13-9〉 노인보호전문기관의 주요 사업

| 시 설 | 주요 사업 |
|---|---|
| 중앙노인 보호전문기관 | • 노인인권보호 관련 정책 제안<br>• 노인인권보호를 위한 연구 및 프로그램의 개발<br>• 노인학대 예방의 홍보, 교육자료의 제작 및 보급<br>• 노인보호전문사업 관련 실적 취합, 관리 및 대외 자료 제공<br>• 지역노인보호전문기관의 관리 및 업무 지원<br>• 지역노인보호전문기관의 상담원의 심화교육<br>• 관련 기관 협력체계의 구축 및 교류<br>• 학대받는 노인의 단기보호<br>• 노인보호 전산시스템 운영 및 관리<br>• 노인인권보호를 위해 보건복지부장관이 위탁하는 사항 |
| 지역노인 보호전문기관 | • 노인학대 신고전화의 운영 및 사례접수<br>• 노인학대 의심사례에 대한 현장 조사<br>• 피해노인 및 노인학대자에 대한 상담<br>• 피해노인가족 관련자와 관련 기관에 대한 상담<br>• 상담 및 서비스 제공에 따른 기록과 보관<br>• 일반인을 대상으로 한 노인학대 예방교육<br>• 노인학대행위자를 대상으로 한 재발방지교육<br>• 피해노인을 일시적으로 보호하기 위한 시설의 운영<br>• 피해노인의 의료기관 치료 의뢰 및 노인복지시설 입소 의뢰<br>• 지역사회의 보건복지서비스가 피해노인 등에게 제공될 수 있도록 관련 기관과의 협력체계 구축<br>• 노인학대신고의무자 등에 대한 노인학대 예방교육 실시<br>• 노인학대 예방을 위한 홍보<br>• 자문위원회 및 노인학대사례판정위원회 운영 |

| | |
|---|---|
| | • 노인학대 예방 및 방지 등을 위해 보건복지부장관 또는 시 · 도지사가 위탁한 사업의 수행 |
| 학대피해 노인전용쉼터 | • 입소자 건강관리 및 숙식 제공(질병 치료 및 건강관리를 위한 의료비 지원)<br>• 심신 치유 및 학대상황 개선을 위한 지원(심리, 가족상담 등)<br>• 낮은 자존감, 우울증 등 불안한 심리상태 개선을 위한 상담 및 심리치유 서비스(외부전문가 활용)<br>• 법률서비스 등 복지서비스 연계 및 지원<br>• 사회적응을 위한 문화여가 활동 지원<br>• 학대 재발 방지를 위한 지원<br>• 부양자 교육 및 가족상담 프로그램 제공(퇴소 후 사후 모니터링) |

출처 : 보건복지부(2012) 재구성.

## | 제4절 | 치매전담형 장기요양기관

### 1. 정의 및 특성

치매전담형 장기요양기관은 치매 수급자가 안정감을 느낄 수 있는 시설환경 속에서 치매전문 교육을 받은 인력이 인지기능 유지 및 문제행동 개선 등을 위한 전문 프로그램으로 치매 맞춤형 서비스를 제공하는 장기요양기관을 말한다. 즉, 개별적이고 독립된 인간으로서의 존엄성을 보호하기 위하여 치매 수급자만을 위해 가정처럼 설계된 시설환경에서 치매전문교육을 받은 종사자가 맞춤형 프로그램을 제공하는 기관이다.

치매전담형 장기요양기관의 특징은 첫째는 전문화된 전용공간으로 가족과 같은 환경을 제공하는데 공동거실을 이용하고, 1인당 침실면적 확대 및 1인실 원칙과 옥외공간의 확보이다. 둘째는 치매전문교육이수 종사자를 통한 서비스의 제공이다. 전문교육을 이수한 종사자를 배치하여 서비스를 제공하게 하고, 수급자 1인당 배치기준을 강화하여 서비스 질을 담보하고, 시설장과 프로그램관리자와 요양보호사는 반드시 교육을 이수해야 한다. 세 번째는 개인별 맞춤서비스로 인지기능 유지 및 향상을 위한 프로그램의 실행인데 현실인식훈련, 가족교육 및 가족참여 프로그램, 집단 프로그램 등이다.

## 2. 치매전담형 장기요양기관의 종류

### 1) 노인요양시설 내 치매전담실(가형, 나형)

노인요양시설 내에 유니트형 형태의 별도 공간에 '치매전담실'을 두어 치매 맞춤형 서비스를 제공하는 노인요양시설이다.

### 2) 치매전담형 노인요양공동생활가정

치매맞춤형 서비스를 제공하는 치매 수급자 전용 노인요양공동생활가정이다.

### 3) 치매전담형 주야간보호

치매맞춤형 서비스를 제공하는 치매수급자 전용 주야간보호이다.

## 3. 이용대상자 및 비용

이용자는 장기요양 의사소견서에 '치매'상병이 기재되어 있거나, 최근 2년 이내 치매 진료내역이 있는 노인장기요양보험 2등급(의사소견서 제출자)부터 5등급까지 인정자가 사용할 수 있다. 이 때 치매 상병코드는 F00~F03, 알코올성 치매, 알츠하이머 중 하나 이상과 2등급자 중 거동불편자(의사소견서 제출제외자) 및 1등급자는 제외한다.

장기요양 급여비용 및 본인부담금은 급여종류에 따른 기존 장기요양기관의 급여비용보다 23~25% 증가된다.

## 4. 치매전담형 장기요양기관 인력

치매전담형 장기요양기관의 인력은 시설장, 프로그램관리자, 요양보호사가 있다. 시설장은 종사자 지도 및 감독, 쾌적한 환경 조성의 업무, 프로그램 관리자는 매월 급여 제공 전 수급자별 프로그램 계획수립, 요양보호사 급여제공 모니터링, 프로그램 제공, 수급자의 가족 상담, 업무 수행 일지 작성의 업무, 요양보호사는 프로그램 관리자가 수립한 계획에 따라 프로그램제공, 급여제공기록지 등에 프로그램 제공내용 등을 기재해야 하는 업무를 수행한다.

치매전담형 장기요양기관 인력은 치매전문교육을 이수해야 한다. 교육이수 시간은 요양보호사는 총60시간(기본 40시간, 시설 20시간), 시설장과 프로그램 관리자는 총 73시간(기본 40시간, 시설 20시간, 관리자 13시간)을 이수해야 한다. 치매교육 이수하는 시간은 근무시간으로 인정해 주고 있으며, 치매교육을 이수한 종사자의 근무종료일 다음 날부터 180일까지는 후임자가 치매전문교육을 이수하지 않아도 이수한 것으로 인정한다.

## 5. 프로그램

신체 및 인지기능 유지와 개선을 위하여 수급자의 기능상태, 특성을 고려한 맞춤형 프로그램을 제공해야 한다. 기본프로그램은 매일 제공하는 프로그램으로 현실인식훈련(개인정보, 지남력 훈련 등), 운동요법 등이고 집단프로그램도 매일 제공하는 프로그램으로 인지자극활동, 음악활동 등 집단프로그램이다.

## 6. 노인요양시설 내 치매전담실

노인요양시설 내 치매전담실은 노인요양시설 안에 별도의 공간인 '치매전담실'을 두어 치매 어르신을 전문적으로 수발하기 위해 맞춤형 서비스를 제공하는 노인요양시설을 말한다. 시설기준은 공동거실이 있는 유니트형 구조여야 하고, 유니트당 정원은 12명 이하이다. 공동거실은 전체면적의 25% 이상이어야 하고 치매전담실 입구에 출입문을 두어 공간 구분 및 화재 등 비상시에 열 수 있어야 한다.

### 1) 필수공간

(○ : 필수, △ : 권장)

| | 침실 | 화장실 | 오물 처리 | 세면 및 간이욕실 | 간이 주방 | 식사 공간 | 간이세탁 및 수납공간 | 옥외 공간 |
|---|---|---|---|---|---|---|---|---|
| 치매 전담실 | ○ | ○ | ○ | ○ | ○ | ○ | ○ | △ |

### 2) 시설기준

<table>
<tr><th>구분</th><th>노인요양시설</th><th colspan="3">노인요양시설 내 치매전담실</th></tr>
<tr><td>시설환경</td><td>대규모 복도식 공간구성</td><td colspan="3">• 가정적인 분위기의 환경구성<br>• 전체 면적의 25% 이상 공동거실 조성</td></tr>
<tr><td rowspan="3">침실면적</td><td rowspan="3">1인당 침실면적 6.6㎡</td><td>1인실</td><td colspan="2">1인당 침실면적 확대<br>6.6㎡ → 9.9㎡</td></tr>
<tr><td rowspan="2">다인실</td><td>(가형)</td><td>• 2인실 16.5㎡ 이상<br>• 3인실 23.1㎡ 이상<br>• 4인실 29.7㎡ 이상</td></tr>
<tr><td>(나형)</td><td>• 입소자 1명당 6.6㎡ 이상</td></tr>
<tr><td>정원</td><td>정원 제한 없음</td><td></td><td colspan="2">치매전담실 1실 정원 12명 이하</td></tr>
</table>

### 3) 인력배치기준

| 구분 | 노인요양시설 | 노인요양시설 내 치매전담실 |
|---|---|---|
| 인력배치 | 입소자 2.5명당 요양보호사 1명 | 입소자 2명당 요양보호사 1명 |
| 치매교육 | | 시설장, 프로그램관리자, 요양보호사 교육 의무 이수 |

## 7. 치매전담형 노인요양공동생활가정

치매전담형 노인요양공동생활가정은 치매어르신을 전문적으로 수발하기 위해 맞춤형 서비스를 제공하는 치매 수급자 전용 노인요양공동생활가정을 말한다.

### 1) 시설기준

| 구분 | 노인요양공동생활가정 | 치매전담형 노인요양공동생활가정 |
|---|---|---|
| 시설환경 | - | • 산책을 위한 옥외공간 설치 필수<br>• 1층 설치 필수<br>• 전체면적의 25% 이상 공동거실 조성 |
| 침실정원 | 침실 1실 정원 4명 이하 | 침실 1실 정원 3명 이하 |

### 2) 인력배치 기준

| 구분 | 노인요양공동생활가정 | 치매전담형 노인요양공동생활가정 |
|---|---|---|
| 인력배치 | 임소자 3명당 요양보호사 1명 | 입소자 2명당 요양보호사 1명 |
| 치매교육 | 침실 1실 정원 4명 이하 | 시설장, 프로그램관리자, 요양보호사교육 의무 이수 |

프로그램 관리자는 사회복지사, 간호(조무)사, 물리(작업)치료사 중 1명이며, 단독 공동생활가정은 시설장이 프로그램관리자 겸임이 가능하다.

## 8. 치매전담형 주·야간보호

치매전담형 주·야간보호는 치매어르신을 전문적으로 수발하기 위해 맞춤형 서비스를 제공하는 치매 수급자 전용 주야간·보호를 말한다.

### 1) 시설 기준

| 구분 | 주 · 야간보호 | 치매전담형 주 · 야간보호 |
|---|---|---|
| 시설환경 | – | 1인 생활실(1실 이상) 설치 필수 |
| 정원 | 정원 제한 없음 | 주야간보호 정원 25인 이하 |

### 2) 인력배치 기준

| 구분 | 주야간보호 | 치매전담형 주야간보호 |
|---|---|---|
| 인력배치 | 입소자 7명단 요양보호사 1명 | 입소자 4명당 요양보호사 1명<br>• 1층 설치 필수<br>• 전체면적의 25% 이상 공동거실 조성 |
| 치매교육 | 침실 1실 정원 4명 이하 | 시설장, 프로그램관리자, 요양보호사 교육의무 교육 |

10인 미만 주 야간보호는 시설장이 프로그램관리자를 겸임할 수 있다.

# 9. 설 치

## 1) 치매전담형으로 신규개설하기

| 점검항목 | 내 용 |
|---|---|
| 시설기준 | 급여종류별 시설기준을 참고하여 필요시 증축 및 개조 |
| 변경요건 | • 치매전담형 장기요양기관 지정을 위한 최소요건<br>– 치매전문교육을 받은 시설장, 프로그램관리자 , 요양보호사 각각 1명 이상 필수(다만 단독으로 운영하는 노인요양공동생활가정, 입소자 10인 미만 규모의 주야간보호기관의 경우는 시설장이 프로그램관리자 겸임 가능)<br>– 인력배치기준은 노인복지법 시행규칙 별표4, 별표9에 따른 기준 준수 |
| 치매전문 교육 | • 치매전담형 장기요양기관을 신규로 지정받으려고 하는 기관에 한해 장기요양기관에 소속되지 않은 종사자도 치매전문교육 가능<br>– 치매전담형 장기요양기관을 지정받고자 하는 사람은 국민건강보험공단에 치매전담형 운영계획시를 제출<br>– 운영계획서에 작성된 사람에 한해 장기요양기관에 소속되지 않은 종사자 교육 신청 가능<br>– 인원 제한 없이 교육 신청 가능 |
| 시군구 지정신청 | • 장기요양기관 변경신고서를 작성하여 관할 시군구 제출<br>– 노인장기요양보험법 시행규칙 참고 |
| 수급자 확인 | • 장기요양 의사소견서에 '치매'상병이 기재되어 있거나 최근 2년 이내 '치매' 진료내역이 있는 노인장기요양보험 2등급(의사소견서 제출자부터 5등급까지 인정자<br>– 입소기준 미충족자는 퇴소 또는 등급변경신청 필요 |
| 보호자 안내 | • 치매전담형 장기요양기관 입소 시 일반 장기요양기관보다 본인 부담금 증가됨을 안내 |

### 2) 기존시설에서 치매전담형으로 변경

| 점검항목 | 항목 |
|---|---|
| 시설기준 | 급여종류별 시설기준을 참고하여 필요시 증축 및 개조 |
| 변경요건 | • 치매전담형 장기요양기관 변경을 위한 최소요건<br>– 치매전문교육을 받은 시설장, 프로그램관리자 각 1인과, 수급자 인력배치 비율에 따른 요양보호사 인원수(다만 단독으로 운영하는 노인요양공동생활가정, 입소자 10인 미만 규모의 주야간보호기관의 경우는 시설장이 프로그램관리자 겸임 가능)<br>– 인력배치기준은 노인복지법 시행규칙 별표4, 별표9에 따른 기준 준수 |
| 치매전문 교육 | • 치매전담형 장기요양기관으로 변경하려고 하는 기관에서는 치매전문교육 이수를 위해 필요시 운영계획서를 제출<br>– 건강보험공단에 치매전담형 운영계획서를 제출한 기관에 한해 인원 제한 없이 교육 신청 가능<br>– 필수교육이수 : 요양보호사 60시간. 시설장과 프로그램관리자 73시간. |
| 시군구 지정신청 | • 장기요양기관 변경신고서를 작성하여 관할 시군구 제출<br>– 노인장기요양보험법 시행규칙 참고 |
| 수급자 확인 | • 장기요양 의사소견서에 '치매'상병이 기재되어 있거나 최근 2년 이내 '치매' 진료내역이 있는 노인장기요양보험 2등급(의사소견서 제출자부터 5등급까지 인정자<br>– 입소기준 미충족자는 퇴소 또는 등급변경신청 필요 |
| 보호자 안내 | • 치매전담형 장기요양기관 입소 시 일반 장기요양기관보다 본인 부담금 증가됨을 안내 |

출처 : 국민건강보험공단.

CHAPTER 14

# 정신보건시설

CHAPTER

# 14 정신보건시설

## | 제1절 | 정신보건시설의 개념

정신보건사회복지는 의료사회사업의 영역 중에서 특별히 정서적·심리적·정신적 영역을 중심적으로 다루는 사회복지실천이다. 의료사회사업이 각종 질병의 치료, 예방, 회복, 그리고 재활을 포괄적으로 다루는 영역이라면 정신보건사회복지는 심리적·정신적 문제를 해결하는 전문적인 사회복지서비스로서 인간의 육체적 고통을 해결함과 동시에 전인적 서비스를 제공하는 실천영역이다. 가정폭력, 우울증, 정신분열증, 알코올중독이나 약물중독과 같은 정신질환을 가진 장애인들은 사회적 무관심과 냉대로 인해 사회로부터 격리된 정신요양시설에서 장기간 입원되어 생활함으로써 개인적인 고통은 말할 것도 없이 가정적·사회적 문제를 동시에 겪어왔다. 이들의 정신질환은 가족과 사회적 관계를 악화시켜 질병의 악순환을 경험하게 한다. 정신질환을 가진 사람은 생활 속에서 일탈적인 사고와 행위를 함으로써 사회규범에 맞지 않는 사회적 관계를 가지게 된다. 따라서 정신보건사회복지의 개념은 다음과 같이 정의할 수 있다.

정신보건사회복지는 정신적·정서적 장애로 고통을 받고 있는 사람들의 건강 회복과 정신건강을 촉진하고, 경제적·사회적, 그리고 증상회복에 따른 지지적 문제 등을 실천하는 전문사회복지 영역이다. 정신보건사회복지사는 정신의학자, 정신보건임상심리사, 정신보건간호사, 작업치료사 등과 함께 정신과 치료팀의 일원으로서 활동한다.

지역사회 정신보건을 향상시키는 사업과 정신적·정서적 장애가 있는 사람들에게 서비스를 제공함으로써 정신장애인의 인권을 보호하고 건강한 사회 구성원으로 생활하도록 하기 위해서는 국가와 사회의 해결의지가 무엇보다 중요하다. 우리나라에서도 1995년 12월 정신보건법을 제정, 1996년 12월 시행하여 지역주민들에게 서비스를 제공하는 기반을 마련했다.

## | 제2절 | 목 적

정신보건시설은 정신질환을 앓고 있는 사람들을 위해 국가가 정신의료기관 및 지역사회 관련 기관이나 시설을 중심으로 정신질환의 예방, 치료, 재활에 관한 제반사항을 계획하고 실행하기 위한 기관이다.

## | 제3절 | 설치와 운영

### 1. 정신요양시설의 운영기준

보건복지부장관 또는 시·도지사는 정신병원을 설치·운영하여야 한다. 보건복지부장관 또는 시·도지사는 정신병원을 설치하는 경우 그 병원이 지역적으로 균형 있게 분포되도록 하여야 하며, 정신질환자에 대하여 지역사회 관리가 가능하도록 하여야 한다. 정신병원은 규정에 의한 사업을 수행하고 지역사회 정신보건사업인력에 대한 교육·훈련을 담당한다.

사회복지법인 기타 비영리법인은 보건복지부장관의 허가를 받아 정신요양시설을 설치·운영할 수 있다. 허가받은 사항 중 보건복지부령이 정하는 중요한 사항을 변경하고자 하는 때에도 또한 같다. 정신요양시설에서의 요양과 사회복귀를 위한 훈련은 보건복지부장관이 정하는 바에 의하여 행하여져야 한다. 보건복지부장관 또는 시·도지사는 정신요양시설의 장에게 정신질환자의 요양과 사회복귀 촉진을 위한 훈련에 지장이 없는 범위 안에서 지역주민, 사회단체, 언론기관 등이 정신요양시설의 운영상황을 파악할 수 있도록 당해 시설의 개방을 요구할 수 있다. 이 경우 정신요양시설의 장은 정당한 사유가 없는 한 이에 응하여야 한다.

정신요양시설의 설치기준, 수용인원, 종사자의 수 및 자격, 이용 및 운영에 관하여 필요한 사항은 보건복지부령으로 정한다. 정신요양시설에 관하여 「정신건강증진 및 정신질환자 복지서비스 지원에 관한 법률」에 규정한 것을 제외하고는 사회복지사업법 중 사회복지시설에 관한 규정을 준용한다.

## 2. 정신요양시설의 설치기준

### 1) 정신의료기관의 신설

보건복지부장관은 정신질환자에 대한 효율적인 의료의 제공을 위하여 다음 각 호에 해당하는 경우에는 정신의료기관의 규모를 제한할 수 있다.

① 300병상 이상의 정신의료기관을 개설하고자 하는 경우
② 정신의료기관의 병상 수를 300병상 미만에서 기존의 병상 수를 포함하여 300병상 이상으로 증설하고자 하는 경우
③ 300병상 이상의 정신의료기관을 운영하는 자가 병상 수를 증설하고자 하는 경우

### 2) 정신의료기관의 허가취소/ 폐쇄

시·도지사 또는 시장·군수·구청장(자치구에 한함)은 정신의료기관이 다음 각 호의 어느 하나에 해당하는 때에는 당해 정신의료기관에 대하여 개설허가

의 취소 또는 폐쇄를 명하거나 보건복지부령이 정하는 바에 의하여 1년의 범위 내에서 기간을 정하여 당해 사업의 정지를 명할 수 있다. 이 경우 시·도지사 또는 시장·군수·구청장은 관련 법의 규정에 의하여 허가를 취소하거나 시설의 폐쇄 또는 사업의 정지를 명하고자 하는 경우에는 1년의 범위 내에서 기간을 정하여 시정을 명령한 후 이에 응하지 아니한 때에 이를 행하여야 한다.

① 법에 의한 시설·장비의 기준, 의료인 등 종사자의 수 및 자격 등에 미달하게 된 때
② 법을 위반하여 정신질환자를 퇴원시키지 아니한 때
③ 법에 정한 보고를 하지 아니하거나 허위의 보고를 한 때, 관계 서류를 제출하지 아니하거나 허위의 서류를 제출한 때, 또는 관계 공무원, 정신보건심의위원의 검사·심사를 거부·방해 또는 기피한 때
④ 법을 위반하여 정신건강의학과 전문의의 진단에 의하지 아니하고 정신질환자를 입원시키거나 입원을 연장시킬 때

### 3) 정신요양시설 및 정신의료기관 설치·개설의 제한

다음 각 호의 어느 하나에 해당하는 행위로 금고 이상의 형을 선고받고 그 형의 집행이 종료되거나 집행을 받지 아니하기로 확정된 후 5년이 경과되지 아니한 자 또는 그가 대표자로 있는 법인은 정신요양시설 또는 정신의료기관을 설치하거나 개설할 수 없다.

① 법을 위반하여 정신질환자를 퇴원 또는 퇴소시키지 아니한 행위
② 법을 위반하여 정신건강의학과 전문의의 진단 없이 정신질환자를 입원 또는 입소시키거나 입원 등을 연장시킨 행위

### 4) 정신의료기관의 시설규격 및 장비기준

① 입원실

환자 1인용 입원실의 바닥 면적은 6.3㎡ 이상이어야 하고, 환자 2인 이상용 입원실의 바닥 면적은 환자 1인당 4.3㎡ 이상이어야 한다. 다만, 연면적의 합계 중 입원실을 제외한 부분의 면적이 입원실의 면적의 2배 이상인 정신의료기관의 환자 2인 이상용 입원실의 바닥 면적은 환자 1인당 3.3㎡ 이상으로 한다.

소아용 입원실의 바닥 면적은 입원실의 바닥 면적의 3분의 2 이상으로 한다. 다만, 환자 1인용 입원실의 바닥 면적은 6.3㎡ 이상으로 한다.

입원환자(연평균 1일 입원환자를 말한다) 50명당 보호실 1개를 설치하되, 입원환자를 보호실에 둘 때에는 1명만 입실시켜야 하며, 보호실에는 자해 등을 예방할 수 있는 안전장치를 갖추어야 한다. 다만, 정신의료기관이 개방병동만으로 이루어진 보호실을 두지 아니할 수 있다.

입원실의 시설 및 비품은 자신 또는 타인을 해할 위험이 예방될 수 있도록 설치하여야 한다.

병동 안에는 외부와 신속하게 연락을 취할 수 있는 경보연락장치가 있어야 하고, 환자가 자유롭게 사용할 수 있는 전화를 설치하여야 한다.

입원환자 50인 이상인 정신의료기관은 입원실의 100분의 10 이상을 개방병동으로 운영하여야 한다.

입원실의 정원은 입원환자 10인 이하로 한다.

② 응급실 또는 야간진료실

외부로부터 교통이 편리한 곳에 위치하고 구급용 시설, 응급처치장비, 의약품 및 신체보호에 사용되는 장비와 병상을 갖추어야 한다.

정신의료기관에는 정신과 전문진료실을 두어야 하며, 입원환자 100인 이상인 정신병원 또는 병원급 이상의 의료기관에 설치된 정신과에는 개인 면담실 및 집단치료실을 설치하여야 한다.

뇌파검사 및 심전도검사에는 필요한 시설·장비를 갖추어야 하며, 생활훈련 또는 직업훈련에 필요한 도구, 장비 및 안전장치를 준비하여야 하고, 환자상담에 적합한 전문요원 상담실을 갖추어야 한다. 그 밖의 임상검사실, 방사선실, 조제실, 소독시설, 급식시설 및 세탁물처리시설의 시설규격은 의료법 시행규칙에 관한 규정을 준용하고 구급차의 시설규격은 「응급의료에 관한 법률」 시행규칙의 일반구급차의 장비기준을 준용한다.

### 5) 정신의료기관의 의료인 등 종사자의 수 및 자격

정신의료기관은 정신병원과 병원급 이상의 의료기관에 설치된 정신과로서 정신과 전문의는 입원환자 60인당 1인을 두되, 그 단수에는 1인을 추가한다. 이 경우 정신과 전공의는 이를 정신과 전문의 0.5인으로 본다.

간호사는 입원환자 13인당 1인을 두되, 그 단수에는 1인을 추가한다. 이 경우 간호사 정원의 2분의 1의 범위 안에서 간호조무사를 간호사로 대체할 수 있다.

전문요원의 수는 입원환자 100인당 1인을 두되, 그 단수에는 1인을 추가한다. 이 경우 전문요원의 자격 취득을 위하여 수련 중인 자로서 수련기간이 1년을 경과한 자는 이를 전문요원 0.5인으로 본다.

정신과의원은 정신과 전문의의 수와 간호사의 수는 정신병원과 같고, 다만 간호사의 경우 입원환자가 5명 미만이거나 외래환자만을 진료하는 경우에 한해 간호사를 간호조무사로 대체할 수 있다.

## | 제4절 | 우리나라 정신보건시설 현황

〈표 14-1〉 정신보건기관 · 시설 현황(2011년 12월 말)

| 구 분 | | 기관 수 | 주요 기능 |
|---|---|---|---|
| 계 | | 1,845 | - |
| 정신건강복지센터 | | 200 | 정신질환 예방, 정신질환자 발견 · 상담 · 진료 · 사회복귀훈련 및 사례관리, 정신보건시설 간 연계체계 구축 등 지역사회 정신보건사업 기획 · 조정 및 수행 |
| 정신의료기관 | 국 · 공립 | 18 | 정신질환자 진료, 지역사회 정신보건사업 지원 |
| | 민간 | 1,270 | 정신질환자 진료 |
| 정신요양시설 | | 59 | 만성 정신질환자 요양 · 보호 |
| 정신재활시설 | | 255 | 치료 · 요양하여 증상이 호전된 정신질환자 일상생활 · 작업훈련, 주거 |
| 알코올상담센터 | | 43 | 알코올중독 예방, 중독자 상담 · 재활훈련 |

출처 : 보건복지부(2012).

〈표 14-2〉 정신장애 일년 유병률 및 추정 환자 수(성과 연령별 보정)

| 영 역 | 남자 수 | 여자 수 | 합 계 |
|---|---|---|---|
| 알코올사용 장애 | 1,188,916 | 379,759 | 1,568,675 |
| 정신병적 장애 | 36,028 | 90,418 | 126,446 |
| 기분장애 | 414,319 | 886,096 | 1,300,415 |
| 불안장애 | 666,514 | 1,772,193 | 2,438,707 |
| ※모든 정신장애 (니코틴 사용장애 제외) | 2,071,597 | 2,802,958 | 4,874,555 |

※ 지난 일 년 사이에 한 번이라도 정신장애를 앓은 적이 있는 대상자
출처 : 보건복지부(2012).

정신보건시설에 입원해 있는 질환군 중에서 가장 빈도가 높은 군은 정신분열병이며, 그중에서 정신재활시설이 87.5%, 정신요양시설이 85.6%, 공립과 국립정신병원도 각각 61.6%와 59.7%로 높게 나타났다.

정신분열병 다음으로는 알코올중독이며, 이는 정신과의원, 병원정신과, 사립정신병원 등에서 높은 비중을 보였다. 정동장애는 국립정신병원이 10.3%로 가장 많았고, 치매는 병원정신과 8.0%, 신경증은 종합병원 정신과가 2.4%로 높은 비중을 보였다.

## | 제5절 | 주요 사업과 서비스

정신보건시설의 사업목적은 정신질환자들의 정신건강 증진에 있지만 궁극적으로는 국민의 삶의 질 향상에 있다. 이러한 목적성취를 위해서 유형에 따라 생활시설과 이용시설의 주요 사업과 서비스를 살펴보면 다음과 같다.

### 1. 생활시설

정신보건시설 및 정신질환자 생활시설에서는 다양한 사업 및 서비스를 제공하고 있는데 공통적으로 실시하고 있는 사업 및 프로그램을 소개하면 다음과 같다.

- 건강증진사업 : 건강관리 예방교육, 비만자 운동치료, 운동요법(물리치료)
- 정신사회재활 : 정신재활 기초교육(약물증상교육), 사회기술훈련, 사회적응훈련, 사회복귀훈련, 사례관리 및 통합서비스 지원
- 직업재활사업 : 원외사업, 작업요법, 직업재활
- 교육사업 : 기초생활훈련, 생활교육
- 인권옹호사업 : 생활인 만족도 조사, 대표자 자치회의, 자치인권위원회

- 상담사업 : 개별 상담사업, 집단상담
- 지역사회 자원 개발 : 자원봉사자 관리 및 자원 개발, 홍보사업, 홈페이지 관리 및 소식지 배포를 통해 지역사회에 정기적·비정기적으로 기관을 홍보하고 지역주민과 자원봉사자, 후원자들의 관심과 후원을 유도하며 기관에 대한 인식과 이해를 목적으로 함
- 정서지원사업 : 종교지원사업, 레크리에이션, 홈스테이

## 2. 이용시설

### 1) 정신건강복지센터

정신건강복지센터에서 실시하고 있는 주요 사업내용은 다음과 같다.

- 중증 정신질환 관리 : 편견해소사업, 24시간 위기관리 지원, 초발정신질환관리체계 구축, 탈원화 전달체계 구축, 프로그램 개발 및 지원, 노숙정신질환 관리
- 정신건강증진사업 : 인식개선사업, 24시간 상담 및 지원, 자살위기개입체계 운영, 프로그램 개발 및 지원, 고위험군 조기검진 지원, 교육프로그램 개발 및 교육 지원
- 정신보건환경조성 : 사회안전망 구축 지원, 언론 네트워크 구축 및 지원

### 2) 알코올상담센터

알코올상담센터가 제공하는 주요 사업과 서비스 내용은 다음과 같다.

- 알코올중독자 관리사업 : 신규 발견 및 이용체계 구축, 사례관리서비스, 위기관리서비스, 재활 프로그램, 직업재활서비스 제공
- 알코올중독자 가족지원사업 : 신규 가족 발견 및 이용체계 구축, 사례관리서비스, 가족교육 및 프로그램, 위기관리서비스, 가족모임지원서비스

- 음주폐해예방 및 교육사업 : 고위험군 조기발견 및 개입서비스, 아동·청소년 예방교육사업, 직장인 음주폐해예방 지원사업, 지역주민예방교육사업, 인식개선 및 홍보사업
- 지역사회 사회안전망 조성사업 : 보건복지네트워크 구축, 지역법무연계·협력체계 구축, 자원봉사관리·운영체계 구축, 경찰 및 응급지원 네트워크 구축, 지역인프라 구축

### 3) 정신질환자 정신재활시설

정신질환자 정신재활시설에는 정신질환자 지역사회재활시설, 정신질환자 직업재활시설, 중독재활시설, 정신질환자 생산품판매시설, 정신질환자 종합시설 등이 있으며 주요 사업과 서비스 내용은 다음과 같다.

- 정신질환자 지역사회재활시설 : 주간재활시설, 심신수련시설, 공동생활가정 등이 있음
- 정신질환자 직업재활시설 : 일반고용이 어려운 정신질환자를 대상으로 직업재활을 복적으로 특별히 준비된 작업환경에서 직업훈련서비스 제공
- 중독재활시설 : 정신질환자 중 알코올, 약물 등 유해약물이나 도박, 인터넷 게임 등 유해행위에 남용·의존하거나 중독된 자의 치유, 재활을 위한 서비스 제공
- 정신질환자 생산품판매 시설 : 정신질환자가 생산한 생산품을 판매 ·유통을 대행하고, 정신질환자가 생산한 생산품이나 서비스에 관한 상담, 홍보, 마케팅, 판로 개척, 정보제공서비스 제공
- 정신질환자 종합시설 : 정신질환자에게 생활지원, 주거지원, 재활훈련, 심신수련서비스 등을 복합적·종합적으로 제공

# | 제6절 | 전망과 과제

## 1. 「정신건강증진 및 정신질환자 복지서비스 지원에 관한 법률」로의 개정에 따른 전망

정신건강증진 및 정신질환자의 복지서비스 지원 등의 내용을 담은 '정신보건법 전부개정안'이 2017년 5월 30일부터 시행되었다. 이번 개정에서는 정신건강증진 정책의 추진과 정신건강증신시설의 개설과 설치, 운영 등을 규정하고 있으며 복지서비스 지원에 관한 내용 등을 강화하였다.

### 1) 법의 명칭 변경

이번 전부개정안에서는 범 패러다임 변화를 명시적으로 반영하기 위해 '정신보건법'에서 '정신건강증진 및 정신질환자 복지서비스 지원에 관한 법률'로 명칭을 변경했다. 1995년에 제정된 현행 정신보건법은 정신병원, 정신요양시설 등의 관리, 중증 질환자의 입원, 치료 등을 중심으로 구성했으나 개정안에서는 모든 국민을 대상으로 정신질환의 예방·치료, 정신질환자의 재활, 복지, 권리 보장과 정신건강 친화적인 환경 조성에 필요한 사항을 규정함으로써 정신건강 증진 및 정신질환자의 인간다운 삶을 영위하는 데 초점을 두고 있다.

### 2) 정신건강증진 정책 추진의 국가계획 수립 의무 규정

보건복지부장관은 5년마다 정신건강증진 및 정신질환자 복지서비스 지원에 관한 국가의 기본계획을 수립하여야 하고, 특별시장, 광역시장, 특별자치시장, 도지사, 특별자치도지사는 국가 계획에 따라 각각 지역 단위의 정신건강증진 및 정신질환자 복지서비스 지원에 관한 계획을 수립해야 한다.

또한 보건복지부장관과 시·도지사는 국가 계획 및 지역 계획의 수립과 시행에 필요한 자료의 제공 및 협조를 관계 행정기관, 정신건강증진시설 및 관련 기관, 단체 등에 요청할 수 있다. 이 경우 요청받은 기관, 시설, 단체 등은 자료의 제공이 법령에 위반되거나 정상적인 업무 수행에 뚜렷한 지장을 초래하는 등의 정당한 사유가 없으면 그 요청에 따라야 한다.

### 3) 정신건강복지센터 및 정신건강연구기관의 설치 및 운영

보건복지부장관은 필요한 지역에서의 소관 정신건강증진사업 등의 제공 및 연계사업을 전문적으로 수행하게 하기 위하여 정신건강복지센터를 설치·운영할 수 있다.

정신건강복지센터의 장은 정신건강증진사업 등의 제공 및 연계사업을 수행하기 위하여 정신질환자를 관리하는 경우에 정신질환자 본인이나 보호의무자의 동의를 받아야 하고, 보건복지부장관은 정신건강복지센터의 설치, 운영에 필요한 비용의 일부를 부담해야 한다.

또한 뇌 신경 과학에 관한 연구, 정신질환 치료 및 재활을 위한 중개와 임상연구, 정신건강증진 서비스 전달체계 개선에 관한 연구, 정신질환과 관련된 정보와 통계의 분석 및 제공, 정신건강증진 전문가 양성 및 정신건강증진시설 종사자 훈련, 국가 계획의 수립 및 실태조사의 지원 등을 위한 정신건강연구기관을 설치하고 운영하기 위하여 보건복지부장관은 국립정신건강연구기관을 둘 수 있도록 하였다.

### 4) 복지서비스 제공

국가와 지방자치단체는 정신질환자가 정신질환에도 불구하고 잠재적인 능력을 최대한 개발할 수 있도록 정신질환자에 적합한 서비스를 적극적으로 개발하기 위한 연구지원체계를 구축하기 위하여 노력하여야 한다고 규정하고 있다.

또한 고용 및 직업재활을 지원하도록 하고 있고, 평생교육을 지원하도록 규정하도록 하며, 문화, 예술, 여가, 체육활동과 지역사회 거주, 치료와 재활의 통합지원, 가족에 대한 정보제공과 교육을 지원하도록 규정하고 있다.

## 2. 정신보건사회복지사의 전망

현재 다양한 정신질환 질병의 등장으로 우리 사회에서는 정신보건사회복지사의 수요가 점점 높아지고 있으며, 이미 외국에서는 사회복지 쪽에서는 수요가 많아 고소득 직업에 속하는 편이다. 그들은 정신질환자에 대한 사회조사, 또는 그 가족의 사회적 지도 및 방문을 하는 것뿐 아니라 다양한 사회복지사의 활동이 가능하기도 하고, 사회복지공무원에 응시할 수 있는 자격을 얻을 수 있게 되어 안정적이고 유망한 복지 직업 중 하나로 평가 받고 있다. 그 까닭은 정신보건사회복지사의 경우 기본적으로 사회복지공무원이나 사회복지사가 되기 위해 필요한 '사회복지사 자격증'을 취득하고 활동하고 있기 때문이기도 하며, 추가적으로 정신보건 쪽 수련기관에서 1년 이상 수련을 마친 사람이기 때문에, 사회복지사의 취업 범위가 기본적인 사회복지사보다 좀 더 넓은 편이며 사회복지사로 취업할 때에도 추가적인 업무 능력을 인정받을 수 있기 때문이다(고령화나 핵가족화, 가족문제가 대두되고 있는 지금 사회복지사의 업무 중요성은 높아져가고 있는 추세이다).

## 3. 주요 추진 과제

### 1) 정신질환자의 범위를 확대하여야 한다

현행 정신보건법 제3조는 정신질환자의 범위를 정신병, 인격장애, 기타 비정신병적 정신장애로 규정하고 있다. 개정안에서는 치매, 알코올 및 약물중독을 포함하여 범위를 확대하고 있다. 그리고 이러한 범위 확대의 이유로 현실적인 치료와 관리의 필요 및 욕구 증가를 들고 있다. 기본적으로 정신보건법에서 정신질환의 범위를 확대하여 정신보건에 대한 국가 관리의 영역을 확장한다는 것은 바람직한 것으로 보인다. 이러한 의미라면 현재 전문서비스의 심각한 부족현상을 보이고 있는 발달장애를 비롯한 정신발육 지연 또한 포함시키는 것이 바람직하다고 생각한다. 다만, 정신보건법 초기단계에서의 대상범위의 지나친 확장은 수용상태에 있는 만성 정신질환자들의 지역사회 복귀를 위한 국가 예산의 왜곡된 이동을 초래할 수 있으므로 적절한 단계적 확대가 필요하다고 본다.

### 2) 전달체계를 개선해야 한다

현행 정신보건전달체계는 행정적으로 보건복지부 정신보건과 → 시·도 의약과 → 시·군·구 보건소 → 정신재활시설, 정신요양시설, 병의원으로 연결되는 체계를 갖고 있다. 이 체계에서 시급한 개선을 요하는 체계는 보건소이다. 사실상 정신재활시설이나 정신요양시설이 가진 사회복지사업적 성격을 본다면 병의원에 관한 행정은 보건소에서, 정신재활시설과 정신요양시설은 시·군·구 사회복지과가 담당하는 것이 행정의 성격에 부합하는 체계라고 생각된다. 그러나 이 경우 행정 전달체계가 이원화되는 문제가 발생하므로 보건소 내에서 복지행정에 전혀 경험이 없는 의약과(주로 보건직 공무원으로 구성되어 있으며 담당업무가 병의원 감독이 가장 비중이 크다)보다는 다양한 행정경험을 가진 일반직 공무원으로 구성된 보건행정과가 담당하는 것이 적합할 것이다. 그리고 보건소의 업무에 지역사회 정신보건사업을 필수사업으로 포함시켜 국가의 정신보건에 대한 책임성을 강화해야 할 것이다. 또한 전달체계에서 중요한 기능을 담당하고 있는 정신보건심의위원회의 구성도 관련 정신보건기관과 전문직의 대표가 등등하게 참여할 수 있도록 시행령 및 시행규칙을 개정해야 할 것이다.

### 3) 정신의료기관 및 정신보건시설의 기능을 개선해야 한다

정신보건법상 각 시설과 기관들의 역할이나 기능들을 너무 엄격하게 규정하는 것은 프로그램의 다양성을 저해할 우려가 있다. 즉, 정신재활시설과 정신요양시설의 기능이 중요한 부분이 무엇인가가 다시 논의되어야 한다는 것이다. 시설운영상 필요한 부분은 자문의나 촉탁의를 통해 의료전문직의 도움을 받을 수 있겠으나, 그렇다고 그 시설의 기능을 의료시설로 규정하는 것이 정당한가 하는 문제가 있다. 이 시설들의 기능이 의료기능이라면 그 시설보호에 대해서 의료보험수가가 적용되어야 하는데, 의료수의 적용부분은 배제하면서 시설기능에 의료를 명시한 것은 정신과 전문의나 정신의료기관들의 시설에 대한 통제목적으로 이해될 수밖에 없다. 그러므로 이들 시설들을 지도할 수 있는 권한은 공공 보건소나 정신보건심의위원회와 같은 공식적 행정조직이 가져야 하는 것이지, 특정 전문직이 가질 수는 없는 것이다. 도리어 의료기능을 가지고 있으면서도, 대규모 환자의 장기수용으로 병원으로서의 치료기능을 제대로 수행하고 있지 못한 대형 정신병원들의 수용규모를 낮추고 병원의 개방성을 확보함으로써 치료기관으로서 기능을 찾을 수 있도록 해야 할 것이다. 이렇게 정신보건시설들의 기능이 정신의료기관에 대한 종속적 지위가 아니라 독자적인 형태로 규정된 연후에야 이들 기관 간의 상호 연계체계가 발전할 수 있으며, 각각의 기능들이 좀 더 전문적으로 수행될 수 있을 것이다.

### 4) 전문직 간 관계 및 전문직 교육훈련을 개선해야 한다

정신과 전문의, 임상심리사, 간호사, 사회복지사 등과 같은 전문직들 간의 관계는 평등 혹은 동료관계로 재정립되어야 한다. 정신보건법상 정신과전문의의 우월적 지위를 규정하고 있는 정신재활시설에 대한 지도권한, 독자적 입·퇴원 심사권 등은 수정되어야 한다. 전문직 간의 경쟁원리의 도입이 없는 정신보건사업은 그 자체로 비효율적이며, 장기적으로 정신보건사업이나 전문직의 발전에 부정적인 영향을 미치게 될 것이다. 또한 정신보건사회복지사 교육훈련 과정도 정신보건사업의 방향에 맞게 사회사업의 정체성과 자존심도 반영될 수 있는 형태로 변화되어야 할 것이다. 외부환경의 압력에 의한 변화가 아닌 자신들의 인식 변화에 의한 제도를 개선할 역량을 가지고 있을 것이라고 믿는다.

### 5) 정신질환자 복지제도 관련 법을 정비하여야 한다

정신질환자들의 건강한 지역사회 생활유지를 위한 복지제도의 개선은 세 가지 법령과 중요하게 관련된다.

첫째, 정신보건법상의 정신재활시설과 정신건강복지센터 확대를 통한 지역사회 적응 원조와 질병관리는 건강한 지역사회 생활을 위한 기본적 서비스가 된다. 다양한 정신재활시설 중에서 이들의 지역사회 생활과 가장 밀접하게 관련되는 것은 주거시설이다. 특히 지역사회에 사회적 지지망을 거의 갖고 있지 못한 수용생활보호 대상 정신질환자의 경우, 주거시설은 지역사회 생활의 필수적 요수가 될 것이다. 왜냐하면 이들은 지역사회에 부양 의무자가 없거나 있더라도 버림받은 상태에 놓여 있기 때문에 독자적인 주거 공간 없이 지역사회로 돌아오기 어려운 경우가 대부분이기 때문이나.

둘째, 만성 정신질환자를 장애인 범주에 포함시켜 장애인복지법상의 복지서비스 수혜자격을 주는 접근방법이다. 장애인복지법에는 직업재활서비스가 장애인들에게 주어지고 있어서 지역사회에서의 경제적 독립을 성취하는 데에 많은 도움이 된다. 또한 중증장애인에게 지급되는 간병수당은 장기적으로 볼 때, 증상 정도에 따라 정신질환자에게도 지급될 가능성이 있으며 이런 경우 가족들의 경제적 보호부담을 경감시키게 됨으로써 가족들이 지역사회에서 그들을 돌보게 되는 하나의 유인이 될 수 있다.

셋째, 생활보호법의 수혜자격과 수혜내용을 개정하는 접근이다. 즉, 생활보호대상자 선정기준에서 사회인구학적 요건을 수정 또는 폐지하고, 수혜내용에서 주거보장을 추가하게 되면 가족들의 보호를 기대할 수 없는 많은 만성 정신질환자들이 정신재활시설이나 정신건강복지센터의 도움을 받아 지역사회에서 생활할 수 있는 기회가 훨씬 증가할 수 있을 것이다.

## | 제7절 | 결 론

우리나라 지역사회 정신보건서비스 체계의 모형을 설정하고 이에 따라 서비스체계를 구축하여 확산시키기 위해서 필요한 조건은 정신보건에 대한 중앙정부와 지방자치단체의 우선순위를 높이는 일이며, 덧붙여 정신보건의 전 영역에서 지역사회 정신보건에 대한 우선순위를 높이는 일이다. 정신보건에 대한 우선순위의 제고는 정신보건 예산의 증가속도가 다른 예산의 증가속도보다 빠르다는 것을 의미하며, 정신보건 업무를 담당하는 행정조직의 전문화를 위한 확대를 의미한다. 정신보건법 제정 이후 정신보건 예산은 기타 보건복지 예산의 증가율보다 높게 증가하고 있는 추세이며, 지역사회 정신보건서비스 체계의 구축에 있어서 매우 중요한 광역자치단체 수준의 정신보건 행정도 충남과 광주 등의 광역자치단체에서 정신보건 전담조직을 분리하여 운영하고 있지 못하더라도 정신건강복지센터, 보건소, 정신재활시설, 정신요양시설, 정신의료기관 등의 정신보건 관련 업무를 통합적으로 담당하는 관계가 운영되고 있는 추세이다.

정신보건 관련 예산의 증가(사업의 확대)와 정신보건 행정조직의 성장은 상호 시너지 효과를 갖게 되기 때문에 정신보건 예산의 증가는 정신보건 행정조직의 전문화와 성장을, 정신보건 행정조직의 전문화와 성장은 다시 예산의 증가를 가져오게 될 것이다. 또한 정신보건 행정조직의 전문화가 단순한 정신보건 예산의 증가뿐 아니라 더욱 중요한 것은 정신보건사업의 효율성을 제고시키는 효과를 갖게 된다. 그러나 이러한 효율성은 정신보건 예산의 통합적 관리가 가능할 때 그 구체적 실현이 가능해지며, 우리나라 같이 보건소 예산, 정신건강복지센터 예산, 정신재활시설 예산, 낮병원 운영 예산, 정신요양시설 예산이 분리되어 있을 경우 중복투자, 서비스의 공백, 비효율적 서비스에 대한 관리 부실, 예산증가가 쉬운 서비스와 상대적으로 정체된 서비스 간의 보상의 불균형 등 심각한 부작용을 초래하게 되는 것이다. 물론 중앙정부 수준에서 정책적 효율성을 위하여 우선순위를 설정하고 각 예산의 확보 노력의 정도를 차별화함으로써 위의 부작용이 일부 해소될 수 있으나 정신보건과의 예산확보 의지와 상관없이 각 서비스 예산의 여건이 다르기 때문에 한계가 명백하다. 예를 들어, 우리나라 정신보건정책의 효율성을 위하여 더 많은 그룹홈이 필요하다고 해도, 정신재활시설 예산은 확대되지 못하는 반면 정신요양시설의 기능보강비 예산은 대폭 확대될 경우 정신보건과에서는 이로 인한 비효율성을 보완할 정책적 수단을 갖고 있지 못하게 된다.

우리나라는 전체 정신보건서비스 체계의 효율성을 높이기 위해서는 장기입원과 수용 중심의 서비스체계에서 지역사회 정신보건서비스 중심의 체계로의 구조조정이 필요한 시점이라고 할 때 지역사회 정신보건서비스 체계의 구축을 위한 예산의 확대뿐 아니라 정신보건 예산의 효율화를 추진할 예산의 통합과 통합된 예산의 조정과 집행을 담당할 행정조직의 뒷받침이 반드시 필요한 시점이다.

미국은 중앙정부 단위에서 청 단위의 행정조직과 3개의 국립연구원으로, 광역자치단체 단위에서는 국 단위의 행정조직, 기초자치단체 단위에서는 과 단위의 행정조직으로 다양하게 확대된 지역사회 정신보건서비스를 효율적으로 관리하고 있으며, 정신보건 관련 예산의 통합적 집행을 통하여 그 효율성을 극대화하고 있다. 일본은 중앙정부 단위에서는 20명 정도의 과 단위의 행정조직과 함께 국립정신보건연구원으로, 광역자치단체에서는 계수준의 행정조직과 함께 포괄적인 서비스를 제공하는 광역정신건강복지센터의 기술적·행정적 지원을 통해 기초자치단체 수준의 많은 서비스 기관을 효율적으로 관리하고 있고, 정신건강복지센터 내에 정신재활시설의 설치 등을 함으로써 정신보건 예산의 일부 통합을 시도하고 있다.

따라서 우리나라의 지역사회 정신보건서비스 체계를 확대하고 효율화할 때 필요하거나 동시에 추진되어야 할 조건은 중앙정부 단위에서는 국립연구기관의 설립을 포함한 정신보건행정력 강화를 통해 정신보건 예산의 통합화와 정신보건정책의 효율화를 지향하는 것이다.

광역자치단체 단위에서는 광역자치단체에서의 정책적 효율적 확대를 위해 매우 중요하다. 이는 지역사회 정신보건사업의 수행에 있어서 광역자치단체 간의 다양성이 매우 크기 때문에 중앙정부에서 구체적인 사항에 대해 획일적인 지침을 주는 것보다 각 광역자치단체에 적합한 시책을 개발하여 시행할 필요가 있기 때문이다. 따라서 점진적으로 중앙정부의 권한을 광역자치단체로 이양하고, 중앙정부는 광역자치단체의 자율적 역할을 권장하는 방향으로 역할을 해야 할 것이다.

보건소 기본형 정신보건사업의 예산분배에 있어서 시·도에 자율성을 준 것은 이런 정책적 방향에 부합된다고 할 수 있다. 이와 함께 정신재활시설의 예산지원에 있어서도 광역자치단체의 자율적 조정기능을 부여할 필요가 있다. 기존의 시설은 그대로 지원한다 하더라도 신규 지원시설의 선정은 시·도에서 공모하여 시·도의 시책방향과 부합되는 기관을 선정하게 하는 것이 바람직할 것으로 보인다.

이를 위해 단기적으로 정신보건계의 설치·운영, 중기적으로 정신보건 수준의 조직을 갖추는 것과 행정조직을 지원할 광역정신건강복지센터의 설치·운영과 지역정신보건사업 기술지원단의 운영이 필요하다.

기초자치단체 단위에서는 현재의 행정의 흐름상 기초자치단체의 보건소 내에 충분한 전문인력을 확보하기는 어려울 것으로 보이나 관내의 지역사회 정신보건기관을 지도·감독하고 지원하기 위해서 지역 내 민간기관이나 정신보건자문의의 협조 속에 정신보건전문요원의 역량 강화와 순환보직의 억제가 필요하다.

# | 참 | 고 | 문 | 헌 |

감정기 외(2005). 지역사회복지론. 경기 : 나남.

계명대학교 산학협력단(2009). 2008 노인실태조사보고서.

곽효문(2009). 사회복지학입문. 서울 : 푸른북.

권오구(2000). 사회복지발달사. 서울 : 홍익재.

권육상 외(2004). 사회복지개론. 서울 : 유풍출판사.

권중돈(2004). 노인복지론. 서울 : 학지사.

김영종(2010). 사회복지행정. 서울 : 학지사.

김영호(1994). 자원봉사의 이론과 실제. 서울 : 홍익재.

김형수·양성관·주익수(2010). 지역사회복지론. 경기 : 학현사.

김형식(1997). 사회복지 프로그램 평가기법. 서울 : 아시아미디어리서치.

남상오(1988). 회계원리. 서울 : 다산출판사.

노인장기요양보험 홈페이지(http://www.longtermcare.or.kr)

류상열(2004). 사회복지역사. 서울 : 학지사.

류종훈(2004). 법인설립과 복지시설 운영론. 서울 : 유풍출판사.

박광준(2005). 사회복지의 사상과 역사. 경기 : 양서원.

박용순 외(2012). 사회복지시설운영론. 서울 : 창지사.

박차상(1999). 한국사회복지행정론. 서울 : 대학출판사.

박충환(2003). 비영리기관의 회계. 서울 : 법문사.

박태영(2003). 사회복지시설 운영론. 서울 : 학현사.

______(2004). 사회복지시설 운영론. 경기 : 학현사.

변재관 외(2000). 사회복지시설 평가 지표 개발 및 평가결과. 한국보건사회연구원·보건복지부.

보건복지부(2012). 2012년도 노인복지사업안내.

보건복지부·한국사회복지협의회(2010). 사회복지시설 유형별 최소기준(안). 사회복지시설 평가개선연구 Ⅰ.

사회복지교육센터 편(2010). 사회복지행정론 : 1급 사회복지사 기본서. 서울 : 나눔의집.

석재은(1999). 노인장기요양보험의 공급주체 간 역할분담 유형에 관한 비교연구. 이화여자대학교 대학원 박사학위논문.

성규탁(1990). **사회복지행정론**. 서울 : 법문사.

_____(1998). **사회복지행정론**. 서울 : 법문사.

송근원 외(2002). **사회복지정책론**. 서울 : 나남출판.

신섭중 · 부성래 공역(1989). **사회복지기관의 재무관리**. 서울 : 대학출판사.

양승일(2015). **사회복지행정론**. 경기 : 양서원.

양용희 · 김범수 · 이창호(1997). **비영리조직의 모금전략과 자원개발**. 서울 : 한국사회복지사협회.

우종모(2004). **사회복지행정론**. 경기 : 양서원.

이광재(2004). 노인 장기요양보호제도에 관한 복지국가 유형별 비교연구. 충남대학교 대학원 석사학위논문.

이수동 · 임채운(2003). **마케팅-도전과 대응**. 서울 : 학현사.

이종복 외(2010). **사회복지시설운영론**. 서울 : 창지사.

이창희 외(2009). **사회복지시설의 설립과 운영**. 서울 : 창지사.

이해영(2006). **케어복지개론**. 경기 : 양서원.

장인협(2006). **사회복지행정론**. 서울 : 서울대학교출판부.

정무성 · 정진모(2001). **사회복지 프로그램 개발과 평가**. 서울 : 양서원.

조휘일(2002). **현대사회와 자원봉사**. 서울 : 홍익재.

최성재(2006). **사회복지조사방법론**. 경기 : 도서출판 나남.

최성재 외(1993) **사회복지행정**. 서울 : 나남출판.

최일섭 · 이창호(1993). **사회계획론**. 서울 : 나남출판.

통계청(2011, 2013). 장래인구추계.

_____(2012, 2013). 한국의 사회지표.

_____(2012). 인구동태통계연표.

한국보건사회연구원(2012). 저출산 고령사회 대응 국민인식 연구.

한동우(2000). 사회복지프로그램 평가의 방향과 실천. 2000년 추계학술대회 및 워크샵 자료. 한국사회복지행정학회.

Casio, W. F.(2006). Managing Human Resource : Productivity. *Quality of Work Life, Profit Int'led.* New York : Mcgrow-Hill.

Dror, Y.(1967). The Planning Process : A Fact Design. In F. J. Lyden & E. G. (Eds.), P*lanning-programming-budgeting.* Chicsgo : Markham Publishing Co.

Drucker(1990). *Managing the Non-profit Organization.* NY : Harper.

Ellis, S. J., & Katherine H.(1990). *By the People : A History of American as Volunteers*(2nd ed.). San Francisco : Jossey-Bass Publishers.

Fine, S.(1992), *Marketing the Public Sector : Promoting the Causes of Public and Non-profit Agencies.* NEW Brunswick, Transaction.

Fortune(1994). Field Education. In Reamaer(Ed.), *The Foundation of social Work Knowledge.* New York : Columbia Univ. Press.

Gilbert, N., & Specht, H.(1977). *Planning for Social Welfare.* Englewood Cliffs, NJ : Prentice-Hall.

Greenfield, J. M.(1991). *Fund-Raising.* New York : John Wiley & Sons.

Hargreaves, P., & Javis, P.(2000). *The Human Resource Development Handbook*(rev. ed.). London : Kogan Page.

Ivancevich, J. M.(2003). H*uman Resource Management Int'led.* New York : Mcgrow-Hill.

Kinnear, & Bernhardt, K. L(1990). *Principles of Marketing.* IL : Scott, Foresman, & Company

Kotler(2004). *Ten Deadly Marketing Sins : Signs and Solutions.* Hoboken.

Nadler, L.(1983). *Human Resource Development : The perspectives of Business and Industry.* Columbs, OH : ERIC Clearning house on Adulta, Career, and Vocational Education.

Noe, R. A., Hollenbeck, J. R., Gerhart, B., & Wright, P. M.(2007). *Fundamental of Human Resource Magement Int'led.* New York : Mcgrow-Hill.

Rossi, H., & Freeman, E.(1985). *Evaluation : A Systymatic Approach*(3rd ed.). Beverly Hills : Sage.

Skidmore, R. A.(1995). *Social Work Administration.* Needham Heights, MA : Allyn & Bacon.

Weiner, M.(1990). *Human Servics Managemant : Analysis and Applications*(2nd ed.). Belmont, CA : Wadsworth Publishing Co.

Weiss, C. H.(1998). *Evaluation*(2nd ed.). New Jersey : Prentice Hall.

저/자/약/력

■ **우혜숙**
전 세한대학교 휴먼서비스학과 교수
한국복지경영학회 이사
한국갈등관리연구원 부원장

■ **박주월**
경안대학원대학교 교수
한국요양보호사협회 정책자문위원
한국호스피스돌봄협회 이사

■ **구재관**
연성대학교 사회복지학과 교수
전국노인복지관 평가위원장
한국케어교육대학협의회 부회장

# 사회복지시설운영론

|공저자| 우혜숙 · 박주월 · 구재관

|1판 1쇄| 발행 2020년 12월 20일
|1판 2쇄| 발행 2022년 7월 25일
|1판 3쇄| 발행 2023년 8월 30일
|1판 4쇄| 발행 2025년 1월 15일

|발행인| 김 동 훈
|발행처| 공 동 체

|주소| 경기도 고양시 일산동구 호수로 358-39, 동문타워 I 905호(백석동)
|전화| 031) 814-3000(대표)
|팩스| 031) 814-3100
|홈페이지| http://www.compub.co.kr
|전자우편| compub@naver.com
|출판등록| 2005년 10월 6일
|등록번호| 제396-2005-36호

|ISBN| 979-11-6105-940-2
정가 18,000원